CONVERSATIONAL SPANISH FOR ADULTS
ESPAÑOL CONVERSACIONAL PARA ADULTOS
es-pa-**NYOL** *kon-ber-sa-sio-***NAL PA**-*ra a-***DUL**-*tos*

SEEING WHAT YOU'RE HEARING!
¡VIENDO LO QUE ESTÁ ESCUCHANDO!
BIEN-do **LO KE** e-**STA** es-ku-**CHAN**-do

Susan Ann Roemer
SUSANA ANA DE ROEMER
*su-***SA**-*na A-na de ro-***E**-*mer*

TotalRecall Publications, Inc.
1103 Middlecreek
Friendswood, Texas 77546
281-992-3131   281-482-5390 Fax
www.totalrecallpress.com

All rights reserved. Except as permitted under the United States Copyright Act of 1976, No part of this publication may be reproduced, stored in a retrieval system, or transmitted in any form or by any means electronic or mechanical or by photocopying, recording, or otherwise without prior permission of the publisher. Exclusive worldwide content publication / distribution by TotalRecall Publications, Inc.

Copyright © 2015 by: Susan Ann Roemer
Cover Photo by Karie Miller
Cover Design by Roy Megabon

ISBN: 978-1-59095-122-4
UPC: 6-43977-21220-7

Library of Congress Control Number: 2013951341

Printed in the United States of America with simultaneously printings in Australia, Canada, and United Kingdom.
FIRST EDITION
1 2 3 4 5 6 7 8 9 10

Judgments as to the suitability of the information herein are the purchaser's responsibility. TotalRecall Publications, Inc. extends no warranties, makes no representations, and assumes no responsibility as to the accuracy or suitability of such information for application to the purchaser's intended purposes or for consequences of its use except as described herein.

The scanning, uploading and distribution of this book via the Internet or via any other means without the permission of the publisher is illegal and punishable by law. Please purchase only authorized electronic editions and do not participate in or encourage electronic piracy of copyrighted materials. Your support of the author's rights is appreciated.

To my sons Daniel Rolf Roemer and Alan Ernesto Roemer; to my best friend Mark Allan Nelson; to my sister Mary Elizabeth Forkenbrock; and to all my wonderful students who have aided me immeasurably in the production of the book as it progressed over the years. Geraldine Turner first asked me to give conversational Spanish classes to seniors at Trilogy at Vistancia in Peoria, Arizona. Genevieve Crofoot suggested the concept of phonetic transcription in the lessons. Leif and Siv Larsson insisted on an accurate form of phonetic transcription that would be appropriate for speakers of languages other than English.

A huge thank you goes to Christiane Chenault for her endless hours proofreading the chapters. Susan Bomberg and Barbara Jones also helped tremendously with the proofreading. Recent students who contributed to the final copy of the book include Ron Pikus, John Nawrocki, Nelson Benton, Phyllis Lattion, Sally Wozniak, Andrea Dixon, Robert Sosa, Manley Perkel, Alison Keenan, Donna Chiurazzi, Jim Vorass, Phyllis Lloyd, Judy Kauffman, Cathy Connolly, Marie Long, Ellen Zonn, Allan and Joan Henely, Jill Short, Pat Palma and Marilyn Turkington. Some of my earlier students were Kelly Arnold, Susan Nawrocki, Susan White, Marcia Wertz, Richard Bock, Jacque Robinson, Lynn and Gene Beare, Claudine Lippert, Linda Gottman, Mary Brink, Linda Lind, Bertina Wright, Tom and Carol Fontaine, Dennis Robitaille, Pam Clements, Jon Peterson, John Purser, Mary Fleming, Dale Dodson, Art Osier, Lee Beatrice, Linda Hurley, Marsha Oates, Garry and Carolyn Trachsel, Carol Fredrickson, Richard Baran, Carolyn Alfsen and Ann-Margreth Frei. My colleagues at Carlsbad High School in Carlsbad, California who were instrumental in transforming an elementary school teacher into a high school Spanish teacher include Jeff Riccitelli, Mardi Musick, Kimberly Wakefield, María Blake, Michele Kuehner and Karissa Pierini. Linda Scott generously shared the clever tips on teaching Spanish she has developed over the years.

AUTHOR BIO

Susan Roemer is currently teaching conversational Spanish to adult students. In her experiences of teaching English, Spanish and ESOL (English for Speakers of Other Languages) in elementary school, high school and college she has developed a unique and profound approach to language learning. Over the years she has worked in California, Mexico and the DODDS (Department of Defense Dependents' Schools) in Germany.

She has taught Spanish to native English speakers; English to native Spanish speakers; proper Spanish to struggling native Spanish speakers; and written Spanish to illiterate native Spanish speakers as a precursor to teaching them English. She has taught students from preschool to senior citizens. While working for the Mexican federal government in Mexico City, "Licenciada Roemer," as she was known at the office, taught auditors how to write correct reports in Spanish.

Very few individuals have taught a language in so many different contexts. This gives her an unusual perspective, combining the knowledge of how people learn generally with how to learn a language specifically. Susan came to understand the importance of providing the students with a way to see the language when they were not in a language laboratory or being instructed by a teacher.

Susan Roemer received her B.S. in Elementary Education from the University of Minnesota and her M.A. in Intercultural Education from the University of the Americas (Universidad de las Americas) in Mexico City. She lived in Mexico City and Cuernavaca, Morelos, Mexico for 16 years, where she raised her family, and currently resides in Peoria, Arizona.

Table of Contents

AUTHOR BIO IV
INTRODUCTION X

Chapter 1 – Sounds of Spanish – Lesson 1   1
COMPARING ENGLISH AND SPANISH SOUNDS 1
COMPARING THE ENGLISH AND SPANISH ALPHABETS 3
SOME NOTES ON THE SPANISH ALPHABET SOUNDS 4

Chapter 1 – Sounds of Spanish – Lesson 2   8
COMPARING ENGLISH AND SPANISH SOUNDS 8
FORMING SINGULAR DEFINITE ARTICLES IN SPANISH 9

Chapter 1 – Sounds of Spanish – Lesson 3   11
FORMING PLURAL DEFINITE ARTICLES IN SPANISH 11
FORMING PLURAL NOUNS IN SPANISH 13

Chapter 1 – Sounds of Spanish – Lesson 4   14
USING WORDS TO SOUND OUT THE SPANISH ALPHABET 14
PICTURING THE SPANISH ALPHABET 15

Chapter 1 – Sounds of Spanish – Lesson 5   16
USING DEFINITE AND INDEFINITE ARTICLES IN SPANISH 16
FORMING SINGULAR INDEFINITE ARTICLES IN SPANISH 17
FORMING PLURAL INDEFINITE ARTICLES IN SPANISH 18

Chapter 1 – Sounds of Spanish – Lesson 6   20
SOME SPECIAL TIPS FOR LEARNING SPANISH 20
SOME INTERESTING PAIRS OF SPANISH WORDS 24
A REVIEW OF THE SOUNDS OF SPANISH 26

Chapter 2 – Greetings and Goodbyes – Lesson 1   27
GREETINGS AT ANY TIME OF DAY 27
WHAT'S YOUR NAME? 29
GREETINGS FOR CERTAIN TIMES OF DAY 30
GOODBYES 31

Chapter 2 – Greetings and Goodbyes – Lesson 2   32
HOW ARE YOU FEELING? 32
SAYING HOW ANOTHER PERSON IS FEELING 33
SAYING HOW ANOTHER PERSON IS NOT FEELING 35
EXAGGERATING FEELINGS 36

Chapter 2 – Greetings and Goodbyes – Lesson 3   37
SAYING HOW WE OURSELVES ARE FEELING 37
SAYING HOW OTHER PEOPLE ARE FEELING 38
A REVIEW OF THE VERB ESTAR 39
APPLICATIONS OF THE VERB ESTAR 40

Chapter 2– Greetings and Goodbyes – Lesson 4   41
USING TENER TO SAY HOW YOU ARE FEELING 41
SAYING YOU NEVER OR ALWAYS DO SOMETHING 44
USING TENER TO SAY HOW YOU ARE NOT FEELING 44
SAYING YOU ARE LUCKY OR UNLUCKY 45

Chapter 2 – Greetings and Goodbyes – Lesson 5   46
USING TENER TO SAY HOW ANOTHER PERSON IS FEELING 46
USING TENER TO SAY HOW WE OURSELVES ARE FEELING 48
USING TENER TO SAY HOW OTHER PEOPLE ARE FEELING 50

Chapter 2 – Greetings and Goodbyes – Lesson 6 — 51
- SAYING HOW OLD SOMEONE IS 51
- A REVIEW OF THE VERB TENER 52
- APPLICATIONS OF THE VERB TENER 53
- A REVIEW OF THE VERBS ESTAR AND TENER.. 54
- THE NUMBERS FROM 1 TO 50 55
- THE NUMBERS FROM 51 TO 100 56

Chapter 2 – Word List — 57

Chapter 3 – Holidays – Lesson 1 — 59
- TELLING TIME 59
- TELLING THE MINUTES AFTER THE HOUR 59
- TELLING THE MINUTES BEFORE THE NEXT HOUR.................................. 60

Chapter 3 – Holidays – Lesson 2 — 62
- THE DAYS OF THE WEEK... 62
- TALKING ABOUT TODAY AND TOMORROW 63
- TALKING ABOUT THE DAY AFTER TOMORROW 63
- WISHING YOUR PARTNER A GOOD WEEKEND 64

Chapter 3 – Holidays – Lesson 3 — 65
- THE MONTHS OF THE YEAR 65
- TALKING ABOUT THE DATE... 66
- THE SEASONS OF THE YEAR 67
- A REVIEW OF THE VERB SER 68

Chapter 3 – Holidays – Lesson 4 — 70
- THE DAY OF THE DEAD 70
- WHEN IS THE DAY OF THE DEAD CELEBRATED? 71
- WHERE IS THE DAY OF THE DEAD CELEBRATED? 72

Chapter 3 – Holidays – Lesson 5 — 73
- THANKSGIVING 73
- WHY IS THANKSGIVING CELEBRATED?... 74
- WHEN IS THANKSGIVING CELEBRATED? 75
- HOW IS THANKSGIVING CELEBRATED?... 76

Chapter 3 – Holidays – Lesson 6 — 77
- CHRISTMAS IN MEXICO 77
- WHAT IS A POSADA? 78
- WHAT IS A PIÑATA?... 79
- WHERE DOES THE POINSETTIA COME FROM?.. 80
- WHAT IS THREE KINGS DAY? 81
- A REVIEW OF THE VERBS SER AND ESTAR 82
- WORD SEARCH IN SPANISH 84

Chapter 3 – Word List — 85

Chapter 4 – The Family – Lesson 1 — 87
- THE IMMEDIATE FAMILY.. 87
- THE EXTENDED FAMILY 89
- WHO'S WHO IN THE FAMILY 91

Chapter 4 – The Family – Lesson 2 — 92
- THE HUMAN BODY 92
- HEAD, SHOULDERS, KNEES AND TOES.. 95

Chapter 4 – The Family – Lesson 3 — 96
- WINTER CLOTHING.. 96
- SUMMER CLOTHING 98
- LET'S GET DRESSED UP!.. 99

Chapter 4 – The Family – Lesson 4 — 101
- LET'S SEE THE HOUSE 101
- LET'S SEE THE KITCHEN 102
- WOULD YOU LIKE TO SEE THE OFFICE? 103
- MAY I USE THE BATHROOM? 104

Chapter 4 – The Family – Lesson 5 — 105
- STARTING THE HOUSECLEANING 105
- FINISHING THE HOUSECLEANING 107
- THINKING ABOUT THE FURNITURE 108

Chapter 4 – The Family – Lesson 6 — 109
- WORKING IN THE YARD 109
- PLANTING FLOWERS 110
- THE PRESENT PROGRESSIVE 111
- A REVIEW OF THE PRESENT PROGRESSIVE 112
- PRACTICING THE PRESENT PROGRESSIVE 113
- A REVIEW OF THE VERBS LIMPIAR, CORTAR AND PLANTAR 114
- THE COLORS 116
- COLORS CROSSWORD PUZZLE 117

Chapter 4 – Word List — 118

Chapter 5 – Dining Out – Lesson 1 — 122
- GREETING THE HOSTESS 122
- TALKING TO THE WAITRESS 123
- READING THE MENU 124
- ORDERING FROM THE MENU 125
- A REVIEW OF THE VERB QUERER 127
- APPLICATIONS OF THE VERB QUERER 128

Chapter 5 – Dining Out – Lesson 2 — 129
- WHAT ARE YOU HAVING? 129
- WHAT COMES WITH IT? 131
- DID YOU SAVE ROOM FOR DESSERT? 132
- IT'S TIME TO LEAVE 133

Chapter 5 – Dining Out – Lesson 3 — 134
- COGNATES 134
- MORE COGNATES 135
- WHAT DO YOU WANT TO DRINK? 136
- WHAT DO YOU WANT TO EAT? 137

Chapter 5 – Dining Out – Lesson 4 — 138
- WHAT'S FOR BREAKFAST? 138
- BREAKFAST IS SERVED! 141

Chapter 5 – Dining Out – Lesson 5 — 144
- WHAT'S FOR LUNCH? 144
- LUNCH IS SERVED! 147

Chapter 5 – Dining Out – Lesson 6 — 148
- WHAT'S FOR DINNER? 148
- DINNER IS SERVED! 150
- THE MENU 152

Chapter 5 – Word List — 153

Chapter 6 – Going Shopping – Lesson 1 — 156
- TALKING ABOUT ALGODONES 156
- ALGODONES, MX AND YUMA, AZ 157
- THE COLORADO RIVER 158
- WHERE'S YOUR PASSPORT? 159

Chapter 6 – Going Shopping – Lesson 2   **160**
   TAKING THE BUS TO ALGODONES 160
   ALL ON BOARD? 161
   WHERE'S THE BATHROOM? 162

Chapter 6 – Going Shopping – Lesson 3   **163**
   LOOKING AT LEATHER ITEMS 163
   LOOKING AT POTTERY 164
   LOOKING AT CHILDREN'S CLOTHING 165
   LOOKING AT WOMEN'S CLOTHING 166
   A REVIEW OF THE VERB GUSTAR 167
   APPLICATIONS OF THE VERB GUSTAR 168

Chapter 6 – Going Shopping – Lesson 4   **169**
   WE'RE HUNGRY! 169
   WHERE'S THAT? 170
   HERE AT LAST! 171

Chapter 6 – Going Shopping – Lesson 5   **172**
   WHAT NEXT? 172
   WHAT SIZE IS SHE? 173
   WHAT SIZE AM I? 174
   HOW MUCH IS IT? 175

Chapter 6 – Going Shopping – Lesson 6   **176**
   AT THE U.S. CUSTOMS OFFICE 176
   TAKING THE BUS HOME FROM ALGODONES 177
   WE'RE ALMOST HOME! 178

Chapter 6 – Word List   **179**

Chapter 7 – Traveling – Lesson 1   **181**
   WHO SPEAKS SPANISH? 181
   CENTRAL AMERICA AND THE CARIBBEAN 182
   NORTH AMERICA 183
   SOUTH AMERICA 185
   SPAIN 186

Chapter 7 – Traveling – Lesson 2   **187**
   WHAT NATIONALITY ARE YOU? 187
   THE CENTRAL AMERICANS AND THE CARIBBEANS 188
   THE NORTH AMERICANS 190
   THE SOUTH AMERICANS 191
   THE SPANIARDS 193

Chapter 7 – Traveling – Lesson 3   **194**
   SPANISH ON THE GO 194
   AT THE BUS DEPOT 195
   AT THE TRAIN STATION 197
   AT THE AIRPORT 198
   AT THE HOTEL 200

Chapter 7 – Traveling – Lesson 4   **202**
   WHERE ARE YOU GOING? 202
   ON A TOUR 203
   ON THE SUBWAY 204
   ON A CRUISE 206
   TO THE ZOO 207

Chapter 7 – Traveling – Lesson 5   **208**
   WHAT DO YOU HAVE TO DO? 208
   RENTING A CAR 209
   GETTING A HAIRCUT 210

GOING TO THE BEAUTY SHOP 211
THE VERBS IR AND IRSE 212
APPLICATIONS OF THE VERBS IR AND IRSE 213
A REVIEW OF THE VERBS IR AND IRSE 214

Chapter 7 – Traveling – Lesson 6   215
HOW'S THE WEATHER? 215
IS IT HOT OR COLD OUT? 216
IS IT RAINING OR SNOWING ? 217
IS IT WINDY OUT ? 219

Chapter 7 – Word List   220

Chapter 8 – Entertainment – Lesson 1   222
WHAT'S YOUR HOBBY? 222
DO YOU LIKE TO COOK? 223
WHAT ABOUT GARDENING? 224
IS PLAYING CARDS YOUR THING? 225
DO YOU LIKE TO COLLECT THINGS? 227
DO YOU ENJOY READING? 228

Chapter 8 – Entertainment – Lesson 2   231
WHAT'S YOUR SPORT? 231
DO YOU GOLF? 233
DO YOU PLAY TENNIS? 235
DO YOU SWIM? 237
DO YOU PLAY SOFTBALL? 239

Chapter 8 – Entertainment – Lesson 3   242
WOULD YOU RATHER WATCH A SPORTS EVENT? 242
DO YOU LIKE TO WATCH FOOTBALL? 243
ARE YOU A BASEBALL FAN? 245
ARE YOU A BASKETBALL FAN? 247
HOW ABOUT ICE HOCKEY? 249

Chapter 8 – Entertainment – Lesson 4   252
MAYBE YOU PREFER THE OUTDOORS 252
HOW ABOUT CAMPING OR RV-ING? 254
GONE FISHING? 255
HIKING IS FUN IN THE SUMMER 258
SKIING IS FUN IN THE WINTER 260

Chapter 8 – Entertainment – Lesson 5   262
DO YOU ENJOY TAKING IN A MOVIE? 262
HOW ROMANTIC! 263
IS IT A MYSTERY? 264
THAT WAS DRAMATIC! 265

Chapter 8 – Entertainment – Lesson 6   267
DO YOU ENJOY GOING TO A CONCERT? 267
CLASSICAL MUSIC 268
JAZZ MUSIC 269
POP MUSIC 270
COUNTRY MUSIC 271

Chapter 8 – Word List   272

GLOSSARY   277

INTRODUCTION

People learn their languages by hearing words and then understanding what they mean. A child learns words, strings them together in phrases and is later corrected by his or her parents. Imagine if a 4-year-old in saying a sentence were forced to say the complete conjugation of the verb before going on to the next phrase! Yet many people think that to learn a new language they need to learn all the conjugations before they continue.

This method is in essence a "**mapping of sounds**." The students are taught a phrase, what it means in English and what the sounds look like through a phonetic transcription that is unique to this method. Spanish language learners may practice the sounds without the need of an instructor being present. The advantage is clear: it is one thing to hear the sounds and repeat the words; it's quite another thing to have a visual image of what the sounds look like. Recent research confirms what many have long suspected – most people are a combination of visual and auditory learners. It only makes sense that a teaching approach should be directed at both modalities in addition to some kinesthetic activities to reinforce the learning. The students will be able to take what was spoken in the classroom and easily reinforce it at home through additional practice.

In music some people can produce music "by ear" while others need to read the music. The printed page also describes the cadence and the scales, the whole or half notes, etc. In some ways this approach can be compared to sheet music rather than to music produced by ear. It is helpful to have written instructions to complement the initial practice regardless of whether one is trying to communicate the same sound in music or in language learning. This gives more detail and allows the producer to repeat the message more accurately.

The four modalities of learning any language are reading, writing, speaking and listening. Research has shown that a person can master any concept in any language after being exposed to it a total of ten times. It can be a language concept, a scientific theory or a mathematical theorem, but the important point is the need for repetition. The goal of this approach is to make learning the Spanish language repetitive without being boring! Simple phrases are repeated in multiple contexts. Students are able to reproduce the phrases outside the classroom setting in situations where they feel comfortable. Since it is usually impossible to transport students to a Spanish-speaking environment, the method by definition needs to be vicarious. Of course the more they use the phrases taught in class and reproduced outside the classroom, the faster they learn the language. With repetition in and out of class their speed and pronunciation will improve; their words and sounds will all flow together.

In this method the three steps of each concept are (1) the structure; (2) an example; and (3) a given practice task for the student with a partner. In the military the same steps are implemented to teach a task – structure, example and practice. It only stands to reason that the more opportunities the student has to practice a given task, the more efficient the learning will be in the student's memory bank. As the old adage goes, "Practice makes perfect."

Chapter 1 – Sounds of Spanish – Lesson 1

COMPARING ENGLISH AND SPANISH SOUNDS

Let's think about what the vowel sounds look like in English.

--The vowels in English and Spanish are **A, E, I, O** and **U**.

--In English we have long and short sounds for each vowel.

Long sounds	Short sounds
A as in "m<u>ay</u>"	A as in "m<u>a</u>n"
E as in "m<u>ea</u>t"	E as in "m<u>e</u>t"
I as in "<u>i</u>ce"	I as in "<u>i</u>t"
O as in "t<u>oe</u>"	O as in "t<u>o</u>t"
U as in "<u>u</u>se"	U as in "<u>u</u>s"

Example:

I can hear the long sound of A in the English word "page".

I can hear the short sound of A in the English word "pan".

Find a partner to work with in the class. Jot down other English words where you hear long sounds and short sounds for the vowels A, E, I, O and U.

Now let's think about what the sounds look like in Spanish.

-- In Spanish we have only one sound for each vowel. We can compare them to the sounds in some common English words.

Spanish vowels	English words
A	t<u>o</u>t
E	m<u>ay</u>
I	m<u>ea</u>t
O	t<u>oe</u>
U	b<u>oo</u>t

Example:

I can hear the Spanish **A** sound in the English word "father".

I can hear the Spanish **E** sound in the English word "plane".

Work with your partner again. Write down other English words where you hear the Spanish vowels **A, E, I, O** and **U**.

Now let's think about some sounds in the Spanish alphabet that are not in the English alphabet.

-- There are four more consonants in the Spanish alphabet (30) than there are in the English alphabet (26). We can compare them to the sounds in some common English words.

Spanish consonants	English words
CH	choo choo
LL	yellow
Ñ	canyon
RR	grrr

Example:

I can hear the Spanish **CH** sound in the English word "chocolate".

I can hear the Spanish **LL** sound in the English word "yucca".

Together with your partner again write down some English words where you hear the Spanish consonants **CH, LL, Ñ** and **RR**.

Now join up with another pair of partners. Share the words you have for the English long and short vowels A, E, I, O and U. Listen to what they have. Share the English words you have for the Spanish vowels **A, E, I, O** and **U** and listen to theirs. Finally tell them the English words you wrote down for the Spanish consonants **CH, LL, Ñ** and **RR**. Listen to theirs.

COMPARING THE ENGLISH AND SPANISH ALPHABETS

There are 26 letters in the English alphabet, whereas there are 30 letters in the Spanish alphabet.

English letter	Pronunciation	Spanish letter	Pronunciation
(1) A	ay	A	a
(2) B	bee	B	be
(3) C	see	C	se
(4)		CH	che
(5) D	dee	D	de
(6) E	ee	E	ay
(7) F	ef	F	e fe
(8) G	gee	G	he
(9) H	aych	H	ach e
(10) I	aye	I	ee
(11) J	jay	J	hota
(12) K	kay	K	ka
(13) L	el	L	e le
(14)		LL	e ye
(15) M	em	M	e me
(16) N	en	N	e ne
(17)		Ñ	en ye
(18) O	oh	O	o
(19) P	pee	P	pe
(20) Q	kyu	Q	koo
(21) R	ahr	R	e re
(22)		RR	e rre
(23) S	es	S	e se
(24) T	tee	T	te
(25) U	yu	U	oo
(26) V	vee	V	be
(27) W	double yu	W	doble oo
(28) X	eks	X	e kees
(29) Y	wa ee	Y	ee gri e ga
(30) Z	zee or *zed	Z	se ta

*In Canada and England

Now pronounce the English and Spanish alphabets together with the class.

SOME NOTES ON THE SPANISH ALPHABET SOUNDS

Here are some thoughts on the subtle differences between English and Spanish pronunciation that will help you out in the long run.

-- The letters **B** and **V** are pronounced exactly the same in Spanish, but the sound they make is different from the English letters B and V.

Example:

Try saying "baby" with your hand in front of your mouth, and you will feel a slight puff of air when you pronounce the B.

Now say "victory" and notice the slight vibration as your top teeth touch your bottom lip when you pronounce the V.

Neither the puff of air nor the slight vibration happens when you pronounce the Spanish **B** or **V**. There is only a slight meeting of your lips as you say either the **B** or the **V**.

With your partner try saying **bebé** (baby) pronounced *be-BE*.

Now say **vaca** (cow) pronounced *BA-ka* with your partner. Once more you will notice only a slight meeting of your lips as you say the Spanish **V**.

-- The Spanish letter **C** is kind of a chameleon.

Example:

The letter **C** sometimes has the sound of the **K** as in the Spanish word **capital** (capital) pronounced *ka-pi-TAL*.

Sometimes the letter **C** has the sound of the **S** as in the Spanish word **cementerio** (cemetery) pronounced *se-men-TE-rio*.

With your partner say **color** (color) pronounced *ko-LOR*.

Now say **círculo** (circle) pronounced *SIR-ku-lo*.

--Think about the sounds for the English letters D and TH. Spanish does use the D but does not use the TH. However, the sound of the Spanish letter **D** is different from the English D.

Example:
Try saying "daddy" with your hand in front of your mouth, and you will feel a slight puff of air when you pronounce the D.

Now say "there" and notice the slight thrust as your top teeth touch your tongue when you pronounce the TH.

Neither the puff of air nor the slight thrust happens when you pronounce the Spanish **D**. Instead you lightly touch the back of your top teeth with your tongue.

With your partner say **dedo** *(finger)* pronounced *DE-do*. You will notice you only lightly touch the back of your top teeth with your tongue.

-- In Spanish the letter **H** is silent at the beginning of a word.

Example:
The letter **H** is silent at the beginning of the Spanish word **historia** *(history)* pronounced *is-TO-ria*.

With your partner say **hamburguesa** *(hamburger)* pronounced *am-bur-GE-sa*.

-- However, there are ways to make the sound of the English H. That is the job of the letter **G**.*

Example:
The letter **G** makes the sound of the English H in the Spanish word **gente** *(people)* pronounced *HEN-te*.

With your partner say **girasol** *(sunflower)* pronounced *hi-ra-SOL*.

*Note that a Spanish G at the beginning of a word is a hard G such as in **gato** and **gallo**. The G is also hard when it is followed by other vowels such as in **mango** and **guerra**.*

-- However, there are also ways to make the sound of the English H with the Spanish letter **J**.

Example:

The letter **J** also makes the sound of the English H in the Spanish word **jugo** *(juice)* pronounced *HU-go*.

Now say **jamón** *(ham)* pronounced *ha-MON* with your partner.

-- The sounds of the **I** and the **Y** in Spanish are pronounced exactly the same. The Spanish letter **Y** is named **y griega** *(Greek Y)* pronounced *I GRIE-ga* because the letter **Y** is part of the Greek alphabet.

Example:

The **I** in the Spanish word **ícono** *(icon)* pronounced *I-ko-no* is pronounced the same as the **Y** in the Spanish word **yuca** *(yucca)* pronounced *YU-ka*.

With your partner say **idea** *(idea)* pronounced *i-DEA*.

Now say **yoga** *(yoga)* pronounced *YO-ga*.

-- When you pronounce the Spanish letter **O** try to keep your lips rounded.

Example:

Think of how you say the English word "oak" when you say a word in Spanish that contains the letter **O**.

With your partner say **chocolate** *(chocolate)* pronounced *cho-ko-LA-te*.

Now say **sol** *(sun)* pronounced *SOL*.

-- The Spanish letters **A** and **O** are pronounced more abruptly than their English counterparts.

Example:

A Spanish speaker will say **pijama** (*pajama*) pronounced *pi-YA-ma*.

An English speaker will say "pajama" as if it were extended to "pajamah".

A Spanish speaker will say **¡No!** as if it had an accent on the **O**. An English speaker will say "No!" as if it were extended to "Noh!"

With your partner say **vainilla** (*vanilla*) pronounced *bai-NI-ya*. Now say **video** (*video*) pronounced *bi-DEO*.

-- The letters **S** and **Z** are pronounced exactly the same in Spanish.

Example:

Try saying "zebra" with your hand touching your throat, and you will feel a slight vibration when you pronounce the Z.

Now say **cebra** (*zebra*) pronounced *SE-bra*. Touch your throat with your hand again, and you will feel no vibration when you pronounce the **S**.

With your partner say **zorro** (*fox*) pronounced *SO-rro*.

-- If you have several vowels together in English words they are pronounced as separate syllables. In Spanish these vowels are pronounced together.

Example:

Remember that **idea** (*idea*) is pronounced *i-DEA* and **video** (*video*) is pronounced *bi-DEO*.

With your partner say **septiembre** (*September*) pronounced *sep-TIEM-bre*.

Say **noviembre** (*November*) pronounced *no-BIEM-bre*.

Now say **diciembre** (*December*) pronounced *di-SIEM-bre*.

Chapter 1 – Sounds of Spanish – Lesson 2

COMPARING ENGLISH AND SPANISH SOUNDS

Here are some Spanish letters along with words that contain the sounds. Pronounce each letter and the corresponding words in Spanish and in English. Look at the phonetic transcription and say the word again.*

Spanish sound	Spanish word	Pronunciation	English word
A	la	LA	ah!
B	boca	BO-ka	but
CH	mucho	MU-cho	church
D	de	DE	they
E	el	EL	egg
G	agua	A-gwa	go
H	gente	HEN-te	hello
I	sí	SI	see
J	ojo	O-ho	hello
K	como	KO-mo	kit
LL	llamo	YA-mo	yellow
Ñ	año	A-nyo	canyon
O	lomo	LO-mo	oh!
Q	que	KE	kit
R	pero	PE-ro	row
RR	perro	PE-rro	brrr
S	sí	SI	see
T	tú	TU	too
V	vaso	BA-so	but
W	cuento	KWEN-to	went
Y	yo	YO	yucca
Z	brazo	BRA-so	see

Notice that the phonetic transcription is divided into syllables. The syllable that is stressed is written in bold capital letters. If a word only has one syllable it is still written in bold capital letters.

Pronounce the Spanish letters and words together with your partner. Repeat them as you concentrate on the phonetic transcription for each word.

FORMING SINGULAR DEFINITE ARTICLES IN SPANISH

There are gender differences in Spanish words. Like the general population about half of the words are masculine.

--Masculine nouns use the definite article **el**.*

Spanish noun	Pronunciation	English noun
el bebé	el be-**BE**	the baby
el círculo	el **SIR**-ku-lo	the circle
el chocolate	el cho-ko-**LA**-te	the chocolate
el elefante	el e-le-**FAN**-te	the elephant
el gato	el **GA**-to	the cat
el koala	el ko-**A**-la	the koala
el limón	el li-**MON**	the lemon
el niño	el **NI**-nyo	the boy
el río	el **RRI**-o	the river

*The Spanish singular definite article **el** means "the" in English, although it is used more frequently in Spanish than in English.*

Pronounce the masculine Spanish nouns together with the class. Repeat the words as you concentrate on the phonetic transcription for each word. Remember to stress the syllables written in bold capital letters.

Together with your partner read aloud the list of masculine Spanish nouns above. Concentrate on the phonetic transcription.

Now join up with another pair of partners. See if the four of you can read aloud the list of masculine Spanish nouns together. Remember to concentrate on the phonetic transcription.

Last but not least your pair of pairs will take your turn reading aloud the list of masculine Spanish nouns together. Good luck!

Like the general population the other half of the words are feminine.

--Feminine nouns use the definite article <u>la</u>.*

Spanish noun	Pronunciation	English noun
la familia	*la fa-**MI**-lia*	the family
la hoja	*la **O**-ha*	the leaf
la isla	*la **IS**-la*	the island
la jirafa	*la hi-**RA**-fa*	the giraffe
la llanta	*la **YAN**-ta*	the tire
la manzana	*la man-**SA**-na*	the apple
la naranja	*la na-**RAN**-ha*	the orange
la nariz	*la na-**RIS***	the nose
la vaca	*la **BA**-ka*	the cow
la yuca	*la **YU**-ka*	the yucca

The Spanish singular definite article <u>la</u> means "the" in English, although it is used more frequently in Spanish than in English.

Pronounce the feminine Spanish nouns together with the class. Repeat the words as you concentrate on the phonetic transcription for each word. Remember to stress the syllables written in bold capital letters.

Together with your partner read aloud the list of feminine Spanish nouns above. Concentrate on the phonetic transcription.

Now join up with another pair of partners. See if the four of you can read aloud the list of feminine Spanish nouns together. Remember to concentrate on the phonetic transcription.

Last but not least your pair of pairs will take your turn reading out aloud the list of feminine Spanish nouns together. Good luck!

Chapter 1 – Sounds of Spanish – Lesson 3

FORMING PLURAL DEFINITE ARTICLES IN SPANISH

Plural definite articles end in s in Spanish. The masculine singular definite article el becomes los in the plural.

--Masculine plural nouns use the plural definite article **los**.*

Spanish noun	Pronunciation	English noun
los bebés	*los be-**BES***	the babies
los círculos	*los **SIR**-ku-los*	the circles
los chocolates	*los cho-ko-**LA**-tes*	the chocolates
los elefantes	*los e-le-**FAN**-tes*	the elephants
los gatos	*los **GA**-tos*	the cats
los koalas	*los ko-**A**-las*	the koalas
los limones	*los li-**MO**-nes*	the lemons
los niños	*los **NI**-nyos*	the boys
los ríos	*los **RRI**-os*	the rivers

*The Spanish plural definite article **los** means "the" in English.*

Pronounce the masculine Spanish plural nouns together with the class. Repeat the words as you concentrate on the phonetic transcription for each word. Remember to stress the syllables written in bold capital letters.

Together with your partner read aloud the list of masculine Spanish plural nouns above. Concentrate on the phonetic transcription.

Now join up with another pair of partners. See if the four of you can read aloud the list of masculine Spanish plural nouns together. Remember to concentrate on the phonetic transcription.

Last but not least your pair of pairs will take your turn reading aloud the list of masculine Spanish plural nouns together. Good luck!

The feminine singular definite article la becomes las in the plural.

--Feminine plural nouns use the plural definite article las.*

Spanish noun	Pronunciation	English noun
las familias	*las fa-**MI**-lias*	the families
las hojas	*las **O**-has*	the leaves
las islas	*las **IS**-las*	the islands
las jirafas	*las hi-**RA**-fas*	the giraffes
las llantas	*las **YAN**-tas*	the tires
las manzanas	*las man-**SA**-nas*	the apples
las naranjas	*las na-**RAN**-has*	the oranges
las narices	*las na-**RI**-ses*	the noses
las vacas	*las **BA**-kas*	the cows

*The Spanish plural definite article **las** means "the" in English. Notice that the spelling of the nouns changes at times from the singular to the plural in both languages. For example "leaf" becomes "leaves" and "**nariz**" becomes "**narices**".*

Pronounce the feminine Spanish plural nouns together with the class. Repeat the words as you concentrate on the phonetic transcription for each word. Remember to stress the syllables written in bold capital letters.

Together with your partner read aloud the list of feminine Spanish plural nouns above. Concentrate on the phonetic transcription.

Now join up with another pair of partners. See if the four of you can read aloud the list of feminine Spanish plural nouns together. Remember to concentrate on the phonetic transcription.

Last but not least your pair of pairs will take your turn reading aloud the list of feminine Spanish plural nouns together. Good luck!

FORMING PLURAL NOUNS IN SPANISH

Plural nouns are formed by adding an <u>S</u> or an <u>ES</u> to the end of the word in English and in Spanish.

--<u>Both masculine and feminine plural nouns are formed by adding an S or an ES to the end of the singular noun.</u>

Singular noun	Plural noun	Pronunciation	English noun
el año	los años	*los **A**-nyos*	the years
la boca	las bocas	*las **BO**-kas*	the mouths
el brazo	los brazos	*los **BRA**-sos*	the arms
el cuento	los cuentos	*los **KWEN**-tos*	the stories
el ojo	los ojos	*los **O**-hos*	the eyes
el perro	los perros	*los **PE**-rros*	the dogs
el queso	los quesos	*los **KE**-sos*	the cheeses
el sol	los soles	*los **SO**-les*	the suns
el tigre	los tigres	*los **TI**-gres*	the tigers
la uva	las uvas	*las **U**-bas*	the grapes
el vaso	los vasos	*los **BA**-sos*	the glasses
el zorro	los zorros	*los **SO**-rros*	the foxes

Pronounce the Spanish plural nouns together with the class. Repeat the words as you concentrate on the phonetic transcription for each word. Remember to stress the syllables written in bold capital letters.

Together with your partner read aloud the list of Spanish plural nouns above. Concentrate on the phonetic transcription.

Now join up with another pair of partners. See if the four of you can read aloud the list of Spanish plural nouns together. Remember to concentrate on the phonetic transcription.

Last but not least your pair of pairs will take your turn reading aloud the list of Spanish plural nouns together. Good luck!

Chapter 1 – Sounds of Spanish – Lesson 4

USING WORDS TO SOUND OUT THE SPANISH ALPHABET

This Spanish alphabet has words that contain the letters. Say each letter and the Spanish and English words. Say the phonetic transcription.

Spanish letter	Spanish noun	Pronunciation	English word
Aa	el agua	el *A-gwa*	water
Bb	el bebé	el *be-BE*	baby
Cc	el círculo	el *SIR-ku-lo*	circle
CHch	el chocolate	el *cho-ko-LA-te*	chocolate
Dd	el dedo	el *DE-do*	finger
Ee	el elefante	el *e-le-FAN-te*	elephant
Ff	la familia	la *fa-MI-lia*	family
Gg	el gato	el *GA-to*	cat
Hh	la hoja	la *O-ha*	leaf
Ii	la isla	la *IS-la*	island
Jj	la jirafa	la *hi-RA-fa*	giraffe
Kk	el koala	el *ko-A-la*	koala
Ll	el limón	el *li-MON*	lemon
LLll	la llanta	la *YAN-ta*	tire
Mm	la manzana	la *man-SA-na*	apple
Nn	la naranja	la *na-RAN-ha*	orange
Ññ	el niño	el *NI-nyo*	boy
Oo	el ocho	el *O-cho*	eight
Pp	el pájaro	el *PA-ha-ro*	bird
Qq	el queso	el *KE-so*	cheese
Rr	el río	el *RRI-o*	river
RRrr	el perro	el *PE-rro*	dog
Ss	el sol	el *SOL*	sun
Tt	el tigre	el *TI-gre*	tiger
Uu	las uvas	las *U-bas*	grapes
Vv	la vaca	la *BA-ka*	cow
Ww	el waffle	el *WA-fle*	waffle
Xx	el xilófono	el *si-LO-fo-no*	xylophone
Yy	la yuca	la *YU-ka*	yucca
Zz	el zorro	el *SO-rro*	fox

Pronounce the Spanish letters and words together with your partner.

PICTURING THE SPANISH ALPHABET

A a el agua	**B b** el bebé	**C c** el círculo	**CH ch** el chocolate	**D d** el dedo
E e el elefante	**F f** la familia	**G g** el gato	**H h** la hoja	**I i** la isla
J j la jirafa	**K k** el koala	**L l** el limón	**LL ll** la llanta	**M m** la manzana
N n la naranja	**Ñ ñ** el niño	**O o** el ocho	**P p** el pájaro	**Q q** el queso
R r el río	**RR rr** el perro	**S s** el sol	**T t** el tigre	**U u** las uvas
V v la vaca	**W w** el waffle	**X x** el xilófono	**Y y** la yuca	**Z z** el zorro

Chapter 1 – Sounds of Spanish – Lesson 5

USING DEFINITE AND INDEFINITE ARTICLES IN SPANISH

A definite article refers to a particular item.

--There are four forms of the definite article in Spanish.*

El is the singular masculine definite article.
La is the singular feminine definite article.
Los is the plural masculine definite article.
Las is the plural feminine definite article.

*The Spanish singular and plural definite articles **el**, **la**, **los** and **las** all mean "the" in English.*

Example:

el bebé	*el be-BE*	the baby
la hoja	*la O-ha*	the leaf
los bebés	*los be-BES*	the babies
las hojas	*las O-has*	the leaves

Together with your partner review the singular and plural masculine and feminine definite articles in **Lessons 2 and 3**. Pronounce each word with its article in Spanish while your partner says the corresponding English word. Then switch roles.

An indefinite article refers to one of a group of items.

--There are four forms of the indefinite article in Spanish.*

Un is the singular masculine indefinite article.
Una is the singular feminine indefinite article.
Unos is the plural masculine indefinite article.
Unas is the plural feminine indefinite article.

*The Spanish singular indefinite articles **un** and **una** mean "a" or "an" in English. The Spanish plural indefinite articles **unos** and **unas** mean "some" in English.*

FORMING SINGULAR INDEFINITE ARTICLES IN SPANISH

--Masculine nouns use the indefinite article **un**.*

Spanish noun	Pronunciation	English noun
un bebé	*un be-**BE***	a baby
un círculo	*un **SIR**-ku-lo*	a circle
un chocolate	*un cho-ko-**LA**-te*	a chocolate
un elefante	*un e-le-**FAN**-te*	an elephant
un gato	*un **GA**-to*	a cat
un koala	*un ko-**A**-la*	a koala
un limón	*un li-**MON***	a lemon
un niño	*un **NI**-nyo*	a boy
un río	*un **RRI**-o*	a river

*The Spanish singular indefinite article **un** means "a" or "an" in English.*

Pronounce the masculine Spanish nouns together with the class. Repeat the words as you concentrate on the phonetic transcription for each word. Remember to stress the syllables written in bold capital letters. Together with your partner read aloud the list of masculine Spanish nouns.

--Feminine nouns use the indefinite article **una**.*

Spanish noun	Pronunciation	English noun
una familia	*U-na fa-**MI**-lia*	a family
una hoja	*U-na **O**-ha*	a leaf
una isla	*U-na **IS**-la*	an island
una jirafa	*U-na hi-**RA**-fa*	a giraffe
una llanta	*U-na **YAN**-ta*	a tire
una manzana	*U-na man-**SA**-na*	an apple
una naranja	*U-na na-**RAN**-ha*	an orange
una vaca	*U-na **BA**-ka*	a cow
una yuca	*U-na **YU**-ka*	a yucca

*The Spanish singular indefinite article **una** means "a" or "an" in English.*

Pronounce the feminine Spanish nouns together with the class. Repeat the words as you concentrate on the phonetic transcription for each word. Remember to stress the syllables written in bold capital letters. Together with your partner read aloud the list of feminine Spanish nouns.

FORMING PLURAL INDEFINITE ARTICLES IN SPANISH

--Masculine plural nouns use the plural indefinite article **unos**.*

Spanish noun	Pronunciation	English noun
unos bebés	U-nos be-**BES**	some babies
unos círculos	U-nos **SIR**-ku-los	some circles
unos chocolates	U-nos cho-ko-**LA**-tes	some chocolates
unos elefantes	U-nos e-le-**FAN**-tes	some elephants
unos gatos	U-nos **GA**-tos	some cats
unos koalas	U-nos ko-**A**-las	some koalas
unos limones	U-nos li-**MO**-nes	some lemons
unos niños	U-nos **NI**-nyos	some boys
unos ríos	U-nos **RRI**-os	some rivers

*The Spanish plural indefinite article **unos** means "some" in English.

Pronounce the masculine Spanish plural nouns together with the class. Repeat the words as you concentrate on the phonetic transcription for each word. Remember to stress the syllables written in bold capital letters. Together with your partner read aloud the masculine Spanish plural nouns.

--Feminine plural nouns use the plural indefinite article **unas**.*

Spanish noun	Pronunciation	English noun
unas familias	U-nas fa-**MI**-lias	some families
unas hojas	U-nas **O**-has	some leaves
unas islas	U-nas **IS**-las	some islands
unas jirafas	U-nas hi-**RA**-fas	some giraffes
unas llantas	U-nas **YAN**-tas	some tires
unas manzanas	U-nas man-**SA**-nas	some apples
unas naranjas	U-nas na-**RAN**-has	some oranges
unas narices	U-nas na-**RI**-ses	some noses
unas vacas	U-nas **BA**-kas	some cows

*The Spanish plural indefinite article **unas** means "some" in English.

Pronounce the feminine Spanish plural nouns together with the class. Repeat the words as you concentrate on the phonetic transcription for each word. Remember to stress the syllables written in bold capital letters. Together with your partner read aloud the feminine Spanish plural nouns.

There are some interesting exceptions to the rules.

<u>--There are a few nouns which change their meaning entirely in the plural form.</u>

Singular noun	Pronunciation	English noun
el padre	*el **PA**-dre*	the father
la letra	*la **LE**-tra*	the letter

Plural noun	Pronunciation	English noun
los padres	*los **PA**-dres*	the parents
las letras	*las **LE**-tras*	the humanities

<u>--Some nouns change their meanings entirely according to their gender.</u>

Masculine noun	Pronunciation	English noun
el capital	*el ka-pi-**TAL***	the capital (wealth)
el cura	*el **KU**-ra*	the priest

Feminine noun	Pronunciation	English noun
la capital	*la ka-pi-**TAL***	the capital city
la cura	*la **KU**-ra*	the cure

Example:

It is interesting to note that the singular word in Spanish for father is <u>**el padre**</u>, but <u>**los padres**</u> in the plural means the parents.

The masculine word in Spanish for capital (wealth) is <u>**el capital**</u>, but <u>**la capital**</u> in the feminine means the capital city.

Talk to your partner about the interesting exception for the singular and plural forms of the word <u>letra</u> in Spanish.

Ask your partner to tell you about the exception for the masculine and feminine forms of the word <u>capital</u> in Spanish.

Chapter 1 – Sounds of Spanish – Lesson 6

SOME SPECIAL TIPS FOR LEARNING SPANISH

There are several useful strategies that make learning Spanish easier for many students.

-- Form images that you can remember to "hang your hat on".

The Spanish verb **escribir** (*es-kri-BIR*) means "to write" in English. You could picture a scribe from ancient times writing something.

Example:

The Spanish noun **ciudad** (*siu-DAD*) means "city" in English. You could picture someone saying, "See you, Dad!"

The Spanish adverb **primero** (*pri-ME-ro*) means "first" in English. You could picture a first reading text or a first coat of paint on a car. Brainstorm with your partner to think of other English words you could picture.

-- Use cognates, which are words that are similar in two languages.

They look and sound about the same and they are similar in meaning. (If you have any knowledge of another language such as French or German it may also help you.)

Spanish noun	Pronunciation	English noun
la blusa	la **BLU**-sa	blouse
la bota	la **BO**-ta	boot
el cementerio	el se-men-**TE**-rio	cemetery
la familia	la fa-**MI**-lia	family
la fruta	la **FRU**-ta	fruit
la oficina	la o-fi-**SI**-na	office

Example:

The Spanish noun **flor** (*FLOR*) means "flower" in English. They are cognates because they look and sound about the same and they are similar in meaning.

Tell your partner three noun cognates in English and Spanish. Ask your partner to tell you three more. The Cognates Glossary in the back of the book may be helpful to you.

-- You can also use cognates that describe something.

Words that describe are known as adjectives and may describe a noun, an adverb or another adjective.

Spanish adjective	Pronunciation	English adjective
contento	*kon-**TEN**-to*	content
delicioso	*de-li-**SIO**-so*	delicious
elegante	*e-le-**GAN**-te*	elegante
furioso	*fu-**RIO**-so*	furious
nervioso	*ner-**BIO**-so*	nervous
tranquilo	*tran-**KI**-lo*	tranquil

Example:
The Spanish adjective **ocupado** *(o-ku-**PA**-do)* means "occupied" in English. They are cognates because they look and sound about the same and they are similar in meaning.

Tell your partner three adjective cognates in English and Spanish. Ask your partner to tell you three more.

-- In Spanish an adjective almost always goes after the noun it modifies.

Example:
El bebé contento *(el be-**BE** kon-**TEN**-to)* means "the content baby" in English.

El chocolate delicioso *(el cho-ko-**LA**-te de-li-**SIO**-so)* means "the delicious chocolate" in English.

Tell your partner what the following Spanish phrases mean in English:
el koala elegante *(el ko-**A**-la e-le-**GAN**-te)*

el niño furioso *(el **NI**-nyo fu-**RIO**-so)*

Your partner will tell you what the following Spanish phrases mean in English:
el elefante nervioso *(el e-le-**FAN**-te ner-**BIO**-so)*

el río tranquilo *(el **RRI**-o tran-**KI**-lo)*

-- The Spanish words for "good" and "bad" are exceptions to the above rule. They go before the noun they modify.

Example:
¡**Buenos** <u>días</u>! *(BWE-nos DI-as)* means "Good morning!" in English.

¡**Buenas** <u>tardes</u>! *(BWE-nas TAR-des)* means "Good afternoon!" in English.

¡**Buenas** <u>noches</u>! *(BWE-nas NO-ches)* means "Good night!" in English.

Tell your partner what the following Spanish phrase means in English:
¡**Buenos** <u>días</u>! *(BWE-nos DI-as)*

Your partner will tell you what the following Spanish phrase means in English:
¡**Buenas** <u>noches</u>! *(BWE-nas NO-ches)*

-- Make up little rules that work for you.

Many words begin in Spanish with double consonants preceded by an **E** are similar in English without the initial "e".

Spanish word	Pronunciation	English word
escuela	*es-KWE-la*	school
espagueti	*es-pa-GE-ti*	spaghetti
España	*es-PA-nya*	Spain
español	*es-pa-NYOL*	Spanish
especial	*es-pe-SIAL*	special
estatua	*es-TA-twa*	statue

Example:
The Spanish noun **espacio** *(es-PA-sio)* means "space" in English. They are cognates because they look and sound about the same and they are similar in meaning.

Tell your partner three words that begin in Spanish with double consonants preceded by an **E**. Ask your partner to tell you three more.

The glossary in the back of the book may be helpful to you.

--Most words that end in "–ión" are cognates. They are feminine.

Spanish noun	Pronunciation	English noun
la acción	*la ak-**SION***	action
la celebración	*la se-le-bra-**SION***	celebration
la relación	*la rre-la-**SION***	relation
la separación	*la se-pa-ra-**SION***	separation
la tradición	*la tra-di-**SION***	tradition
la vegetación	*la be-he-ta-**SION***	vegetation

Example:

The Spanish noun **televisión** *(te-le-bi-**SION**)* means "television" in English. They are cognates because they look and sound about the same and they are similar in meaning.

Tell your partner three noun cognates that end in "-ion" in English and **"-ión"** in Spanish. Ask your partner to tell you three more. The glossary in the back of the book may be helpful to you.

--Many words that end in "**-dad**" are cognates. They are feminine.

Spanish noun	Pronunciation	English noun
la calidad	*la ka-li-**DAD***	quality
la cantidad	*la kan-ti-**DAD***	quantity
la hospitalidad	*la os-pi-ta-li-**DAD***	hospitality
la movilidad	*la mo-bi-li-**DAD***	mobility
la responsabilidad	*la rres-pon-sa-bi-li-**DAD***	responsibility
la variedad	*la ba-rie-**DAD***	variety

Example:

The Spanish noun **antigüedad** *(an-ti-gwe-**DAD**)* means "antiquity" in English. They are cognates because they look and sound about the same and they are similar in meaning.

Tell your partner three noun cognates that end in "-ty" in English and **"-dad"** in Spanish. Ask your partner to tell you three more. The glossary in the back of the book may be helpful to you.

SOME INTERESTING PAIRS OF SPANISH WORDS

Many Spanish words differ from each other only by one letter, their article or an accent.

--Some noun pairs differ only by a letter.

Spanish noun	Pronunciation	English noun
el calor	*el ka-LOR*	heat
el color	*el ko-LOR*	color
el ejote	*el e-HO-te*	green bean
el elote	*el e-LO-te*	ear of corn
la hambre	*la AM-bre*	hunger
el hombre	*el OM-bre*	man
el jabón	*el ha-BON*	soap
el jamón	*el ha-MON*	ham
la paz	*la PAS*	peace
el pez	*el PES*	fish
el peso	*el PE-so*	Mexican money
el piso	*el PI-so*	floor

Example:

| **el pato** | *el PA-to* | duck |
| **el pavo** | *el PA-bo* | turkey |

Tell your partner three noun pairs that differ only by a letter. Ask your partner to tell you three more. The glossary in the back of the book may be helpful to you.

--Some noun pairs differ only by their article.

Spanish noun	Pronunciation	English noun
el dentista	*el den-**TIS**-ta*	male dentist
la dentista	*la den-**TIS**-ta*	female dentist
el guía	*el **GI**-a*	male guide
la guía	*la **GI**-a*	female guide
el mañana	*el ma-**NYA**-na*	tomorrow
la mañana	*la ma-**NYA**-na*	morning
el papa	*el **PA**-pa*	pope
la papa	*la **PA**-pa*	potato
el radio	*el **RRA**-dio*	radius
la radio	*la **RRA**-dio*	radio
el turista	*el tu-**RIS**-ta*	male tourist
la turista	*la tu-**RIS**-ta*	female tourist

Example:
  el policía   *el po-li-**SI**-a*   policeman
  la policía   *la po-li-**SI**-a*   policewoman

Tell your partner three noun pairs that differ only by an article. Ask your partner to tell you three more. The glossary in the back of the book may be helpful.

--Some word pairs differ only by an accent. All question words have accents when they are used to ask a question; they do not have accents when they are used as adverbs to modify verbs.

Spanish word	Pronunciation	English word
como	***KO**-mo*	as, like
¿Cómo?	***KO**-mo (raised voice)*	How?
cuando	***KWAN**-do*	when
¿Cuándo?	***KWAN**-do (raised voice)*	When?
donde	***DON**-de*	where
¿Dónde?	***DON**-de (raised voice)*	Where?
porque	*por-**KE***	because
¿Por qué?	*por **KE** (raised voice)*	Why?
que	***KE***	that
¿Qué?	***KE** (raised voice)*	What?
quien	***KIEN***	who
¿Quién?	***KIEN** (raised voice)*	Who?

Example:

<u>cual</u>	*KWAL*	which
<u>¿**Cuál**?</u>	*KWAL (raised voice)*	Which?

Tell your partner three word pairs that differ only by an accent. Ask your partner to tell you three more.

A REVIEW OF THE SOUNDS OF SPANISH

Now let's review Chapter 1 on the Sounds of Spanish. We're going to play a game where you ask someone to answer one of the following questions. You will toss a ball or bean bag to a classmate who will answer your question and toss it to someone else.

Work with your partner to write down the answers to these questions. Be prepared to catch a ball or bean bag and use one of your answers for the question you will be asked.

(1) Name a Spanish noun with the masculine definite article **el**.
___

(2) Name a Spanish noun with the feminine definite article **la**.
___

(3) Name a Spanish plural noun with the masculine definite article **los**.
___

(4) Name a Spanish plural noun with the feminine definite article **las**.
___

(5) Name a Spanish noun with the masculine indefinite article **un**.
___

(6) Name a Spanish noun with the feminine indefinite article **una**.
___

(7) Name a Spanish plural noun with the masculine indefinite article **unos**.
___

(8) Name a Spanish plural noun with the feminine indefinite article **unas**.
___

(9) Tell the class what a cognate is.
___

(10) Name a pair of cognates in English and Spanish.
___

Chapter 2 – Greetings and Goodbyes – Lesson 1

GREETINGS AT ANY TIME OF DAY

This is a basic greeting in Spanish. You may use it when you're striking up a friendly conversation with someone you know:

--¡Hola! ¿Cómo estás?*
 (*Hi! How are you?*)
 O-la/ KO-mo e-STAS

In a more formal situation with an acquaintance you've just met you'll ask:

--¡Hola! ¿Cómo está?*
 (*Hi! How are you?*)
 O-la/ KO-mo e-STA

We always seem to answer that we're just fine:

--Estoy bien, gracias.
 (*I am good, thanks, or I am well, thanks.*)
 e-STOY BIEN/ GRA-si-as

It's good to ask about the other person in a friendly conversation:

-- ¿Y tú ?
 (*And you?*)
 Y TU

We also need to ask about the other person in a polite conversation:

-- ¿Y usted?
 (*And you?*)
 Y us-TED

We may answer that we're also just fine:

-- Estoy bien también.
 (*I am good, too, or I am well, too.*)
 e-STOY BIEN tam-BIEN

Here are some alternate greetings to use with a friend or acquaintance:

--¿Qué tal?*
(*How are you?*)
KE TAL

--¿Qué pasa?*
(*What's going on?*)
KE PA-sa

Or we could be funny:

--¿Qué pasa, calabaza?**
(*What's going on, squash?*)
KE PA-sa/ ka-la-**BA**-sa

We can greet them back:

-- ¡Hola! ¿Qué tal?
(*Hi! How are you?*)
O-la/ **KE TAL**

* *In Spanish we use double punctuation marks, one before the thought and one afterward. They tell us to watch for an exclamation or a question.*
***This is an amusing little nonsensical saying in Spanish that is used just because it rhymes. It may be compared to the English sayings, "See you later, alligator," or "After a while, crocodile."*

<u>Example:</u>

¡Hola! ¿Cómo estás? (friendly) or ¡Hola! ¿Cómo está? (formal)

Estoy bien, gracias.

Find a partner to work with in the class and ask how he or she is doing. Practice using both the friendly and the formal forms.

Now join up with another pair of partners and ask how your new partner is doing. Practice using both the friendly and the formal forms.

Toss a ball or bean bag to another classmate and ask how he or she is doing. You may use either the friendly or the formal form.

WHAT'S YOUR NAME?

Next you'll need to find out the name of an acquaintance:

--In a friendly way:

¿Cómo te llamas?
(*What is your name?*)
KO-mo TE YA-mas

--In a formal way:

¿Cómo se llama?
(*What is your name?*)
KO-mo SE YA-ma

Of course you'll have to say your own name:

--Me llamo _____.
(*My name is _____.*)
ME YA-mo

You could refer to a classmate by name:

--Se llama _____.
(*His/her name is _____.*)
SE YA-ma

It's always polite to say it is nice to meet the other person:

--¡Mucho gusto!
(*It is a pleasure!*)
MU-cho GUS-to

Example:

¿Cómo te llamas?

Me llamo Susana.

¡Mucho gusto, Susana!

Now ask your partner his or her name and say your own name.

GREETINGS FOR CERTAIN TIMES OF DAY

From early morning until noon you'd say to your friend:

--¡Buenos días, mi amigo!*
 (*Good morning, my friend!*)
 BWE-nos DI-as/ mi a-MI-go

In the afternoon from noon until 6 p.m. or about dinnertime you'd say:

--¡Buenas tardes, mi amigo!*
 (*Good afternoon, my friend!*)
 BWE-nas TAR-des/ mi a-MI-go

In the evening after 6 p.m. or after dinnertime until midnight you'd say:

--¡Buenas noches, mi amigo!*
 (*Good night, my friend!*)
 BWE-nas NO-ches/ mi a-MI-go

* If she is of the feminine gender, you'll change the –O to –A at the end of the noun. So **amigo** *(male friend) will become* **amiga** *(female friend).*

Example:

--¡Buenas noches, María!

--¡Buenas noches, Juan!

It is 10:00 a.m. Greet your friend Mary in Spanish.

It is 2:00 p.m. Greet your friend John in Spanish.

GOODBYES

These are some basic ways to say goodbye in Spanish:

--¡Adiós!
 (*Bye!*)
 a-**DIOS**

--¡Hasta luego!
 (*See you later!*)
 A-sta **LWE**-go

--¡Hasta mañana!
 (*See you tomorrow!*)
 A-sta ma-**NYA**-na

--¡Nos vemos!
 (*See you!*)
 NOS BE-mos

Example:

¡Hasta mañana, Susana!

¡Nos vemos, Cristina!

Think back on **this lesson** and plan a short dialogue with your partner. (It is not necessary to write it down.) If there is time find another pair of classmates and try out your dialogue with them. Ready, set, go!

--¡Buena suerte!
 (*Good luck!*)
 BWE-na **SWER**-te

Chapter 2 – Greetings and Goodbyes – Lesson 2

Find a classmate to work with today. Introduce yourself in Spanish and ask his or her name. Then ask how he or she is feeling.

Example:

¡Hola! Me llamo Susana. ¿Cómo te llamas?

¡Hola! Me llamo Cristina. ¿Cómo estás?

Estoy bien, gracias. ¡Hasta luego, Cristina!

¡Hasta mañana, Susana!

HOW ARE YOU FEELING?

You could be honest when someone asks you how you're feeling. Then you'd have a greater choice of answers:

--Estoy así así.
 (*I'm so-so.*)
 e-**STOY** a-**SI** a-**SI**

Note: You can also use a hand gesture with this expression. Open up your hands, palms down, and rotate them gently several times.

--Estoy más o menos.
 (*I am OK, more or less.*)
 e-**STOY MAS** o **ME**-nos

--Estoy feliz.
 (*I am happy.*)
 e-**STOY** fe-**LIS**

--Estoy contento.*
 (*I am content.*)
 e-**STOY** kon-**TEN**-to

* *If you are of the feminine gender, you will change the* **–O** *at the end of the adjective to* **–A**. *For example, you'll say,* "<u>**Estoy contenta**</u>."

--Estoy triste.
  (*I am sad.*)
  e-**STOY TRIS**-te

--Estoy cansado.*
  (*I am tired.*)
  e-**STOY** kan-**SA**-do

--Estoy nervioso.*
  (*I am nervous.*)
  e-**STOY** ner-**BIO**-so

--Estoy aburrido.*
  (*I am bored.*)
  e-**STOY** a-bu-**RRI**-do

--Estoy ocupado.*
  (*I am busy.*)
  e-**STOY** o-ku-**PA**-do

Example:

¡Cómo estás, Susana?

Estoy nerviosa, gracias.

Ask your partner how he or she is feeling right now. Then say how you are feeling.

SAYING HOW ANOTHER PERSON IS FEELING

Now let's talk about some other emotions. We'll use them to describe how another person is feeling. (You don't have to tell the truth!)

--_____ está tranquilo.*
  (_____ *is calm or tranquil.*)
  _____ e-**STA** tran-**KI**-lo

* *If you are of the feminine gender, you will change the* –**O** *at the end of the adjective to* –**A**. *For example, you'll say,* "**Estoy cansada**," "**Estoy nerviosa**," "**Estoy aburrida**," "**Estoy ocupada**," *or* "**Está tranquila**."

--_____ está emocionado.*
 (_____ is excited.)
 e-**STA** e-mo-sio-**NA**-do

--_____ está deprimido.*
 (_____ is depressed.)
 e-**STA** de-pri-**MI**-do

--_____ está enojado.*
 (_____ is angry.)
 e-**STA** e-no-**HA**-do

--_____ está furioso.*
 (_____ is furious.)
 e-**STA** fu-**RIO**-so

--_____ está orgulloso.*
 (_____ is proud.)
 e-**STA** or-gu-**YO**-so

--_____ está sorprendido.*
 (_____ is surprised.)
 e-**STA** sor-pren-**DI**-do

--_____ está preocupado.*
 (_____ is worried.)
 e-**STA** preo-ku-**PA**-do

--_____ está de buen humor.
 (_____ is in a good mood.)
 e-**STA** de **BWEN** u-**MOR**

--_____ está de mal humor.
 (_____ is in a bad mood.)
 e-**STA** de **MAL** u-**MOR**

*If she is of the feminine gender, you will change the –**O** at the end of the adjective to –**A**. For example, you'll say. "Está **emocionada**," "Está **deprimida**," "Está **enojada**," "Está **furiosa**," "Está **orgullosa**," "Está **sorprendida**, " or "Está **preocupada**."

Example:

¿Cómo estás, Juan?

Estoy de buen humor, gracias.

Juan está de buen humor.

First of all ask your partner how he or she is feeling right now. Write it down

so you won't forget: _____ está _____.

Then wait for your turn and point to your partner. Tell the class how he or she is feeling. Look at the example above.

SAYING HOW ANOTHER PERSON IS NOT FEELING

If we want to negate these actions, we can put the word <u>no</u> in front of the action word:

--No estoy de mal humor.
(*I am not in a bad mood.*)
NO e-STOY de MAL u-MOR

--Juan no está enojado.
(*Juan is not angry.*)
hu-AN NO e-STA e-no-HA-do

Example:

¿Cómo estás, María?

No estoy preocupada.

María no está preocupada.

Let's talk about ourselves. Ask your partner how he or she is not feeling today. (You don't need to be truthful!) Write it down so you don't forget:

_____ no está _____.

Wait for your turn and point to your partner. Tell the class how he or she is not feeling. Follow the example above.

EXAGGERATING FEELINGS

You can exaggerate feelings by using the Spanish for a little or very:

--Estoy un poco triste, gracias.
(*I am a little sad, thanks.*)
e-**STOY** un **PO**-ko **TRIS**-te/ **GRA**-si-as

--Estoy muy bien, gracias.
(*I'm very good, thanks or I'm very well, thanks.*)
e-**STOY MWI BIEN**/ **GRA**-si-as

Example:

¿Qué tal, Cristina?

Estoy un poco cansada, gracias.

Tell your partner how you are doing today by exaggerating a little and a lot:

--Estoy un poco _____, gracias. (*I'm a little _____, thanks.*)

--Estoy muy _____, gracias. (*I'm very _____, thanks.*)

Ask your partner to exaggerate his or her feelings today and write it down:

_____ está un poco _____.
(_____ is a little _____.)

_____ está muy _____.
(_____ is very _____.)

Wait for your turn and point to your partner. Tell the class how he or she is feeling by exaggerating a little or a lot.

Think back on **Lessons 1 and 2** of Chapter 1 with your partner. Plan a short dialogue, but you don't need to write it down. Be ready to present your dialogue to the class.

--¡Buena suerte!
(*Good luck!*)
BWE-na **SWER**-te

Chapter 2 – Greetings and Goodbyes – Lesson 3

Find a partner and introduce yourself in Spanish. Ask your classmate's name and how he or she is doing. Tell the class what you learned.

SAYING HOW WE OURSELVES ARE FEELING

Next we'll talk about ourselves as a class and say how we feel. We'll need to add an –S to the adjective to make it plural.

--La clase y yo estamos ocupados.*
(*The class and I are busy.*)
la **KLA**-se/ i **YO** e-**STA**-mos o-ku-**PA**-dos

--Estamos _____.*
(*We are _____.*)
e-**STA**-mos _____

* *If both you and your partner are masculine, you'll change the –O on the adjective to –OS. If you both are feminine, you'll change the –O to –AS. If one of you is masculine and the other is feminine, you'll use the masculine ending –OS.*

Example:

¿Cómo están?

La clase y yo estamos tranquilos. (The class is feminine and the speaker is masculine.)

Estamos sorprendidas. (Both the class and the speaker are feminine.)

Now let's mention ourselves by name and tell the class how we're feeling.

Clase, _____ y yo estamos _____.*
(Class, _____ and I are _____.)

Clase, _____ y yo no estamos _____.*
(Class, _____ and I are not _____.)

* *If both you and your partner are masculine, you'll change the –O on the adjective to –OS. If you both are feminine, you'll change the –O to –AS. If one of you is masculine and the other is feminine, you'll use the masculine ending –OS.*

Here is another plan: think of friends or family and mention them along with yourself. Imagine they are here and tell how all of you are feeling today.

Clase, _____, _____ y yo estamos _____.*
(Class, _____, _____ and I are _____.)

Clase, _____, _____ y yo no estamos _____.*
(Class, _____, _____ and I are not _____.)

* If both you and your partner are masculine, you'll change the **–O** on the adjective to **–OS**. If you both are feminine, you'll change the **–O** to **–AS**. If one of you is masculine and the other is feminine, you'll use the masculine ending **–OS**.

SAYING HOW OTHER PEOPLE ARE FEELING

Let's be catty and talk about other people behind their backs.

-- _____ y _____ están _____. (_____ and _____ are _____.)*
      i   e-**STAN**

Example:
¿Cómo están?

Juan, María y Felipe están preocupados.
Susana, Cristina y Silvia no están nerviosas.

Tell your partner about your friends and family. Mention them by name and imagine how they are feeling right this minute. Write it down so you will be sure to remember. Then wait for your turn and talk to the class.

Clase, _____, _____ y _____ están _____.*
(Class, _____, _____ and _____ are _____.)

Now let's say how we imagine our friends and family are not feeling right now. Write it down and tell the class when it's your turn.

Clase, _____, _____ y _____ no están _____.*
(Class, _____, _____ and _____ aren't _____.)

* Remember: one or both masculine is **–OS**; both feminine is **–AS**.

A REVIEW OF THE VERB ESTAR

Now let's review what we've learned about the verb ESTAR, "to be" in English.

ESTAR

yo (I) **YO**	*Estoy* (I am) e-**STOY**
tú (You to family and friends) **TU**	*Estás* (You are) e-**STAS**
él, ella, usted (He, she, you to acquaintances) **EL**/ **E**-ya/ us-**TED**	*Está* (He is, she is, you are) e-**STA**
nosotros/nosotras (We masculine or mixed gender, We feminine) no-**SO**-tros/ no-**SO**-tras	*Estamos* (We are) e-**STA**-mos
ellos, ellas, ustedes (They masculine or mixed gender, They feminine, You plural to family, friends and acquaintances) **E**-yos/ **E**-yas/ us-**TE**-des	*Están* (They are) (You are) e-**STAN**

<u>Estoy</u>   <u>muy bien, gracias.</u>
<u>Estás</u>   <u>más o menos.</u>
<u>Está</u>   <u>un poco cansada.</u>
<u>Estamos</u>   <u>emocionadas.</u>
<u>Están</u>   <u>ocupados.</u>

Make up sentences to tell the class using each of the forms of **ESTAR**. Jot them down so you are ready when it is your turn.

<u>Estoy</u>
<u>Estás</u>
<u>Está</u>
<u>Estamos</u>
<u>Están</u>

APPLICATIONS OF THE VERB **ESTAR**

> **aburrido** *(bored)* a-bu-**RRI**-do
> **así así** *(so-so)* a-**SI** a-**SI**
> **cansado** *(tired)* kan-**SA**-do
> **contento** *(content)* kon-**TEN**-to
> **de buen humor** *(in a good mood)* de **BWEN** u-**MOR**
> **de mal humor** *(in a bad mood)* de **MAL** u-**MOR**
> **deprimido** *(depressed)* de-prei-**MI**-do
> **emocionado** *(excited, lots of emotion)* e-mo-sio-**NA**-do
> **enojado** *(angry)* e-no-**HA**-do
> **feliz** *(happy)* fe-**LIS**
> **furioso** *(furious)* fu-**RIO**-so
> **más o menos** *(more or less)* **MAS** o **ME**-nos
> **nervioso** *(nervous)* ner-**BIO**-so
> **ocupado** *(busy, occupied)* o-ku-**PA**-do
> **orgulloso** *(proud)* or-gu-**YO**-so
> **preocupado** *(worried, proccupied)* pero-ku-**PA**-do
> **sorprendido** *(surprised)* sor-pren-**DI**-do
> **tranquilo** *(calm, tranquil)* tran-**KI**-lo
> **triste** *(sad)* **TRIS**-te

Estoy	*así así.*
Estás	*de buen humor.*
Está	*contento.*
Estamos	*nerviosas.*
Están	*felices.*

Make up sentences to tell the class using each of the forms of **ESTAR** with some of the above words or phrases. Jot them down so you are ready when it is your turn.

Estoy _____
Estás _____
Está _____
Estamos _____
Están _____

You will need adjectives with their correct endings. Remember that masculine endings are –O and –OS while feminine endings are –A and –AS.

Chapter 2– Greetings and Goodbyes – Lesson 4

Find a new partner you haven't worked with before. Introduce yourself in Spanish, tell him or her how you're feeling today and ask your classmate how he or she is doing.

USING TENER TO SAY HOW YOU ARE FEELING

We're going to learn a new word in Spanish, <u>tengo</u>, which means *I have* in English. It's a very useful little word because it's used in all sorts of phrases to say how you're feeling:

--Tengo calor.
 (*I am warm.*)
 TEN-go ka-LOR

--Tengo frío.
 (*I am cold.*)
 TEN-go FRI-o

--Tengo calor, pero no tengo mucho calor.
 (*I am warm, but I am not* hot.)
 TEN-go ka-LOR/ PE-ro NO TEN-go MU-cho ka-LOR

--Tengo frío, pero no tengo mucho frío.
 (*I am cold, but I am not* very cold.)
 TEN-go FRI-o/ PE-ro NO TEN-go MU-cho FRI-o

Example:

¿Cómo estás, Cristina?

Tengo frío, Susana, pero no tengo mucho frío.

Tell your partner that you are warm, but you do not feel hot. (Please do not change the thermostat in the room!)

Even if it is not true tell your partner that you are cold, but you are not freezing.

We can use the Spanish verb <u>tengo</u> to talk about being hungry or thirsty:

--Tengo hambre.
  (*I am hungry.*)
  *TEN-go **AM**-bre*

--Tengo sed.
  (*I am thirsty.*)
  *TEN-go **SED***

--Tengo hambre, pero no tengo mucha hambre.
  (*I am hungry, but I am not very hungry.*)
  *TEN-go **AM**-bre/ **PE**-ro **NO** TEN-go **MU**-cha **AM**-bre*

--Tengo sed, pero no tengo mucha sed.
  (*I am thirsty, but I am not very thirsty.*)
  *TEN-go **SED**/ **PE**-ro **NO** TEN-go **MU**-cha **SED***

Example:

¿Cómo estás, María?

Tengo hambre, pero no tengo sed.

Y tú, Juan ¿cómo estás?

No tengo mucha hambre, pero tengo mucha sed.

Now tell your partner that you are hungry, but you are not starving.

Next say that you are thirsty, but you are not dying of thirst.

We can even use <u>tengo</u> to say we're afraid, we're sleepy, we're right or we're in a rush.

--Tengo miedo.
  (*I am afraid.*)
  *TEN-go **MIE**-do*

--Tengo sueño.
 (*I am sleepy.*)
 *TEN-go **SWE**-nyo*

--Tengo razón.
 (*I am right.*)
 *TEN-go rra-**SON***

--Tengo prisa.
 (*I am in a hurry.*)
 *TEN-go **PRI**-sa*

Example:

¿Qué tal, Silvia?

Tengo miedo, pero no tengo mucho miedo.

¿Y tú, Felipe?

Tengo prisa, pero no tengo mucha prisa.

Tell your partner that you are sleepy but not falling asleep standing up.

Next say that you are afraid but not trembling with fear.

SAYING YOU NEVER OR ALWAYS DO SOMETHING

We can use <u>siempre</u> to say that we *always* do something. We can use the opposite word <u>nunca</u> to say that we *never* do something.

--Siempre tengo razón.
 (*I am always right.*)
 SIEM-pre TEN-go rra-SON

--Nunca tengo miedo.
 (*I am never afraid.*)
 NUN-ka TEN-go MIE-do

Example:

Tengo prisa, María. ¿Y tú?

Siempre tengo mucha prisa, Juan.

Tengo miedo, Juan. ¿Y tú?

Nunca tengo miedo, María.

Now tell your partner that you are always hungry but never thirsty.

Next say that you are always warm but never cold.

USING TENER TO SAY HOW YOU ARE NOT FEELING

We can say that we're wrong by saying that we're not right.

--No tengo razón.
 (*I am wrong.*)
 NO TEN-go rra-SON

Example:

¿Qué pasa, Felipe?

Estoy furioso, pero no tengo razón.

Tell your partner that you are wrong, and you are not happy.

SAYING YOU ARE LUCKY OR UNLUCKY

We can use <u>buena</u> with <u>suerte</u> to speak of *good luck* **or being** *lucky*.

We can use <u>mala</u> with <u>suerte</u> to speak of *bad luck* **or being** *unlucky*.

--Estoy feliz cuando tengo buena suerte.
 (I am happy when I am lucky.)
 e-STOY fe-LIS KWAN-do TEN-go BWE-na SWER-te

--Estoy triste cuando tengo mala suerte.
 (I am sad when I am unlucky.)
 e-STOY TRI-ste KWAN-do TEN-go MA-la SWER-te

--Siempre tengo buena suerte.
 (I am always lucky.)
 SIEM-pre TEN-go BWE-na SWER-te

--Nunca tengo mala suerte.
 (I am never unlucky.)
 NUN-ka TEN-go MA-la SWER-te

Example:

Siempre estoy emocionada cuando tengo buena suerte.

Nunca estoy de buen humor cuando tengo mala suerte.

Tell your partner that you are always content when you are lucky. Now say that you are always nervous when you are unlucky.

Think back on **Lessons 1 - 4** of Chapter 2 and plan a short dialogue with a classmate to present to the class. Try to carry on a conversation with your partner for one minute. (It is not necessary to write everything down, but you may find it helpful to use your notebook.)

¡Buena suerte!

Chapter 2 – Greetings and Goodbyes – Lesson 5

Introduce yourself to someone you haven't spoken to before in class. Ask his or her name and find out how he or she is feeling today. Say how you are and aren't feeling. (Use the verb **tengo** if you can!)

USING TENER TO SAY HOW ANOTHER PERSON IS FEELING

Now you're going to learn how to say how another person is feeling by using the verb in Spanish for the English *he has* or *she has*:

--_____ tiene buena suerte.
(_____ *is lucky.*)
TIE-ne BWE-na SWER- te

--_____ tiene mala suerte.
(*is unlucky.*)
TIE-ne MA-la SWER-te

Example:

¿Tienes buena suerte, o tienes mala suerte, María?

Tengo buena suerte.

Clase, María tiene buena suerte.

Now ask your partner if he or she is generally lucky or unlucky:

--¿Tienes buena suerte, o tienes mala suerte?
(*Are you lucky or unlucky?*)
TIE-nes BWE-na SWER-te/ o TIE-nes MA-la SWER-te

Write in your partner's name before the correct response from him or her:

Clase, _____ tiene buena suerte. (_____ *is lucky.*)

Clase, _____ tiene mala suerte. (_____ *is unlucky.*)

Wait for your turn and point to your partner. Tell the class if he or she is lucky or unlucky. Follow the example above. (Of course we all know this is being done very tongue in cheek.)

Now you're going to report to the class whether your partner is warm, cold, hungry or thirsty:

--____ tiene calor.
(____ *is warm.*)
TIE-ne ka-LOR

--____ tiene frío.
(____ *is cold.*)
TIE-ne FRI-o

--____ tiene hambre.
(____ *is hungry.*)
TIE-ne AM-bre

--____ tiene sed.
(____ *is thirsty.*)
TIE-ne SED

Example:

¿Cómo estás, Juan?

Tengo hambre.

Clase, Juan tiene hambre.

Now ask your partner how he or she is feeling and check his or her response:

--¿Cómo estás?

____ Tengo calor.   ____ Tengo frío.

____ Tengo hambre.   ____ Tengo sed.

Write in your partner's name and complete the missing word:

Clase, _____ tiene _____.

(Class,_____ *your partner* _____ is _____ *warm, cold, hungry or thirsty.*)

Wait for your turn and point to your partner. Report to the class what you have learned. Follow the example above.

USING TENER TO SAY HOW WE OURSELVES ARE FEELING

Next we'll talk about ourselves as a class and say how we feel. We'll imagine we're in a big hurry, or we're very sleepy:

--La clase y yo tenemos mucha prisa.
(The class and I are in a big hurry.)
la **KLA**-se/ i **YO** te-**NE**-mos **MU**-cha **PRI**-sa

--Tenemos mucho sueño.
(We are very sleepy.)
te-**NE**-mos **MU**-cho **SWE**-nyo

Example:

La clase y yo tenemos calor.

No tenemos frío.

Now let's mention ourselves by name and tell the class how we are feeling. (True or not we will need to assume that we both have the same feeling!)

Clase, _____ y yo tenemos _____.

(Class, _____ your partner _____ and I are _____ warm, cold, hungry or thirsty.)

Now you and your partner will wait for your turn, and then each of you will point at the other one. Together you will say what you have written above. Also say how you are not feeling:

Clase, _____ y yo no tenemos _____.

(Class, _____ your partner _____ and I are not _____ warm, cold, hungry or thirsty.)

Imagine that some friends or family are here in class along with you and mention them along with yourself. Tell how you are all feeling right now.

Clase, _____, _____ y yo tenemos _____.

(Class, _____, _____ and I are _____.)

Also say how you and your friends or family are not feeling:

Clase, _____, _____ y yo no tenemos _____.

(Class, _____, _____ and I are not _____.)

We can also imagine we're a little warm, cold, hungry or thirsty:

--Tengo un poco de calor.
  (*I am a little warm.*)
  TEN-go un PO-ko de ka-LOR

--Tengo un poco de frío.
  (*I am a little cold.*)
  TEN-go un PO-ko de FRI-o

Example:

Tengo un poco de calor, Susana.

No tengo calor, Cristina. Tengo un poco de frío.

Tell your partner that you are not warm, but you are a little cold.

Your partner will tell you that he or she is not cold but is a little warm.

--Tengo un poco de hambre.
  (*I am a little hungry.*)
  TEN-go un PO-ko de AM-bre

--Tengo un poco de sed.
  (*I am a little thirsty.*)
  TEN-go un PO-ko de SED

Example:

Tengo un poco de hambre, Susana.

No tengo hambre, Cristina. Tengo un poco de sed.

Tell your partner that you are not thirsty, but you are a little hungry.

Your partner will tell you that he or she is not hungry but is a little thirsty.

USING TENER TO SAY HOW OTHER PEOPLE ARE FEELING

Now it's time to be catty and talk about other people behind their backs. We'll say how they're feeling today.

-- _____ y _____ tienen _____. (_____ and _____ are _____.)

_____ i _____ *TIE*-nen _____. (_____ and _____ are _____.)

Example:

Juan, María y Felipe tienen miedo.

Susana, Cristina y Silvia no tienen prisa.

You and your partner decide to switch partners with two different classmates. Point out your last partners by name and tell the class how they may be feeling right now. (You do not need to be truthful!) Write it down so you do not forget:

Clase, _____ y _____ tienen _____.

(Class, _____ and _____ are _____.)

Say how they may not be feeling:

Clase, _____ y _____ no tienen _____.

(Class, _____ and _____ are not _____.)

Think back to **Lessons 4 and 5** of Chapter 2. Talk to your new partner and say how you are feeling right now. (Use the verb **tengo**.) Be prepared to tell the class how he or she is feeling at this time. Write it down so you will remember it:

Clase, _____ tiene _____.

Also say how he or she is not feeling:

Clase, _____ no tiene _____.

When it is your turn point to your new partner and report to the class how he or she is feeling today. (Make it a good day!)

Chapter 2 – Greetings and Goodbyes – Lesson 6

Find a partner. Tell him or her how you're feeling today, and throw in how you're not feeling just for good measure. Ask how he or she is doing. (You know – the social niceties!)

SAYING HOW OLD SOMEONE IS

This is how you'll inquire about a person's age:

--¿Cuántos años tienes?
(How old are you?)
KWAN-tos A-nyos TIE-nes

--Tengo veintinueve años.
(I am 29 years old.)
TEN-go bein-te-NWE-be A-nyos

Example:

¿Cuántos años tienes, María? (That's a no-no, Juan. Never ask a girl her age.)

Tengo veintinueve años, Juan.

Turn to **THE NUMBERS FROM 1 TO 50** on page 55 and **THE NUMBERS FROM 51 TO 100** on page 56. Study the numbers from one to 100 with the class. (Tell your partner your age 29 is fine!) After you ask about your partner's age, he or she will either make up a nice number or tell you the truth.

Let's give some other classmates a chance to chime in. Turn around and find a different partner. Remind him or her of your name, say how you are feeling today, say your age (liar!) and ask his or her age.

Now we are going to do a little survey. Ask three of your classmates how old he or she is and write down the information so you can make your report. Make sure you write down your number in Spanish. (Do not blink an eye if you hear some outlandish number you do not believe. It is all OK!) Then point to them and say:

Clase _____ tiene _____ años.
Clase _____ tiene _____ años.
Clase _____ tiene _____ años.

A REVIEW OF THE VERB TENER

Let's do a little review of the verb **TENER,** "to have" in English. Do you realize that you now know how to use two verbs in Spanish, **ESTAR** and **TENER?**

TENER

yo (I) YO	**Tengo** (I have) *TEN-go*
tú (You to family and friends) TU	**Tienes** (You have) *TIE-nes*
él, ella, usted (He, she, you to acquaintances) EL/ E-ya/ us-**TED**	**Tiene** (He has, she has, you have) *TIE-ne*
nosotros/nosotras (We masculine or mixed gender, We feminine) no-**SO**-tros/ no-**SO**-tras	**Tenemos** (We have) te-**NE**-mos
ellos, ellas, ustedes (They masculine or mixed gender, They feminine, You plural to family, friends and acquaintances) E-yos/ E-yas/ us-**TE**-des	**Tienen** (They have) (You have) *TIE-nen*

Tengo   *veintinueve años.*

Tienes   *mucho calor.*

Tiene   *mucha prisa.*

Tenemos   *miedo.*

Tienen   *buena suerte.*

Make up sentences to tell the class using each of the forms of **TENER.** Jot them down so you are ready when it's your turn.

Tengo

Tienes

Tiene

Tenemos

Tienen

APPLICATIONS OF THE VERB TENER

años *(years)* **A**-nyos	prisa *(hurry)* **PRI**-sa
calor *(warmth)* ka-**LOR**	razón *(reason)* rra-**SON**
frío *(cold)* **FRI**-o	sed *(thirst)* **SED**
hambre *(hunger)* **AM**-bre	sueño *(sleep)* **SWE**-nyo
miedo *(fear)* **MIE**-do	suerte *(luck)* **SWER**-te

Tengo   *mucho frío en el invierno.*

Tienes   *mucha sed en el verano.*

Tiene   *un poco de sueño por la noche.**

Tenemos   *un poco de prisa por la mañana.**

Tienen   *razón.*

Make up sentences to tell the class using each of the forms of **TENER** with some of the above words or phrases.

Tengo

Tienes

Tiene

Tenemos

Tienen

*You will recall that we use **un poco** with an adjective to exaggerate a little:
Estoy un poco triste.
However, when we want to exaggerate a little with a noun we use **un poco de**:
Tengo un poco de hambre.

A REVIEW OF THE VERBS ESTAR *AND* TENER

Now we will review the two verbs we have learned so far, **ESTAR** and **TENER**, by combining them into one sentence. You may also negate the action by putting the word no in front of the verb. If you wish you may also exaggerate some of the feelings with a little (**un poco**) or very (**muy** or **mucho**) after the verb.

-- ¿Cuándo tienes miedo?
   (When are you afraid?)
   KWAN-do TIE-nes MIE-do

-- Tengo miedo cuando estoy sorprendido.
   (I am afraid when I am surprised.)
   TEN-go MIE-do KWAN-do e-STOY sor-pren-DI-do

Example:
Tengo calor cuando estoy furioso.

No tengo calor cuando estoy tranquilo.

Tengo _____

cuando estoy _____

Tienes _____

cuando estás _____

Tiene _____

cuando está _____

Tenemos _____

cuando estamos _____

Tienen _____

cuando están _____

You will need one of the adjectives you have learned with its correct ending. Remember that masculine endings are –**O** and –**OS** while feminine endings are –**A** and –**AS**.

THE NUMBERS FROM 1 TO 50

Numeral	English Word	Spanish Word	Sounds in Spanish
1	one	uno	*U-no*
2	two	dos	*DOS*
3	three	tres	*TRES*
4	four	cuatro	*KWA-tro*
5	five	cinco	*SIN-ko*
6	six	seis	*SEIS*
7	seven	siete	*SIE-te*
8	eight	ocho	*O-cho*
9	nine	nueve	*NWE-be*
10	ten	diez	*DIES*
11	eleven	once	*ON-se*
12	twelve	doce	*DO-se*
13	thirteen	trece	*TRE-se*
14	fourteen	catorce	*ka-TOR-se*
15	fifteen	quince	*KIN-se*
16	sixteen	dieciséis	*dies-i-SEIS*
17	seventeen	diecisiete	*dies-i-SIE-te*
18	eighteen	dieciocho	*dies-i-O-cho*
19	nineteen	diecinueve	*dies-i-NWE-be*
20	twenty	veinte	*BEIN-te*
21	twenty one	veintiuno	*bein-ti-U-no*
22	twenty two	veintidós	*bein-ti-DOS*
23	twenty three	veintitrés	*bein-ti-TRES*
24	twenty four	veinticuatro	*bein-ti-KWA-tro*
25	twenty five	veinticinco	*bein-ti-SIN-ko*
26	twenty six	veintiséis	*bein-ti-SEIS*
27	twenty seven	veintisiete	*bein-ti-SIE-te*
28	twenty eight	veintiocho	*bein-ti-O-cho*
29	twenty nine	veintinueve	*bein-ti-NWE-be*
30	thirty	treinta	*TREIN-ta*
31	thirty one	treinta y uno	*TREIN-ta i U-no*
32	thirty two	treinta y dos	*TREIN-ta i DOS*
33	thirty three	treinta y tres	*TREIN-ta i TRES*
34	thirty four	treinta y cuatro	*TREIN-ta i KWA-tro*
35	thirty five	treinta y cinco	*TREIN-ta i SIN-ko*
36	thirty six	treinta y seis	*TREIN-ta i SEIS*
37	thirty seven	treinta y siete	*TREIN-ta i SIE-te*
38	thirty eight	treinta y ocho	*TREIN-ta i O-cho*
39	thirty nine	treinta y nueve	*TREIN-ta i NWE-be*
40	forty	cuarenta	*kwa-REN-ta*
41	forty one	cuarenta y uno	*kwa-REN-ta i U-no*
42	forty two	cuarenta y dos	*kwa-REN-ta i DOS*
43	forty three	cuarenta y tres	*kwa-REN-ta i TRES*
44	forty four	cuarenta y cuatro	*kwa-REN-ta i KWA-tro*
45	forty five	cuarenta y cinco	*kwa-REN-ta i SIN-ko*
46	forty six	cuarenta y seis	*kwa-REN-ta i SEIS*
47	forty seven	cuarenta y siete	*kwa-REN-ta i SIE-te*
48	forty eight	cuarenta y ocho	*kwa-REN-ta i O-cho*
49	forty nine	cuarenta y nueve	*kwa-REN-ta i NWE-be*
50	fifty	cincuenta	*sin-KWEN-ta*

THE NUMBERS FROM 51 TO 100

Numeral	English Word	Spanish Word	Sounds in Spanish
51	fifty one	cincuenta y uno	sin-**KWEN**-ta i **U**-no
52	fifty two	cincuenta y dos	sin-**KWEN**-ta i **DOS**
53	fifty three	cincuenta y tres	sin-**KWEN**-ta i **TRES**
54	fifty four	cincuenta y cuatro	sin-**KWEN**-ta i **KWA**-tro
55	fifty five	cincuenta y cinco	sin-**KWEN**-ta i **SIN**-ko
56	fifty six	cincuenta y seis	sin-**KWEN**-ta i **SEIS**
57	fifty seven	cincuenta y siete	sin-**KWEN**-ta i **SIE**-te
58	fifty eight	cincuenta y ocho	sin-**KWEN**-ta i **O**-cho
59	fifty nine	cincuenta y nueve	sin-**KWEN**-ta i **NWE**-be
60	sixty	sesenta	se-**SEN**-ta
61	sixty one	sesenta y uno	se-**SEN**-ta i **U**-no
62	sixty two	sesenta y dos	se-**SEN**-ta i **DOS**
63	sixty three	sesenta y tres	se-**SEN**-ta i **TRES**
64	sixty four	sesenta y cuatro	se-**SEN**-ta i **KWA**-tro
65	sixty five	sesenta y cinco	se-**SEN**-ta i **SIN**-ko
66	sixty six	sesenta y seis	se-**SEN**-ta i **SEIS**
67	sixty seven	sesenta y siete	se-**SEN**-ta i **SIE**-te
68	sixty eight	sesenta y ocho	se-**SEN**-ta i **O**-cho
69	sixty nine	sesenta y nueve	se-**SEN**-ta i **NWE**-be
70	seventy	setenta	se-**TEN**-ta
71	seventy one	setenta y uno	se-**TEN**-ta i **U**-no
72	seventy two	setenta y dos	se-**TEN**-ta i **DOS**
73	seventy three	setenta y tres	se-**TEN**-ta i **TRES**
74	seventy four	setenta y cuatro	se-**TEN**-ta i **KWA**-tro
75	seventy five	setenta y cinco	se-**TEN**-ta i **SIN**-ko
76	seventy six	setenta y seis	se-**TEN**-ta i **SEIS**
77	seventy seven	setenta y siete	se-**TEN**-ta i **SIE**-te
78	seventy eight	setenta y ocho	se-**TEN**-ta i **O**-cho
79	seventy nine	setenta y nueve	se-**TEN**-ta i **NWE**-be
80	eighty	ochenta	o-**CHEN**-ta
81	eighty one	ochenta y uno	o-**CHEN**-ta i **U**-no
82	eighty two	ochenta y dos	o-**CHEN**-ta i **DOS**
83	eighty three	ochenta y tres	o-**CHEN**-ta i **TRES**
84	eighty four	ochenta y cuatro	o-**CHEN**-ta i **KWA**-tro
85	eighty five	ochenta y cinco	o-**CHEN**-ta i **SIN**-ko
86	eighty six	ochenta y seis	o-**CHEN**-ta i **SEIS**
87	eighty seven	ochenta y siete	o-**CHEN**-ta i **SIE**-te
88	eighty eight	ochenta y ocho	o-**CHEN**-ta i **O**-cho
89	eighty nine	ochenta y nueve	o-**CHEN**-ta i **NWE**-be
90	ninety	noventa	no-**BEN**-ta
91	ninety one	noventa y uno	no-**BEN**-ta i **U**-no
92	ninety two	noventa y dos	no-**BEN**-ta i **DOS**
93	ninety three	noventa y tres	no-**BEN**-ta i **TRES**
94	ninety four	noventa y cuatro	no-**BEN**-ta i **KWA**-tro
95	ninety five	noventa y cinco	no-**BEN**-ta i **SIN**-ko
96	ninety six	noventa y seis	no-**BEN**-ta i **SEIS**
97	ninety seven	noventa y siete	no-**BEN**-ta i **SIE**-te
98	ninety eight	noventa y ocho	no-**BEN**-ta i **O**-cho
99	ninety nine	noventa y nueve	no-**BEN**-ta i **NWE**-be
100	one hundred	cien	**SIEN**

Chapter 2 – Word List

aburrido/a (adj) *a-bu-RRI-do/a* - bored
adiós (m) *a-DIOS* - goodbye
amigo (m) *a-MI-go* - friend
año (m) *A-nyo* - year
así así (adj) *a-SI a-SI* - so-so
bien (adv) *BIEN* - well
buen/a (adj) *BWEN/BWE-na* - good
buenos días (phrase) *BWE-nos DI-as* - good morning
buenas noches (phrase) *BWE-nas NO-ches* - good night
buenas tardes (phrase) *BWE-nas TAR-des* - good afternoon
calor (m) *ka-LOR* - heat
cansado/a (adj) *kan-SA-do/a* - tired
clase (f) *KLA-se* - class
como (adv) *KO-mo* - as, like
cómo (adv) *KO-mo* - How?
¿Cómo se llama? (phrase) *KO-mo SE YA-ma* - What is your name? (formal)
¿Cómo te llamas? (phrase) *KO-mo TE YA-mas* - What is your name? (informal)
contento/a (adj) *kon-TEN-to/a* - content
cuando (conj) *KWAN-do* - when
cuándo (adv) *KWAN-do* - When?
de buen humor (phrase) *de BWEN u-MOR* - in a good mood
de mal humor (phrase) *de BWEN u-MOR* - in a bad mood
deprimido/a (adj) *de-pri-MI-do/a* - depressed
él (pro) *EL* - he (subject)
ella (pro) *E-ya* - she (subject)
emocionado/a (adj) - *e-mo-sio-NA-do/a* - excited
enojado/a (adj) *e-no-HA-do/a* - angry
feliz (adj) *fe-LIS* - happy
frío (m) *FRI-o* - cold
furioso/a (adj) - *fu-RIO-so/a* - furious
gracias (f) *GRA-si-as* - thanks
hambre (f) *AM-bre* - hunger
hasta luego (phrase) *A-sta LWE-go* - See you later!
hasta mañana (phrase) *A-sta ma-NYA-na* - See you tomorrow!
hola (n) *O-la* - hi, hello
más (adj) *MAS* - more
me (pro) *ME* - me (object)
Me llamo ___. (phrase) *ME YA-mo* - My name is ___.
menos (adj) *ME-nos* - less
mi (adj) *MI* - my
miedo (m) *MIE-do* - fear
mucho/a (adj) *MU-cho/a* - much
mucho gusto (phrase) *MU-cho GUS-to* - It is a pleasure!
muy (adj) *MWI* - very

nervioso/a (adj) *ner-BIO-so/a* - nervous
no (adv) *NO* - no, not
nos (pro) *NOS* - us (object)
nos vemos (phrase) *NOS BE-mos* - See you!
nosotros (pro) *no-SO-tros* - we (subject)
nunca (adv) *NUN-ka* - never
ocupado/a (adj) *o-ku-PA-do/a* - occupied, busy
orgulloso/a (adj) *or-gu-YO-so/a* - proud
pero (conj) *PE-ro* - but
poco/a (adj) *PO-ko/a* - a little
prisa (f) *PRI-sa* - hurry
preocupado/a (adj) *preo-ku-PA-do/a* - worried
que (pro) *KE* - that
qué (pro) *KE* - What?
¿Qué pasa? (phrase) *KE PA-sa* - What's going on?
¿Qué pasa, calabaza? (silly phrase) *KE PA-sa/ ka-la-BA-sa* - What's going on, squash?
¿Qué tal? (phrase) *KE TAL* - How are you?
razón (f) *rra-SON* - reason
se (pro) *SE* - you (object formal)
Se llama ___. (phrase) *SE YA-ma* - His/her/its name is ___.
sed (f) *SED* - thirst
siempre (adv) *SIEM-pre* - always
sorprendido/a (adv) *sor-pren-DI-do/a* - surprised
sueño (m) *SWE-nyo* - sleep
suerte (f) *SWER-te* - luck
te (pro) *TE* - you (object informal)
tranquilo/a (adj) *tran-KE-lo/a* - tranquil, calm
triste (adj) *TRIS-te* - sad
tú (pro) *TU* - you (subject informal)
usted (pro) *us-TED* - you (subject formal)
y (conj) *I* - and
yo (pro) *YO* - I (subject)

Chapter 3 – Holidays – Lesson 1

TELLING TIME

We always need to ask what time it is:

--¿Qué hora es?
(What time is it?)
KE O-ra ES

To tell the time in Spanish we use <u>son</u> <u>las</u> plus the number of hours that have passed in the day.

--Son las dos.
(It is two o'clock.)
SON las DOS

--Son las tres.
(It is three o'clock.)
SON las TRES

For times including one o'clock we use <u>es</u> <u>la</u> plus the hour on the clock.

--Es la una.
(It is one o'clock.)
ES la U-na

Example:

¿Qué hora es?

Son las dos.

Turn to **THE NUMBERS FROM 1 TO 50** on page 51 of Chapter 2. Study the numbers from one to twelve with the class. Then ask your partner what time it is and listen to him or her tell you the hourly chimes for the hours from 1:00 to 12:00. Return the favor.

TELLING THE MINUTES AFTER THE HOUR

After the hour add the minutes with the word <u>y</u> *(and)*.

--Son las cuatro y diez.
(It is four ten.)
SON las KWA-tro i DIES

--Son las cinco y cuarto.
(*It is a quarter after five.*)
SON las SIN-ko i KWAR-to

--Son las seis y media.
(*It is half past six.*)
SON las SEIS i ME-dia

Example:
¿Qué hora es?

Son las tres y cuarto.

Now ask your partner what time it is again. Your partner will tell you it is 5:00, 5:10, 5:15 and 5:30. Now return the favor.

TELLING THE MINUTES BEFORE THE NEXT HOUR

After the half hour subtract the minutes to the next hour with the word menos (minus).

--Son las siete menos veinte.
(*It is twenty to seven.*)
SON las SIE-te ME-nos BEN-te

--Son las ocho menos cuarto.
(*It is a quarter to eight.*)
SON las O-cho ME-nos KWAR-to

Example:
¿Qué hora es?

Son las seis menos veinte.

Ask your partner again what time it is. Your partner will tell you it is 6:40, 7:40 and 8:40. Return the favor.

Now tell your partner it is 5:45, 6:45 and 7:45 and ask him or her to please return the favor.

When the time is in the morning from 12 a.m. midnight to 12 p.m. noon we say <u>de la mañana</u>. In the afternoon from 12 p.m. to 6 p.m. we say <u>de la tarde</u>. At night from 6 p.m. to 12 a.m. midnight we say <u>de la noche</u>.

-- Son las nueve de la mañana.
 (It is nine o'clock a.m.)
 *SON las **NWE**-be de la ma-**NYA**-na*

-- Son las cinco de la tarde.
 (It is five o'clock p.m.)
 *SON las **SIN**-ko de la **TAR**-de*

-- Son las once de la noche.
 (It is eleven o'clock p.m.)
 *SON las **ON**-se de la **NO**-che*

Example:
¿Qué hora es?

Son las diez de la mañana.

Ask your partner what time it is, and he or she will say it is 4 a.m. and 4 p.m. He or she will ask you about the time, and you will say it is 8 a.m. and 8 p.m.

We can also talk about noon, <u>el mediodía</u>, and midnight, <u>la medianoche</u>.

-- Son las doce del día. Es el mediodía.*
 (It is twelve o'clock p.m. It is noon.)
 *SON las **DO**-se del **DI**-a/ **ES** el me-dio-**DI**-a*

-- Son las doce de la noche. Es la medianoche.
 (It is twelve o'clock a.m. It is midnight.)
 *SON las **DO**-se de la **NO**-che/ **ES** la me-dia-**NO**-che*

* We do not have apostrophes in Spanish, but we do have contractions. The contraction <u>del</u> combines the preposition <u>de</u> (of) with the article <u>el</u> (the). There is no contraction for <u>la</u> (the).

Example:
¿Qué hora es?

Es la medianoche.

Ask your partner what time it is, and he or she will say it is 12 o'clock a.m., midnight. Now he or she will ask you about the time, and you will say it is 12 o'clock p.m., noon.

Chapter 3 – Holidays – Lesson 2

Find a classmate to work with today. Introduce yourself in Spanish and ask his or her name. Ask how he or she is feeling. Point to your watch (or pretend to do so if you have left your watch at home!) and ask what time it is.

THE DAYS OF THE WEEK

Sometimes we need to ask about the day of the week:

--¿Qué día es mañana?
(*What day is tomorrow?*)
KE DI-a ES ma-NYA-na

--Mañana es el _____.
(*Tomorrow is _____.*)
ma-NYA-na ES el _____

We write the day of the week with a lower-case letter, and sometimes we use el (*the*) before it.

--el lunes
(*Monday*)
el LU-nes

--el martes
(*Tuesday*)
el MAR-tes

--el miércoles
(*Wednesday*)
el MIER-koles

--el jueves
(*Thursday*)
el HWE-bes

--el viernes
(*Friday*)
el BIER-nes

--el sábado
(*Saturday*)
el SA-ba-do

--el domingo
(*Sunday*)
el do-MIN-go

Example:

¿Qué día es mañana?

Mañana es el miércoles.

Now ask your partner what day of the week tomorrow is.

TALKING ABOUT TODAY AND TOMORROW

We can also refer to hoy *(today)*, and then ask about mañana *(tomorrow)*:

--¿Qué día es hoy?
(*What day is today?*)
KE DI-*a* **ES OY**

--Hoy es el _____.
(*Today is _____.*)
OY ES *el* ▬▬

--¿Qué día es mañana?
(*What day is tomorrow?*)
KE DI-*a* **ES** *ma*-**NYA**-*na*

--Mañana es el _____.
(*Tomorrow is _____.*)
ma-**NYA**-*na* **ES** *el* ▬▬

Example:
Hoy es el jueves. ¿Qué día es mañana?

Mañana es el viernes.

Now practice giving your partner a day of the week in Spanish and asking him or her to tell you what day tomorrow will be. Then reverse the roles.

TALKING ABOUT THE DAY AFTER TOMORROW

We can also talk about pasado mañana *(the day after tomorrow)*:

--Hoy es el _____. ¿Qué día es pasado mañana?
(*Today is _____. What day is the day after tomorrow?*)
OY ES *el* ▬▬ **KE DI**-*a* **ES** *pa*-**SA**-*do* *ma*-**NYA**-*na*

--Pasado mañana es el _____.
(*The day after tomorrow is _____.*)
pa-**SA**-*do* *ma*-**NYA**-*na* **ES** *el* ▬▬

Example:

Hoy es el sábado. ¿Qué día es pasado mañana?

Pasado mañana es el lunes.

Give your partner a day of the week in Spanish and ask him or her to tell you what the day after tomorrow will be. Reverse the roles.

WISHING YOUR PARTNER A GOOD WEEKEND

We can also talk about el fin de semana *(the weekend):*

-- ¡Buen fin de semana, María!
   (Have a good weekend, Mary!)
   BWEN FIN *de se-***MA** *na/ ma-***RI***-a*

-- ¡Gracias, Juan! ¡Buen fin de semana!
   (Thank you, John. Have a good weekend!)
   GRA*-si-as/* **HU***-an/* **BWEN FIN** *de se-***MA***-na*

Example:

Hoy es el viernes. ¡Buen fin de semana, Susana!

Gracias, Christina. ¡Buen fin de semana!

Tell your partner that today is Friday. Wish him or her a good weekend. Your partner will thank you and wish you a good weekend, too.

Think back on **Lessons 1 and 2** of Chapter 3 with your partner. Ask each other what time it is, what day it is, what day it will be tomorrow and what day it will be day after tomorrow. Then be ready to have a ball or bean bag thrown at you and to answer one of these questions on demand!

¡Buena suerte!

Chapter 3 – Holidays – Lesson 3

Introduce yourself to someone you have not worked with before in class. Ask his or her name, how he or she is feeling and what day and time it is.

THE MONTHS OF THE YEAR

We need to know the months of the year:

--¿Qué mes es?
(*What month is it?*)
KE MES ES

We write the months of the year with a lower-case letter:

--enero	--mayo	--septiembre
(*January*)	(*May*)	(*September*)
*e-**NE**-ro*	***MA**-yo*	*sep-**TIEM**-bre*
--febrero	--junio	--octubre
(*February*)	(*June*)	(*October*)
*fe-**BRE**-ro*	***HU**-nio*	*ok-**TU**-bre*
--marzo	--julio	--noviembre
(*March*)	(*July*)	(*November*)
***MAR**-so*	***HU**-lio*	*no-**BIEM**-bre*
--abril	--agosto	--diciembre
(*April*)	(*August*)	(*December*)
*a-**BRIL***	*a-**GO**-sto*	*di-**SIEM**-bre*

Example:

¿Qué mes es?

Es enero.

Now ask your partner to tell you the names of the months of the year.

TALKING ABOUT THE DATE

We always need to say what the date is today.

--¿Qué es la fecha hoy?
(What is the date today?)
KE ES *la* **FE**-*cha* **OY**

--Hoy es el primero de enero de dos mil catorce.
(Today is January 1, 2014.)
OY ES *el pri-***ME**-*ro de e-***NE**-*ro de* **DOS MIL** *ka-***TOR**-*se*

Example:
¿Qué fecha es hoy?

Hoy es el segundo de febrero de dos mil trece.

Tell your partner what the date is today.

Sometimes we want to talk about our birthday.

--¿Cuándo es tu cumpleaños?
(When is your birthday?)
KWAN-*do* **ES** *tu kum-ple-***A**-*nyos*

--Mi cumpleaños es el veintitrés de marzo.
(My birthday is March 23.)
*mi kum-ple-***A**-*nyos* **ES** *el bein-ti-***TRES** *de* **MAR**-*so*

Example:
¿Cuándo es el cumpleaños de María?

El cumpleaños de María es el treinta de junio.

Now let's go around the classroom and tell everyone when our birthdays are.
Try to jot down a few of the birthdays you hear:

_____   _____
_____   _____
_____   _____
_____   _____

THE SEASONS OF THE YEAR

We like to talk about the seasons of the year:

--¿Qué estación es?
(What season is it?)
KE e-sta-SION ES

--Es la primavera.
(It is spring.)
ES la pri-ma-BE-ra

The days, months, and seasons are written with a lower-case letter. Like the days of the week, we use el or la before them sometimes.

--la primavera
(spring)
la pri-ma-BE-ra

--el verano
(summer)
el be-RA-no

--el otoño
(fall or autumn)
el o-TO-nyo

--el invierno
(winter)
el im-BIER-no

--¿Qué son los meses del verano?*
(What are the summer months?)
KE SON los ME-ses del be-RA-no

* *We do not have apostrophes in Spanish, but we do have contractions. The contraction* **del** *combines the preposition* **de** *(of) with the article* **el** *(the).*

Example:

¿Qué estación es?

Es la primavera.

¿Qué son los meses de la primavera?

Son marzo, abril y mayo.

Ask your partner what month it is. Listen, name a season and ask what months are in that season. Continue until you have named all the seasons and months.

A REVIEW OF THE VERB SER

Both SER and ESTAR mean "to be" in English, but they are used differently.

SER

yo *(I)* *YO*	**Soy** *(I am)* *SOY*
tú *(You to family and friends)* *TU*	**Eres** *(You are)* *E-res*
él, ella, usted *(He, she, you to acquaintances)* *EL/ E-ya/ us-TED*	**Es** *(He is, she is, you are)* *ES*
nosotros/nosotras *(We masculine or mixed gender,* *We feminine)* *no-SO-tros/ no-SO-tras*	**Somos** *(We are)* *SO-mos*
ellos, ellas, ustedes *(They masculine or mixed gender,* *They feminine* *You plural to friends, family and* *acquaintances)* *E-yos/ E-yas/ us-TE-des*	**Son** *(They are)* *(You are)* *SON*

-- ¿Eres un estudiante?
   (Are you a student?)
   E-res un es-tu-DIAN-te

-- Sí. Soy un estudiante.
   (Yes. I am a student.)
   SI/ SOY un es-tu-DIAN-te

"I am a student," in Spanish will be: "**Soy un estudiante**."

"You are a student," in the familiar sense of being a friend, relative or family member will be: "**Eres un estudiante**."

"He is or she is a student," will be: "**Es un estudiante**."

"We are students," will be: "**Somos estudiantes**."

"They are students," will be: "**Son estudiantes**."

You can make up sentences to tell the class using each of the forms of **SER**.

Soy _____.
(Here you can write in your name and say, "I am _____.")

Eres _____
*(You can write in a classmate's name and say, "You are _____."
in the familiar sense of being a friend, relative or family member.)*

Es _____
*(You can also write in a classmate's name, point to him or her and say, "He is or she is
_____.")*

Somos _____
*(You can write in a classmate's name and the Spanish word for "I" and say, "We are
_____.")*

Son _____
*(You can also write in two or more classmates' names, point to them and say, "They are
_____.")*

You can also use the verb **SER** to tell the time, the days of the week and the seasons.

Es _____
(It is one o'clock.)

Son _____
(It is three thirty.)

Es _____
(It is Thursday.)

Es _____
(It is November.)

Es _____
(It is fall.)

Chapter 3 – Holidays – Lesson 4

Ask a classmate what day it is today, what day it will be tomorrow and day after tomorrow. Ask what month it is and what season. Then ask him or her to tell you what time it is right now, please.

THE DAY OF THE DEAD

The Day of the Dead is a very important cultural event in Mexico.

--¿Qué es el Día de los Muertos en México?
(*What is the Day of the Dead in Mexico?*)
KE ES el **DI**-a de los **MWER**-tos en **ME**-hi-ko

The Yaqui people believe it is a passage from one world to another.

--El Día de los Muertos es una celebración de los muertos.
(*The Day of the Dead is a celebration of the dead.*)
el **DI**-a de los **MWER**-tos **ES U**-na se-le-bra-**SION** de los **MWER**-tos

Example:

¿Qué es el Día de los Muertos en México?

Es una celebración de los muertos.

Ask your partner to tell you what the Day of the Dead is in Mexico.

WHEN IS THE DAY OF THE DEAD CELEBRATED?

Halloween, celebrated on October 31, is a contraction of "All Hallows' Eve". It was originally a day to remember hallows (saints) and martyrs. The Day of the Dead, celebrated on November 1 and 2, is dedicated to remembering friends and family who have died.

--¿Cuándo es el Día de los Muertos?
(When is the Day of the Dead?)
KWAN-do **ES** el **DI**-a de los **MWER**-tos

The celebration for the deceased children is on November 1.

--Es el primero de noviembre para niños.
(It is the first of November for children.)
ES el pri-**ME**-ro de no-**BIEM**-bre **PA**-ra **NI**-nyos

The celebration for the deceased adults is on November 2.

--Es el segundo de noviembre para adultos.
(It is the second of November for adults.)
ES el se-**GUN**-do de no-**BIEM**-bre **PA**-ra a-**DUL**-tos

Example:

¿Cuándo es el Día de los Muertos para niños?

Es el primero de noviembre.

¿Cuándo es el Día de los Muertos para adultos?

Es el segundo de noviembre.

Ask your partner when the Day of the Dead is celebrated for children in Mexico, then ask about the celebration for adults. Reverse the roles.

WHERE IS THE DAY OF THE DEAD CELEBRATED?

The Day of the Dead is celebrated throughout Mexico. Similar observances are held in the United States, Brazil and Spain. Other celebrations are held in Europe, Asia and Africa.

--¿Dónde está el Día de los Muertos?
(Where is the Day of the Dead?)
DON-de e-STA el DI-a de los MWER-tos

The Day of the Dead is celebrated at the cemetery.

--El Día de los Muertos está en el cementerio.
(The Day of the Dead is in the cemetery.)
el DI-a de los MWER-tos e-STA en el se-men-TE-rio

The Day of the Dead is also celebrated in the homes.

--El Día de los Muertos también está en las casas.
(The Day of the Dead is also in the houses.)
el DI-a de los MWER-tos tam-BIEN e-STA en las KA-sas

Example:

¿Dónde está el Día de los Muertos?

Está en el cementerio.

Now ask your partner where the Day of the Dead is celebrated. Reverse the roles.

Chapter 3 – Holidays – Lesson 5

Ask a classmate what time it is right now, what day it is today, what day it will be tomorrow and the day after tomorrow. Ask what month it is and what season. Then ask him or her about the Day of the Dead in Mexico.

THANKSGIVING

In 1621 the English colonists, the pilgrims, and the Native Americans, the Wampanoag, celebrated their good harvest with a three-day feast.

--¿Cómo se dice "Thanksgiving Day" en español?
(How do you say Thanksgiving Day in Spanish?)
KO-mo SE DI-se ▬▬▬▬ *en es-pa-NYOL*

-- Se dice El Día de Acción de Gracias en español.
(You say "The Day of Giving Thanks" in Spanish.)
SE DI-se el DI-a de ak-SION de GRA-si-as en es-pa-NYOL

Example:

¿Cómo se dice el Día de Acción de Gracias en inglés?

Se dice "Thanksgiving Day" en inglés.

Ask your partner to translate Thanksgiving Day into Spanish for you.

WHY IS THANKSGIVING CELEBRATED?

In 1789 George Washington proclaimed a National Day of Thanksgiving.

--¿Por qué hay un Día de Acción de Gracias?
(Why is there a Thanksgiving Day?)
por **KE AI** un **DI**-a de ak-**SION** de **GRA**-si-as

--Hay un Día de Acción de Gracias para dar las gracias a Dios.
(There is a Thanksgiving Day to give thanks to God.)
AI un **DI**-a de ak-**SION** de **GRA**-si-as **PA**-ra **DAR** las **GRA**-si-as a **DIOS**

Example:

¿Por qué hay un Día de Acción de Gracias?

Para dar las gracias a Dios.

Discuss with your partner the reason we celebrate Thanksgiving.

WHEN IS THANKSGIVING CELEBRATED?

Thanksgiving is celebrated in the United States on the fourth Thursday in November.

--¿Cuándo es el Día de Acción de Gracias en los Estados Unidos?
(When is Thanksgiving Day in the United States?)
KWAN-do **ES** el **DI**-a de ak-**SION** de **GRA**-si-as en los e-**STA**-dos u-**NI**-dos

--En los Estados Unidos es el cuarto jueves de noviembre.
(In the United States it is the fourth Thursday in November.)
en los e-**STA**-dos u-**NI**-dos **ES** el **KWAR**-to **HWE**-bes de no-**BIEM**-bre

Example:

¿Cuándo es el Día de Acción de Gracias en los Estados Unidos?

Es el cuarto jueves de noviembre en los Estados Unidos.

Ask your partner to tell you when Thanksgiving is celebrated in the USA.

Thanksgiving is celebrated in Canada on the second Monday in October.

--¿Cuándo es el Día de Acción de Gracias en Canadá?
(When is Thanksgiving Day in Canada?)
KWAN-do **ES** el **DI**-a de ak-**SION** de **GRA**-si-as en ka-na-**DA**

-- En Canadá es el segundo lunes de octubre.
(In Canada it is the second Monday in October.)
en ka-na-**DA ES** el se-**GUN**-do **LU**-nes de ok-**TU**-bre

Example:

¿Cuándo es el Día de Acción de Gracias en Canadá?

Es el segundo lunes de octubre en Canadá.

Ask your partner to tell you when Thanksgiving is celebrated in Canada.

HOW IS THANKSGIVING CELEBRATED?

Thanksgiving is a national holiday in the United States and Canada. It has traditionally been a day of giving thanks for the preceding year and the harvest.

--¿Cómo es el Día de Acción de Gracias?
(What is Thanksgiving like?)
KO-mo **ES** el **DI**-a de ak-**SION** de **GRA**-si-as

--El Día de Acción de Gracias es un día de mucha comida deliciosa.
(Thanksgiving is a day of a lot of delicious food.)
el **DI**-a de ak-**SION** de **GRA**-si-as **ES** un **DI**-a de **MU**-cha ko-**MI**-da de li **SIO**-sa

-- ¡Feliz Día de Acción de Gracias!
(Happy Thanksgiving Day!)
fe-**LIS DI**-a de ak-**SION** de **GRA**-si-as

Example:

¿Cómo es el Día de Acción de Gracias?

Es un día de mucha comida deliciosa.

Ask your partner to tell you if he or she is hungry on Thanksgiving. Tell your partner if you are a little hungry or very hungry on Thanksgiving Day.

Chapter 3 – Holidays – Lesson 6

Ask a classmate to tell you the time, what day it is today and what day it will be tomorrow and the day after tomorrow. Ask the month and the season. Then ask him or her about Thanksgiving in the United States and Canada.

CHRISTMAS IN MEXICO

The Christmas season is very long in Mexico.

--¿Cómo es la Navidad en México?
(*What is Christmas like in Mexico?*)
KO-mo ES la na-bi-DAD en ME-hi-ko

--La Navidad en México es muy larga.
(*Christmas in Mexico is very long.*)
la na-bi-DAD en ME-hi-ko ES MWI LAR-ga

Example:

¿Cómo es la Navidad en México?

Es muy larga.

Ask your partner what Christmas is like in Mexico. He or she will tell you that it lasts a long time.

--¿Por qué es muy larga la Navidad en México?
(*Why is Christmas in Mexico very long?*)
por KE ES MWI LAR-ga la na-bi-DAD en ME-hi-ko

--La Navidad en México es del dieciséis de diciembre al seis de enero. *
(*Christmas in Mexico is from December 16 to January 6.*)
la na-bi-DAD en ME-hi-ko ES del dies-i-SEIS de di-SIEM-bre al SEIS de e-NE-ro

* *We do not have apostrophes in Spanish, but we do have two contractions. The contraction* **del** *combines the preposition* **de** *(from) with the article* **el** *(the). The contraction* **al** *combines the preposition* **a** *(to) with the article* **el** *(the). There is no contraction for* **la** *(the).*

Example:

¿Por qué es muy larga la Navidad en México?

Porque es del dieciséis de diciembre al seis de enero.
Now ask why Christmas in Mexico is very long. Your partner will tell you that it lasts from December 16 to January 6.

WHAT IS A POSADA?

A posada is a little neighborhood walk from house to house where the participants remember Mary and Joseph's search for lodging.

--¿Qué es una posada?
 (What is a posada?)
 KE ES U-na po-**SA**-da

--Una posada es una caminata de casa en casa.
 (A posada is a walk from house to house.)
 U-na po-**SA**-da **ES U**-na ka-mi-**NA**-ta de **KA**-sa en **KA**-sa

Example:

¿Qué es una posada?

Es una caminata de casa en casa.

Ask your partner to tell you what a posada is in Mexico.

The posadas begin on December 16 and last for nine evenings to symbolize the nine months of Mary's pregnancy with Jesus.

--¿De cuántas noches son las posadas?
 (How many evenings are the posadas?)
 de **KWAN**-tas **NO**-ches **SON** las po-**SA**-das

--Las posadas son de nueve noches.
 (The posadas are 9 evenings.)
 las po-**SA**-das **SON** de **NWE**-be **NO**-ches

Example:

¿De cuántas noches son las posadas?

Son de nueve noches.

Ask how long the posadas last in Mexico and say they last nine evenings.

Each evening after the posada the group gathers at one home.

--Hay una fiesta después de la posada cada noche.
(There is a party after the posada each evening.)
*AI **U**-na **FIES**-ta des-**PWES** de la po-**SA**-da **KA**-da **NO**-che*

--En la fiesta los niños tienen una piñata.
(At the party the children have a piñata.)
*en la **FIES**-ta los **NI**-nyos **TIE**-nen **U**-na pi-**NYA**-ta*

Example:

¿Qué pasa después de una posada?

Después de una posada los niños tienen una fiesta.

Now ask your partner what happens after a posada and tell him or her that the children have a party.

WHAT IS A PIÑATA?

A piñata is a clay pot decorated with crepe paper of different colors.

--¿Qué tiene una piñata adentro?
(What does a piñata have inside?)
*KE **TIE**-ne **U**-na pi-**NYA**-ta a-**DEN**-tro*

--Una piñata tiene muchos dulces y frutas adentro.
(A piñata has lots of candy and fruits inside.)
***U**-na pi-**NYA**-ta **TIE**-ne **MU**-chos **DUL**-ses/ i **FRU**-tas a-**DEN**-tro*

Example:

¿Qué tiene una piñata adentro?

Tiene muchos dulces y frutas.

Tell your partner what you have learned about posadas and piñatas in Mexico during the Christmas celebration. Ask him or her to imagine you did not know a thing about Christmas in Mexico and to tell you everything he or she knows!

WHERE DOES THE POINSETTIA COME FROM?

The poinsettia plant was brought to the United States from Mexico.

--¿De dónde es la poinsettia?
(Where is the poinsettia from?)
de **DON**-de **ES** la poin-**SE**-tia

--La poinsettia es de México.
(The poinsettia is from Mexico.)
la poin-**SE**-tia **ES** de **ME**-hi-ko

Example:

¿De dónde es la poinsettia?

Es de México.

Ask your partner where the poinsettia is from. He or she will tell you that it is from Mexico.

Joel Roberts Poinsett, the Ambassador to Mexico, brought the poinsettia to the United States in 1828.

--¿Por qué se llama la poinsettia la planta de la Navidad?
(Why is the Christmas plant named the poinsettia?)
por **KE SE YA**-ma la poin-**SE**-tia la **PLAN**-ta de la na-bi-**DAD**

--Se llama la poinsettia por Joel Roberts Poinsett.
(It is named the poinsettia for Joel Roberts Poinsett.)
SE YA-ma la poin-**SE**-tia **POR** ▓▓▓▓▓

Example:

¿Cómo se llama la planta de la Navidad?

Se llama la poinsettia.

Tell your partner what you have learned about the poinsettia plant. Ask where it came from and who it was named for.

WHAT IS THREE KINGS DAY?

The Three Kings followed the star to Bethlehem and arrived on January 6 with their treasures of gold, frankincense and myrrh for the Baby Jesus.

--¿Por qué hay una celebración el seis de enero en México?
(Why is there a celebration on January 6 in Mexico?)
*por **KE AI U**-na se-le-bra-**SION** el **SEIS** de e-**NE**-ro en **ME**-hi-ko*

--El seis de enero en México hay una fiesta por El Día de los Reyes.
(On January 6 in Mexico there is a party for Three Kings Day.)
*el **SEIS** de e-**NE**-ro en **ME**-hi-ko **AI U**-na **FIES**-ta **POR** el **DI**-a de los **RREI**-es*

Example:
¿Qué pasa en México el seis de enero?

Hay una fiesta por El Día de los Reyes.

Explain to your partner what happens on January 6 in Mexico.

Children write letters to the Wise Men asking for the present they would like to receive, then put their shoes by the door for their present.

--Muchos niños en México tienen sus regalos de Navidad el Día de los Reyes.
(Many children in Mexico have their Christmas presents on Three Kings Day.)
***MU**-chos **NI**-nyos en **ME**-hi-ko **TIE**-nen sus re-**GA**-los de na-bi-**DAD** el **DI**-a de los **RREI**-es*

Example:
¿Cuándo tienen muchos niños en México sus regalos de Navidad?

Tienen sus regalos de Navidad el Día de los Reyes.

Tell your partner when many children in Mexico receive their Christmas presents. It's not always on Christmas Eve or Christmas Day.

A REVIEW OF THE VERBS SER AND ESTAR

Both **SER** and **ESTAR** mean "to be" in English. **SER** is used when you want to describe a person, place, or thing. **ESTAR** is used to talk about feelings. It may also be used to talk about where a person, place or thing is located.

I can combine the two verbs to say that I'm from one place *(that describes me)*, **but now I am in another place** *(that is where I'm located now).*

--Soy de Minnesota.
 (I am from Minnesota.)
 SOY de ⬛⬛⬛

--Ahora estoy en Arizona.
 (Now I am in Arizona.)
 a-O-ra e-STOY en ⬛⬛⬛

Example:

Soy de Minnesota, pero ahora estoy en Arizona.

Eres de Texas, pero ahora estás en Hawaii.

Es de New Jersey, pero ahora está en New York.

Now you can combine these two verbs to make up a sentence about yourself. Say where you're from and make up an ideal place where you're imagining you'd like to be now. (What's in the classroom *stays* **in the classroom.)**

Soy de _____ , pero ahora estoy en _____ .

(I am from _____ , but now I am in _____ .)

Do the same for your partner. Say where he or she is from and where your partner would like to be now.

Eres de _____ , pero ahora estás en _____ .

(You are from _____ , but now you are in _____ .)

When it's your turn, point to your partner and report to the class where he or she is from and where your partner would like to be now.

Es de _____ , pero ahora está en _____ .

(He or she is from_____ , but now he or she is in _____.)

WORD SEARCH IN SPANISH
BUSCAPALABRAS EN ESPAÑOL

bus-ka-pa-LA-bras en es-pa-NYOL

Los días de la semana y los meses del año

Circle the Spanish words and match their numbers to the English words.

1. lunes	9. febrero	17. octubre	
2. martes	10. marzo	18. noviembre	
3. miércoles	11. abril	19. diciembre	
4. jueves	12. mayo	20. día	
5. viernes	13. junio	21. semana	
6. sábado	14. julio	22. mes	
7. domingo	15. agosto	23. año	
8. enero	16. septiembre	24. fecha	

A	L	Q	U	E	A	E	M	A	M	D	R	U	G
A	D	I	O	N	S	R	L	O	A	CH	E	F	A
U	U	D	A	F	E	B	R	E	R	O	A	I	E
N	T	M	O	N	R	M	A	M	Z	E	S	V	J
A	E	J	U	S	B	E	A	Ñ	O	E	E	U	U
S	D	U	D	E	M	I	C	E	R	E	L	E	N
O	I	E	O	N	E	T	O	B	U	I	O	L	I
D	C	V	M	R	I	P	M	J	O	L	C	I	O
A	E	E	I	E	C	E	O	Y	R	B	R	R	T
B	A	S	N	I	I	S	A	Ñ	E	CH	E	B	S
A	CH	E	G	V	D	M	I	N	N	A	I	A	O
S	Z	M	O	C	T	U	B	R	E	E	M	O	G
L	U	N	E	S	E	T	R	A	M	F	D	I	A

____ April
____ August
____ date
____ day
____ December
____ February
____ Friday
____ January
____ July
____ June
____ March
____ May
____ Monday
____ month
____ November
____ October
____ Saturday
____ September
____ Sunday
____ Thursday
____ Tuesday
____ Wednesday
____ week
____ year

Chapter 3 – Word List

a (prep) *A* - to
abril (m) *a-BRIL* - april
adentro (adv) *a-DEN-tro* - inside
agosto (m) *a-GOS-to* - August
ahora (adv) *a-O-ra* - now
al (prep) *AL* - to the
cada (adj) *KA-da* - each
caminata (f) *ka-mi-NA-ta* - walk
casa (f) *KA-sa* - house
celebración (f) *se-le-bra-SION* - celebration
cementerio (m) *se-men-TE-rio* - cemetery
comida (f) *ko-MI-da* - food
¿Cómo se dice ___? (phrase) *KO-mo SE DI-se* - How do you say ___?
cuarto (m) *KWAR-to* - quarter
cuarto/a (adj) *KWAR-to/a* - fourth
cumpleaños (m) *kum-ple-A-nyos* - birthday
de (prep) *DE* - from, of
de la mañana (phrase) *de la ma-NYA-na* - a.m.
de la noche (phrase) *de la NO-che* - p.m.
de la tarde (phrase) *de la TAR-de* - p.m.
del (prep) *DEL* - from the, of the
delicioso/a (adj) *de-li-SIO-so/a* - delicious
después (adv) *des-PWES* - after
día (m) *DI-a* - day
Día de Acción de Gracias (m) *DI-a de ak-SION de GRA-si-as* - Thanksgiving
Día de los Muertos (m) *DI-a de los MWER-tos* - Day of the Dead
Día de los Reyes (m) *DI-a de los RREI-es* - Three Kings Day
diciembre (m) *di-SIEM-bre* - December
Dios (m) *DIOS* - God
domingo (m) *do-MIN-go* - Sunday
dónde (adv) *DON-de* - Where?
dulce (m) *DUL-se* - candy
en (prep) *EN* - in
enero (m) *e-NE-ro* - January
español (m) *es-pa-NYOL* - Spanish
estación (f) *e-sta-SION* - season
estudiante (m) *es-tu-DIAN-te* - student
febrero (m) *fe-BRE-ro* - February
fecha (f) *FE-cha* - date
fiesta (f) *FIES-ta* - party
fin (m) *FIN* - end
fin de semana (phrase) *FIN de se-MA-na* - weekend
fruta (f) *FRU-ta* - fruit

hora (f) *O-ra* - hour
hoy (adv) *OY* - today
inglés (m) *in-GLES* - English
invierno (m) *im-BIER-no* - winter
jueves (m) *HWE-bes* - Thursday
julio (m) *HU-lio* - July
junio (m) *HU-nio* - June
largo/a (adj) *LAR-go/a* - long
lunes (m) *LU-nes* - Monday
mañana (m) *ma-NYA-na* - tomorrow
mañana (f) *ma-NYA-na* - morning
martes (m) *MAR-tes* - Tuesday
marzo (m) *MAR-so* - March
mayo (m) *MA-yo* - May
medio/a (adj) *ME-dio/a* - half
medianoche (f) *me-dia-NO-che* - midnight
mediodía (m) *me-dio-DI-a* - noon
mes (m) *MES* - month
miércoles (m) *MIER-ko-les* - Wednesday
Navidad (f) *na-bi-DAD* - Christmas
niño (m) *NI-nyo* - boy, child
noche (f) *NO-che* - night
noviembre (m) *no-BIEM-bre* - November
octubre (m) *ok-TU-bre* - October
otoño (m) *o-TO-nyo* - fall, autumn
pasado mañana (phrase) *pa-SA-do ma-NYA-na* - day after tomorrow
piñata (f) *pi-NYA-ta* - piñata
planta (f) *PLAN-ta* - plant
poinsettia (f) *poin-SE-tia* - poinsettia
por (prep) *POR* - for
por qué (adv) *por KE* - Why?
porque (prep) *por-KE* - because
posada (f) *po-SA-da* - walk from house to house, lodging
primavera (f) *pri-ma-BE-ra* - spring
primero/a (adj) *pri-ME-ro/a* - first
¿Qué hora es? (phrase) *KE O-ra ES* - What time is it?
regalo (m) *rre-GA-lo* - present, gift
sábado (m) *SA-ba-do* - Saturday
Se dice___. (phrase) *SE DI-se* - You say ___.
segundo/a (adj) *se-GUN-do/a* - second
semana (f) *se-MA-na* - week
septiembre (m) *sep-TIEM-bre* - September
también (adv) *tam-BIEN* - also, too
tarde (f) *TAR-de* - afternoon
verano (m) *be-RA-no* - summer
viernes (m) *BIER-nes* - Friday

Chapter 4 – The Family – Lesson 1

THE IMMEDIATE FAMILY

The immediate family may consist of the father, mother and children.

--El padre de la familia es un hombre.
  (*The father of the family is a man.*)
  el **PA**-dre de la fa-**MI**-lia **ES** un **OM**-bre

--La madre de la familia es una mujer.
  (*The mother of the family is a woman.*)
  la **MA**-dre de la fa-**MI**-lia **ES U**-na mu-**HER**

--El padre es el esposo de la madre.
  (*The father is the husband of the mother.*)
  el **PA**-dre **ES** el es-**PO**-so de la **MA**-dre

--La madre es la esposa del padre.
  (*The mother is the wife of the father.*)
  la **MA**-dre **ES** la es-**PO**-sa del **PA**-dre

Example:

¿Cómo es la familia?

La familia es el padre, la madre y los hijos.

Ask your partner to tell you about the father and mother in a family.

The mother and father are the parents of the son and the daughter.

--El padre y la madre son los padres de los niños.
  (*The father and the mother are the parents of the children.*)
  el **PA**-dre/ i la **MA**-dre **SON** los **PA**-dres de los **NI**-nyos

--El hijo de los padres es un niño.
  (*The son of the parents is a boy.*)
  el **I**-ho de los **PA**-dres **ES** un **NI**-nyo

--La hija de los padres es una niña.
   (*The daughter of the parents is a girl.*)
   la **I**-ha de los **PA**-dres **ES U**-na **NI**-nya

Example:

¿Cómo se dice "family" en español?

Se dice la familia en español.

Tell your partner the Spanish words for the father, mother, husband, wife, daughter and son in the family.

Sometimes the immediate family has a dog or cat for a pet.

--La familia tiene una mascota.
   (*The family has a pet.*)
   la fa-**MI**-lia **TIE**-ne **U** na mas-**KO**-ta

--La familia tiene un perro.*
   (*The family has a dog.*)
   la fa-**MI**-lia **TIE**-ne un **PE**-rro

--La familia no tiene un gato.*
   (*The family does not have a cat.*)
   la fa-**MI**-lia **NO TIE**-ne un **GA**-to

* *If a cat is female it is* **una gata**. *A female dog is* **una perra**.

Example:

¿Cómo se llama tu mascota?

Mi mascota es una gata. Se llama Fifi.

Now tell your partner if you have a pet and what his or her name is.

THE EXTENDED FAMILY

The extended family may include the grandparents.

--El padre del padre o el padre de la madre es el abuelo de los niños.
  (*The father's father or the mother's father is the grandfather of the children.*)
  el **PA**-dre del **PA**-dre o el **PA**-dre de la **MA**-dre **ES** el a-**BWE**-lo de los **NI**-nyos

--La madre del padre o la madre de la madre es la abuela de los niños.
  (*The father's mother or the mother's mother is the grandmother of the children.*)
  la **MA**-dre del **PA**-dre o la **MA**-dre de la **MA**-dre **ES** la a-**BWE**-la de los **NI**-nyos

Example:

El padre de mi padre es mi abuelo. Se llama Juan.

Tell your partner the names of your grandparents on both sides of the family.

We need to remember the aunts and uncles.

--El hermano del padre o el hermano de la madre es el tío.
  (*The father's brother or the mother's brother is the uncle.*)
  el er-**MA**-no del **PA**-dre o el er-**MA**-no de la **MA**-dre **ES** el **TI**-o

--La hermana del padre o la hermana de la madre es la tía.
  (*The father's sister or the mother's sister is the aunt.*)
  la er-**MA**-na del **PA**-dre o la er-**MA**-na de la **MA**-dre **ES** la **TI**-a

Example:

¿Cómo se llaman tus tíos?

Mis tíos se llaman Mario y María.

Now tell your partner the names of all your aunts and uncles. (You may also include your uncles and aunts by marriage if you choose.)

We also need to remember the cousins.

--El hijo del tío o el hijo de la tía es el primo.
(The uncle's son or the aunt's son is the male cousin.)
el **I**-ho del **TI**-o el **I**-ho de la **TI**-a **ES** el **PRI**-mo

--La hija del tío o la hija de la tía es la prima.
(The uncle's daughter or the aunt's daughter is the female cousin.)
la **I**-ha del **TI**-o o la **I**-ha de la **TI**-a **ES** la **PRI**-ma

Example:

¿Cómo se llaman tus primos?

Mis primos se llaman Mario, José, Guadalupe, Isabel, Ana Cecilia y Alicia.

Tell your partner the names of all your cousins. Remember that the male cousins are **los primos** and the female cousins are **las primas**.

WHO'S WHO IN THE FAMILY

We can talk about more members of the extended family.

--La hija de la abuela tiene un niño. Es el nieto de la abuela.
(The grandmother's daughter has a boy. He is the grandson of the grandmother.)
la **I**-ha de la a-**BWE**-la **TIE**-ne un **NI**-nyo/ **ES** el **NIE**-to de la a-**BWE**-la

--La hija de la abuela tiene una niña. Es la nieta de la abuela.
(The grandmother's daughter has a girl. She is the granddaughter of the grandmother.)
la **I**-ha de la a-**BWE**-la **TIE**-ne **U**-na **NI**-nya/ **ES** la **NIE**-ta de la a-**BWE**-la

Example:
¿Cómo se llaman tus nietos?

Mis nietos se llaman Jorge y Josefina.

Tell your partner about the grandchildren in your family. (You may also include your spouse's grandchildren if you choose.)

We can also talk about the nephews and nieces.

--El hijo del hermano o el hijo de la hermana es el sobrino.
(The brother's son or the sister's son is the nephew.)
el **I**-ho del er-**MA**-no o el **I**-ho de la er-**MA**-na **ES** el so-**BRI**-no

--La hija del hermano o la hija de la hermana es la sobrina.
(The brother's daughter or the sister's daughter is the niece.)
la **I**-ha del er-**MA**-no o la **I**-ha de la er-**MA**-na **ES** la so-**BRI**-na

Example:
¿Cómo se llaman tus sobrinos?

Mis sobrinos se llaman Juan, Juanita, Julio y Julia.

Now tell your partner about the nephews and nieces in your family. (You may also include your spouse's nephews and nieces if you choose.)

Chapter 4 – The Family – Lesson 2

THE HUMAN BODY

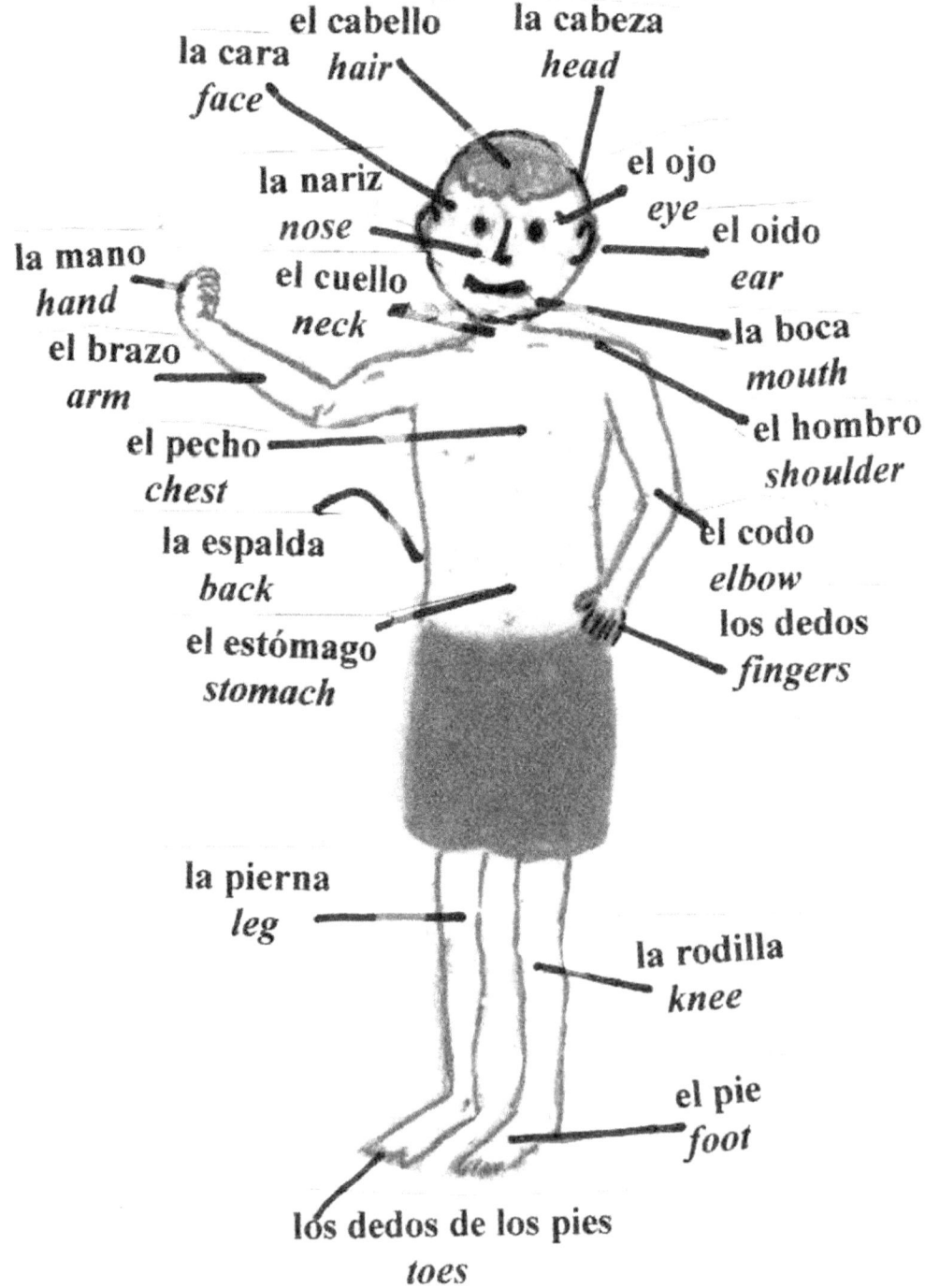

It's time to learn the Spanish names for some parts of the human body.

--El cuerpo humano tiene una cabeza, un cuello, dos brazos y dos piernas.
(*The human body has a head, a neck, 2 arms and 2 legs.*)
el **KWER**-po u-**MA**-no **TIE**-ne **U**-na ka-**BE**-sa/ un **KWE**-yo/ **DOS BRA**-sos/ i **DOS PIER**-nas

--Cada brazo tiene un codo.
(*Each arm has an elbow.*)
KA-da **BRA**-so **TIE**-ne un **KO**-do

--Cada pierna tiene una rodilla.
(*Each leg has a knee.*)
KA-da **PIER**-na **TIE**-ne **U**-na rro-**DI**-ya

Example:

¿Qué es eso?

Es un brazo.

Point to a part of your body and ask your partner to name it for you: your head, your neck, an arm, a leg, an elbow and a knee. Return the favor.

Four of our five senses -- vision, smell, taste and hearing -- are located in our head. The fifth sense, touch, is located mostly in our hands.

--La cabeza tiene los ojos, la nariz, la boca y los oídos.
(*The head has the eyes, nose, mouth and ears.*)
la ka-**BE**-sa **TIE**-ne los **O**-hos/ la na-**RIS**/ la **BO**-ka/ i los o-**I**-dos

--La cara es donde están los ojos, la nariz y la boca.
(*The face is where the eyes, nose and mouth are located.*)
la **KA**-ra **ES DON**-de e-**STAN** los **O**-hos/ la na-**RIS**/ i la **BO**-ka

--La cabeza tiene el cabello y los oídos.
(*The head has the hair and ears.*)
la ka-**BE**-sa **TIE**-ne el ka-**BE**-yo/ i los o-**I**-dos

Example:

El cuerpo humano tiene dos ojos y dos oídos.

Tenemos una nariz y una boca.

Point to a part of your body and ask your partner to name it for you: an eye, an ear, your nose, mouth and hair. Return the favor.

The arms and legs are considered the body's upper and lower extremities.

--Cada mano tiene cinco dedos.
(Each hand has 5 fingers.)
KA-da MA-no TIE-ne SIN-ko DE-dos

--Cada pie tiene cinco dedos de los pies.
(Each foot has 5 toes.)
KA-da PIE TIE-ne SIN-ko DE-dos de los PIES

Example:

Las dos manos tienen diez dedos.

Los dos pies tienen diez dedos de los pies.

As a class count your fingers and toes together. Now applaud yourselves!

The shoulders are attached to the trunk. Beneath the shoulders in the front of the trunk is the chest and below the chest is the stomach. Beneath the shoulders behind the trunk is the back.

--El pecho está debajo de los hombros y delante.
(The chest is beneath the shoulders and in front.)
el PE-cho e-STA de-BA-ho de los OM-bros/ i de-LAN-te

--El estómago está debajo del pecho.
(The stomach is beneath the chest.)
el es-TO-ma-go e-STA de-BA-ho del PE-cho

--La espalda está debajo de los hombros y detrás.
(The back is beneath the shoulders and behind.)
la es-PAL-da e-STA de-BA-ho de los OM-bros/ i de-TRAS

Example

¿Dónde está el pecho?

Aquí está el pecho.

As a class point to your chests, stomachs and backs. Pat yourselves on the back.

HEAD, SHOULDERS, KNEES AND TOES

We can sing this traditional English tune in Spanish.

--Cabeza, hombros, rodillas y dedos,
 (Head, shoulders, knees and toes)
 *ka-**BE**-sa/ **OM**-bros/ rro-**DI**-yas/ i **DE**-dos*

--Rodillas y dedos;
 (Knees and toes)
 *rro-**DI**-yas/ i **DE**-dos*

--Cabeza, hombros, rodillas y dedos,
 (Head, shoulders, knees and toes)
 *ka-**BE**-sa/ **OM**-bros/ rro-**DI**-yas/ i **DE**-dos*

--Rodillas y dedos;
 (Knees and toes)
 *rro-**DI**-yas/ i **DE**-dos*

--Y ojos y oídos y boca y nariz,
 (And eyes and ears and mouth and nose)
 *i **O**-hos/ i o-**I**-dos/ i **BO**-ka/ i na-**RIS***

--Cabeza, hombros, rodillas y dedos,
 (Head, shoulders, knees and toes)
 *ka-**BE**-sa/ **OM**-bros/ rro-**DI**-yas/ i **DE**-dos*

--Rodillas y dedos.
 (Knees and toes)
 *rro-**DI**-yas/ i **DE**-dos*

Chapter 4 – The Family – Lesson 3

WINTER CLOTHING

We need to talk about what we wear in cold weather.

María: ¿Tienes frío, Juan?
         (Are you cold, Juan?)
         TIE-nes FRI-o/ hu-AN

Juan: Sí, María. Por eso tengo mi gorra y mis botas. Pero mi abrigo caliente no está en el armario.
        (Yes, Maria. That is why I have my cap and my boots. But my warm coat is not in the closet.)
        SI/ ma-RI-a/ por E-so TEN-go mi GO-rra/ i mis BO-tas/PE-ro mi a-BRI-go ka-LIEN-te NO e-STA en el ar-MA-rio

María: Tu abrigo caliente no está en el armario, Juan, porque está en el garaje.
        (Your warm coat is not in the closet, Juan, because it is in the garage.)
        tu a-BRI-go ka-LIEN-te NO e-STA en el ar-MA-rio/ hu-AN/ por-KE e-STA en el ga-RA-he

Example:

Tengo mucho frío, María. ¿Tienes un abrigo para mí?

Sí, Juan. Aquí está tu abrigo caliente para el invierno.

Ask if your partner is cold and say he or she has a coat in the closet.

We're still looking for more cold-weather clothing.

María: Tengo un poco de frío, Juan, pero no tengo mucho frío. ¿Dónde está mi chaqueta café?
        (I am a little chilly, Juan, but I am not very cold. Where is my brown jacket?)
        TEN-go un PO-ko de FRI-o/ hu-AN/ PE-ro NO TEN-go MU-cho FRI-o/ DON-de e-STA mi cha-KE-ta ka-FE

Juan: Tu chaqueta café está en la casa de tu hermana Margarita.
        (Your brown jacket is at your sister Margarita's house.)
        tu cha-KE-ta ka-FE e-STA en la KA-sa de tu er-MA-na mar-ga-RI-ta

María: Pero mi bufanda gris, mi gorra negra y mis guantes verdes están aquí en el armario ¿no?
(*But my gray scarf, my black cap and my green gloves are here in the closet, aren't they?*)
PE-ro mi bu-**FAN**-da **GRIS**/ mi **GO**-rra **NE**-gra/ i mis **GWAN**-tes **BER**-des e-**STAN** a-**KI** en el ar-**MA**-rio/ **NO**

Juan: No, María. Tu bufanda, tu gorra y tus guantes están en mi coche.
(*No, Maria. Your scarf, your cap and your gloves are in my car.*)
NO/ ma-**RI**-a/ tu bu-**FAN**-da/ tu **GO**-rra/ i tus **GWAN**-tes e-**STAN** en mi **KO**-che

María: Gracias, Juan. ¡Tú eres un buen esposo y un muy buen amigo!
(*Thank you, Juan. You are a good husband and a very good friend!*)
GRA-si-as/ hu-**AN**/ **TU E**-res un **BWEN** es-**PO**-so/ i un **MWI BWEN** a-**MI**-go

Example:

Mi gorra y mis botas están en el armario ¿no?

No. Tu gorra y tus botas están en mi coche.

Say that your green scarf, gray hat and black gloves are in your car.

SUMMER CLOTHING

Now the weather has changed, and we need warm-weather clothing.

Juan: ¿Tienes calor, María?
(*Are you warm, Maria?*)
TIE-nes ka-**LOR**/ ma-**RI**-a

María: Sí, Juan. Por eso tengo mi traje de baño y mis sandalias.
(*Yes, Juan. That is why I have my swimsuit and my sandals.*)
SI/ hu-**AN**/ por **ESO TEN**-go mi **TRA**-he de **BA**-nyo/ i mis san-**DA**-lias

Example:

Tengo mucho calor, María. ¿Dónde están mi traje de baño y mis sandalias?

Están en el armario, Juan.

Say that you are warm, and you want to know where your swimsuit is.

We still need more warm-weather clothing.

Juan: Mis pantalones cortos y mis camisetas están en la casa de nuestra hija en Tucson, María.
(*My shorts and my tee shirts are at our daughter's house in Tucson, Maria.*)
mis pan-ta-**LO**-nes **KOR**-tos/ i mis ka-mi-**SE**-tas e-**STAN** en la **KA**-sa de **NWES**-tra **I**-ha en **TU**-son/ ma-**RI**-a

María: ¡Caramba, Juan! Mis faldas de algodón y mis blusas de manga corta están en el casa-coche.
(*Good heavens, Juan! My cotton skirts and my short-sleeved blouses are in the motor home.*)
ka-**RAM**-ba/ hu-**AN**/ mis **FAL**-das de al-go-**DON**/ i mis **BLU**-sas de **MAN**-ga **KOR**-ta e-**STAN** en el **KA**-sa **KO**-che

Example:

Mis pantalones cortos y mis camisetas están en el armario ¿no?

No. Están en casa de nuestro hijo en Prescott.

Ask where your shorts and tee shirts are. Your partner will tell you they are in the motor home.

LET'S GET DRESSED UP!

Sometimes we need dressy clothing.

Juan: María, la fiesta es un evento de corbata negra.
(María, the party is a black-tie event.)
ma-**RI**-a/ la **FIES**-ta es un e-**BEN**-to de kor-**BA**-ta **NE**-gra

María: ¿Dónde está mi vestido largo rojo?
(Where is my long red dress?)
DON-de e-**STA** mi bes-**TI**-do **LAR**-go **RRO**-ho

Juan: Está en el armario con todos tus vestidos y tus blusas.
(It is in the closet with all your dresses and blouses.)
e-**STA** en el ar-**MA**-rio kon **TO**-dos tus bes-**TI**-dos/ i tus **BLU**-sas

María: ¿Dónde están mis zapatos elegantes, por favor?
(Where are my dress shoes, please?)
DON-de e-**STAN** mis sa-**PA**-tos e-le-**GAN**-tes/ **POR** fa-**BOR**

Juan: Están en el piso.
(They are on the floor.)
e-**STAN** en el **PI**-so

Example:

La fiesta es un evento de corbata negra.

Mis zapatos elegantes están en el piso.

Tell your partner it is a black-tie event, and your elegant black shoes are in the closet.

Black shoes with white socks?

Juan: Tengo mi pantalón negro y mi cinturón negro, pero ¿dónde están mis zapatos negros y mis calcetines blancos?
(I have my black pants and my black belt, but where are my black shoes and my white socks?)
TEN-go mi pan-ta-**LON NE**-gro/ i mi sin-tu-**RON NE**-gro/ **PE**-ro/ **DON**-de e-**STAN** mis sa-**PA**-tos **NE**-gros/ i mis kal-se-**TI**-nes **BLAN**-kos

María: ¿Zapatos negros con calcetines blancos? ¡Qué horror! ¡No es posible, Juan!
(Black shoes with white socks? How awful! That is not possible, Juan!)
sa-**PA**-tos **NE**-gros kon kal-se-**TI**-nes **BLAN**-kos/ **KE** o-**RROR**/ **NO ES** po-**SI**-ble/ hu-**AN**

Example:

Tengo mis zapatos negros con calcetines blancos.

¡Qué horror!

Say it's a black-tie event, and you have your black shoes and white socks. Your partner will tell you not to do that. It is horrible!

Chapter 4 – The Family – Lesson 4

LET'S SEE THE HOUSE

Let's imagine some people are coming over, and we want to show them the house.

--¡Bienvenidos a mi casa! ¡Mi casa es su casa!*
(*Welcome to my house. My house is your house!*)
biem-be-**NI**-dos a mi **KA**-sa/ mi **KA**-sa **ES** su **KA**-sa

* This is an old Spanish saying --it does not mean they just bought it!

--La casa es grande y bonita.
(*The house is big and pretty.*)
la **KA**-sa **ES GRAN**-de/ i bo-**NI**-ta

--La sala es larga y alta.
(*The living room is long and high.*)
la **SA**-la **ES LAR**-ga/ i **AL**-ta

--Los dormitorios son muy cómodos.
(*The bedrooms are very comfortable.*)
los dor-mi-**TO**-rios **SON MWI KO**-mo-dos

--El comedor tiene una mesa y seis sillas.
(*The dining room has a table and 6 chairs.*)
el ko-me-**DOR TIE**-ne **U**-na **ME**-sa/ i **SEIS SI**-yas

Example:
¡Mi casa es su casa!

Gracias.

Show your partner around your house and listen politely as he or she welcomes you to his or her home.

LET'S SEE THE KITCHEN

Now let's take a peek at the kitchen.

--Hay una mesa y cuatro sillas en la cocina.
 (There are a table and 4 chairs in the kitchen.)
 AI U-na ME-sa/ i KWA-tro SI-yas en la ko-SI-na

--Los platos, los vasos y las tazas están en la alacena.
 (The plates, glasses and cups are in the cupboard.)
 los **PLA**-tos/ los **BA**-sos/ i las **TA**-sas e-**STAN** en la a-la-**SE**-na

--Los cuchillos, los tenedores y las cucharas están en este cajón.
 (The knives, forks and spoons are in this drawer.)
 los ku-**CHI**-yos/ los te-ne-**DO**-res/ i las ku-**CHA**-rras e-**STAN** en **ES**-te ka-**HON**

Example:

¿Dónde están los cuchillos, los tenedores y las cucharas?

Están en el cajón.

Ask your partner to tell you where he or she keeps the plates, glasses and cups.

We all love the modern appliances we have in the kitchen.

--La comida está fría en el refrigerador.
 (The food is cold in the refrigerator.)
 la ko-**MI**-da e-**STA FRI**-a en el rre-fri-he-ra-**DOR**

--La comida está caliente en la estufa y en el horno.
 (The food is warm on the stove and in the oven.)
 la ko-**MI**-da e-**STA** ka-**LIEN**-te en la es-**TU**-fa/ i en el **OR**-no

--Los platos, los vasos y las tazas están limpios en el lavaplatos.
 (The dishes, glasses and cups are clean in the dishwasher.)
 los **PLA**-tos/ los **BA**-sos/ i las **TA**-sas e-**STAN LIM**-pios en el la-ba-**PLA**-tos

Example:

¿Dónde están los platos, los vasos y las tazas limpios?

Están en el lavaplatos.

Talk to your partner about where you can find the warm and cold foods in the kitchen.

WOULD YOU LIKE TO SEE THE OFFICE?

Sometimes people like to see where we work (or don't!)

--Una oficina también se llama un estudio.
(*An office is also called a study.*)
U-na o-fi-SI-na tam-BIEN SE YA-ma un es-TU-dio

--En una oficina hay un escritorio, una computadora, una silla y una lámpara.
(*In an office there are a desk, a computer, a chair and a lamp.*)
en U-na o-fi-SI-na AI un es-kri-TO-rio/ U-na kom-pu-ta-DO-ra/ U-na SI-ya/ i U-na LAM-pa-ra

--También hay unos lapices, unas plumas y muchos libros.
(*There are also some pencils, some pens and many books.*)
tam-BIEN AI U-nos LA-pi-ses/ U-nas PLU-mas/ i MU-chos LI-bros

--Un libro importante es el diccionario.
(*An important book is the dictionary.*)
un LI-bro im-por-TAN-te ES el dik-sio-NA-rio

Example:

¿Tienes una oficina en tu casa?

Sí. En mi oficina hay un escritorio, una computadora, una silla y una lámpara.

Tell your partner whether or not you have an office in your house. If you do, name some things that are in there.

MAY I USE THE BATHROOM?

This may be the most important question we ask in any language.

--El cuarto de baño es muy importante para toda la familia.
(The bathroom is very important for the whole family.)
el **KWAR**-to de **BA**-nyo **ES MWI** im-por-**TAN**-te **PA**-ra **TO**-da la fa-**MI**-lia

--En el cuarto de baño hay un excusado (inodoro) y un lavabo.
(In the bathroom there are a toilet and a sink.)
en el **KWAR**-to de **BA**-nyo **AI** un es-ku-**SA**-do/ i-no-**DO**-ro/ i un la-**BA**-bo

--También hay papel de baño (papel higiénico), jabón y agua.
(There are also toilet paper, soap and water.)
tam-**BIEN AI** pa-**PEL** de **BA**-nyo/ pa-**PEL** i-**HIE**-ni-ko/ ha-**BON**/ i **A**-gwa

--En la pared hay un espejo.
(On the wall there is a mirror.)
en la pa-**RED AI** un es-**PE**-ho

Example:

Por favor ¿dónde está el baño?

Aquí está el baño, señora.

Tell your partner what things you usually find in a bathroom.

Chapter 4 – The Family – Lesson 5

STARTING THE HOUSECLEANING

One thing we know for sure -- the house will always need to be cleaned! Imagine that you're lucky enough to have a Merry Maid over to help.

Ella: ¡Hola, señora! Estoy aquí para limpiar su casa.
(Hi, Madam! I am here to clean your house.)
O-la/ se-**NYO**-ra/ e-**STOY** a-**KI PA**-ra lim-**PIAR** su **KA**-sa

Ud.: ¿Cómo te llamas?
(What is your name?)
KO-mo **TE YA**-mas

Ella: Soy la Criada Contenta.
(I am the Merry Maid.)
SOY la kri-**A**-da kon-**TEN**-ta

Ud.: ¡Mucho gusto!
(It is a pleasure!)
MU-cho **GUS**-to

Ella: ¿Dónde limpio?
(Where do I clean?)
DON-de **LIM**-pio

Ud.: Por favor limpia la cocina.
(Please clean the kitchen.)
POR fa-**BOR LIM**-pia la ko-**SI**-na

Ella: ¿Lavo los platos, los cuchillos, los tenedores, las cucharas y los vasos?
(Do I wash the plates, the knives, the forks, the spoons and the glasses?)
LA-bo los **PLA**-tos/ los ku-**CHI**-yos/ los te-ne-**DO**-res/ las ku-**CHA**-ras/ i los **BA**-sos

Ud.: Sí, por favor. Después limpia la sala.
(Yes, please. Then clean the living room.)
SI/ **POR** fa-**BOR**/ des-**PWES LIM**-pia la **SA**-la

Ella: ¡Qué horror! ¿Qué pasó aquí?
(How awful! What happened here?)
KE o-**RROR**/ **KE** pa-**SO** a-**KI**

Ud: Mis nietos están aquí.
(My grandchildren are here.)
mis **NIE**-tos e-**STAN** a-**KI**

Example:

Estoy aquí para limpiar su casa. ¿Dónde limpio?

Por favor limpia la sala.

You have hired your partner to clean your house. Say what needs to be done.

FINISHING THE HOUSECLEANING

The floors still need to be cleaned.

Ella: ¿Dónde limpio el piso?
(*Where do I clean the floor?*)
DON-de **LIM**-pio el **PI**-so

Ud: Hay que limpiar el piso en la cocina y en los baños.
(*The kitchen and bathroom floors have to be cleaned.*)
AI KE lim-PIAR el PI-so en la ko-SI-na/ i en los BA-nyos

Ella: ¿Y después de la cocina y de los baños?
(*And after the kitchen and the bathrooms?*)
i des-PWES de la ko-SI-na/ i de los BA-nyos

Ud. Hay que pasar la aspiradora por la sala y por los dormitorios.
(*The living room and the bedrooms have to be vacuumed.*)
AI KE pa-SAR la as-pi-ra-DO-ra POR la SA-la/ i POR los dor-mi-TO-rios

Ella: ¿Y después de la sala y de los dormitorios?
(*And after the living room and the bedrooms?*)
i des-PWES de la SA-la/ i de los dor-mi-TO-rios

Ud.: No hay más alfombra. ¡Es todo!
(*There is not any more carpet. That is all!*)
NO AI MAS al-FOM-bra/ ES TO-do

Ella: ¡Estoy muy cansada! ¡Adiós, señora!
(*I am very tired! Goodbye, Madam!*)
e-STOY MWI kan-SA-da/ a-DIOS/ se-NYO-ra

Ud.: ¡Adiós! Nos vemos la próxima semana.
(*Bye! See you next week.*)
a-DIOS/ NOS BE-mos la PROK-si-ma se-MA-na

Example:

¿Por dónde hay que pasar la aspiradora?

Por la sala y por los dormitorios.

Why is the Merry Maid tired? Tell your partner some of the things the lady of the house asked her to do.

THINKING ABOUT THE FURNITURE

We need to talk about the furniture we have in the house.

--¿Qué muebles tiene la sala?
(*What furniture does the living room have?*)
KE MWE-bles TIE-ne la SA-la

--La sala tiene un sofá, dos sillones, una mesa baja y un televisor.*
(*The living room has a sofa, 2 armchairs, a coffee table and a television set.*)
la SA-la TIE-ne un so-FA/ DOS si-YO-nes/ U-na ME-sa BA-ha/ i un te-le-bi-SOR

* *A televisión set is* **un televisor**, *but you will watch the image,* **la televisión**.

--¿Qué muebles tiene mi dormitorio?
(*What furniture does my bedroom have?*)
KE MWE-bles TIE-ne mi dor-mi-TO-rio

--Mi dormitorio tiene una cama de matrimonio extragrande, dos mesillas de noche, un tocador y un banco.
(*My bedroom has a king-size bed, 2 nightstands, a dresser and a bench.*)
mi dor-mi-TO-rio TIE-ne U-na KA-ma de mat-ri-MO-nio ES-tra GRAN-de/ DOS me-SI-yas de NO-che/ un to-ka-DOR/ i un BAN-ko

Example:

¿Qué cama tienes en tu dormitorio?

Tengo una cama de matrimonio extragrande.

Tell your partner what furniture you have in your living room and bedroom and ask him or her to tell you about his or her furniture.

Chapter 4 – The Family – Lesson 6

WORKING IN THE YARD

We also know that the flowers need to be planted and the plants need to be trimmed. Your neighbor is chatting with you over the fence.

Él: ¿Estás limpiando tu jardín?*
(Are you cleaning up your yard?)
e-**STAS** lim-**PIAN**-do tu har-**DIN**

Ud.: Sí. Mis plantas están muy grandes.
(Yes. My plants are really big.)
SI/ mis **PLAN**-tas e-**STAN MWI GRAN**-des

Él: ¿Estás cortando las plantas grandes?*
(Are you cutting the big plants?)
e-**STAS** kor-**TAN**-do las **PLAN**-tas **GRAN**-des

Ud.: Sí. Las plantas grandes están fuera de control.
(The big plants are out of control.)
SI/ las **PLAN**-tas **GRAN**-des e-**STAN FWE**-ra de kon-**TROL**

Él: ¿Estás plantando nuevas flores también?*
(Are you planting new flowers, too?)
e-**STAS** plan-**TAN**-do **NWE**-bas **FLO**-res tam-**BIEN**

Ud.: Sí. Están en venta en la tienda.
(Yes. They are on sale at the store.)
SI/ e-**STAN** en **BEN**-ta en la **TIEN**-da

* *The verbs are* **limpiar** *(to clean),* **cortar** *(to cut), and* **plantar** *(to plant). For all verbs that end in* **-AR**, *the* **PRESENT PARTICIPLES** *such as* **limpiando** *(cleaning),* **cortando** *(cutting), and* **plantando** *(planting) are formed by dropping the* **-AR** *ending from the verb and adding* **-ANDO**.

Example:

¿Estás plantando nuevas flores?

Sí. Están en venta en la tienda.

Tell your partner about your flowers (or the lack of them!)

PLANTING FLOWERS

Now his wife is joining the conversation.

Ella:	Las flores ya no están en venta en la tienda.
	(The flowers are not on sale in the store any more.)
	las **FLO**-res **YA NO** e-**STAN** en **BEN**-ta en la **TIEN**-da

Ud.:	Lo siento. Las viejas flores en nuestro jardín están muy tristes.
	(I am sorry. The old flowers in our yard are very sad.)
	LO SIEN-to/ las **BIE**-has **FLO**-res en **NWES**-tro har-**DIN** e-**STAN MWI TRIS**-tes

Ella:	Aquí están unas flores de la tienda para ustedes.
	(Here are some flowers from the store for you folks.)
	a-**KI** e-**STAN U**-nas **FLO**-res de la **TIEN**-da **PA**-ra us-**TE**-des

Ud:	¡Muchas gracias! Son petunias. ¡Qué bonitas!
	(Thank you very much! They are petunias. How pretty!)
	MU-chas **GRA**-si-as/ **SON** pe-**TU**-nias/ **KE** bo-**NI**-tas

Él:	Aquí están unos geranios también.
	(Here are some geraniums, too.)
	a-**KI** e-**STAN U**-nos he-**RA**-nios/ tam-**BIEN**

Ud:	Ustedes son muy generosos. ¡Son muy buenos vecinos!
	(You folks are very generous. You are very good neighbors!)
	us-**TE**-des **SON MWI** he-ne-**RO**-sos/ **SON MWI BWE**-nos be-**SI**-nos

Example:

¿Te gustan las petunias?

¡Si! Me gustan los geranios y las rosas también.

Talk with your partner about planting petunias, geraniums and roses.

Think back on **this** Chapter. Interview a different classmate you have not worked with very much. Be prepared to tell the class about his or her immediate family, pets, house, yard, flowers and anything that strikes you as interesting.

THE PRESENT PROGRESSIVE

The *PRESENT PROGRESSIVE* tells what someone is doing right now.

To form the *PRESENT PROGRESSIVE*, **use this formula:**

The present tense of ESTAR + the *PRESENT PARTICIPLE*.
For -AR verbs the *PRESENT PARTICIPLE* **is formed by dropping the -AR ending from the verb and adding -ANDO.**

For -ER and -IR verbs the *PRESENT PARTICIPLE* is formed by dropping the -ER or -IR verb ending and adding -IENDO.

ESTAR + the PRESENT PARTICIPLE

Yo (I) YO	estoy (I am) e-**STOY**	limpiando (cleaning) lim-**PIAN**-do
Tú (You to family and friends) TU	estás (You are) e-**STAS**	limpiando (cleaning) lim-**PIAN**-do
él, ella, usted (He, she, you to acquaintances) EL/ E-ya/ us-**TED**	está (He is, she is, you are) e-**STA**	limpiando (cleaning) lim-**PIAN**-do
nosotros/nosotras (We masculine or mixed gender, We feminine) no-**SO**-tros/ no-**SO**-tras	estamos (We are) e-**STA**-mos	cortando (cutting) kor-**TAN**-do
ellos, ellas, ustedes (They masculine or mixed gender, They feminine, You plural to family, friends and acquaintances) E-yos/ E-yas/ us-**TE**-des	están (They are) (You are) e-**STAN**	plantando (planting) plan-**TAN**-do

A REVIEW OF THE PRESENT PROGRESSIVE

"I am cleaning the house," will be: **"<u>Estoy</u> <u>limpiando</u> <u>la</u> <u>casa</u>."**
"You are cleaning the house," to a friend, relative or family member will be:
 "<u>Estás</u> <u>limpiando</u> <u>la</u> <u>casa</u>."
"He is cleaning the house," will be: **"<u>Está</u> <u>limpiando</u> <u>la</u> <u>casa</u>."**
"We are cleaning the house," will be: **"<u>Estamos</u> <u>limpiando</u> <u>la</u> <u>casa</u>."**
"They are cleaning the house," will be: **"<u>Están</u> <u>limpiando</u> <u>la</u> <u>casa</u>."**

You can make up sentences using the *PRESENT PROGRESSIVE* forms. Jot them down so you're ready when it's your turn.

Estoy limpiando _____
(You can talk about yourself and say, "I am _____.*")*

Estás limpiando _____
(You can talk to a classmate and say, "You are _____.*")*

Está limpiando _____
(You can write in a classmate's name and say, "He or she is _____.*")*

Estamos limpiando _____
(You can write in a classmate's name and "I" and say, "We are _____.*")*

Están limpiando _____
(You can write in 2+ classmates' names and say, "They are _____.*")*

PRACTICING THE PRESENT PROGRESSIVE

The *PRESENT PROGRESSIVE* expresses what someone is doing right now. We will practice with the verbs **LIMPIAR** *(to clean)*, **CORTAR** *(to cut)* and **PLANTAR** *(to plant)*. Remember that for all verbs that end in **-AR** the *PRESENT PARTICIPLE* is formed by dropping the **-AR** ending from the verb and adding **-ANDO**.

<u>**Estoy limpiando la cocina.**</u>
(I am cleaning the kitchen.)

_____
(You are cleaning the kitchen.) to a friend, relative or family member.

_____
(He or she is cleaning the kitchen.)

_____
(We are cleaning the kitchen.)

_____
(They are cleaning the kitchen.)

<u>**Estoy cortando las plantas grandes.**</u>
(I am cutting the big plants.)

_____
(You are cutting the big plants.) to a friend, relative or family member.

_____
(He or she is cutting the big plants.)

_____
(We are cutting the big plants.)

_____
(They are cutting the big plants.)

<u>**Estoy plantando los geranios.**</u>
(I am planting the geraniums.)

_____
(You are planting the geraniums.) to a friend, relative or family member.

_____
(He or she is planting the geraniums.)

_____
(We are planting the geraniums.)

_____
(They are planting the geraniums.)

A REVIEW OF THE VERBS LIMPIAR, CORTAR *AND* PLANTAR

Let's study the present forms of the verbs **LIMPIAR** (to clean), **CORTAR** (to cut) and **PLANTAR** (to plant). We already studied the **PRESENT PROGRESSIVE** forms of these verbs: <u>limpiando,</u> <u>cortando</u> and <u>plantando</u>.

LIMPIAR

yo *(I)* YO	**Limpio** *(I clean)* **LIM**-pio
tú *(You to family and friends)* TU	**Limpias** *(You clean)* **LIM**-pias
él, ella, usted *(He, she, you to acquaintances)* **EL**/ **E**-ya/ us-**TED**	**Limpia** *(He cleans, she cleans, you clean)* **LIM**-pia
nosotros/nosotras *(We masculine or mixed gender, We feminine)* no-**SO**-tros/ no-**SO**-tras	**Tenemos** *(We clean)* lim-**PIA**-mos
ellos, ellas, ustedes *(They masculine or mixed gender, They feminine, You plural to family, friends and acquaintances)* **E**-yos/ **E**-yas/ us-**TE**-des	**Limpian** *(They clean)* *(You clean)* **LIM**-pian

CORTAR

yo *(I)* YO	**Corto** *(I cut)* **KOR**-to
tú *(You to family and friends)* TU	**Cortas** *(You cut)* **KOR**-tas
él, ella, usted *(He, she, you to acquaintances)* **EL**/ **E**-ya/ us-**TED**	**Corta** *(He cuts, she cuts, you cut)* **KOR**-ta
nosotros/nosotras *(We masculine or mixed gender, We feminine)* no-**SO**-tros/ no-**SO**-tras	**Cortamos** *(We cut)* kor-**TA**-mos
ellos, ellas, ustedes *(They masculine or mixed gender, They feminine, You plural to family, friends and acquaintances)* **E**-yos/ **E**-yas/ us-**TE**-des	**Cortan** *(They cut)* *(You cut)* **KOR**-tan

PLANTAR

yo (I) YO	Planto (I plant) LIM-pio
tú (You to family and friends) TU	Plantas (You plant) PLAN-tas
él, ella, usted (He, she, you to acquaintances) EL/ E-ya/ us-TED	Planta (He plants, she plants, you plant) PLAN-ta
nosotros/nosotras (We masculine or mixed gender, We feminine) no-SO-tros/ no-SO-tras	Plantamos (We plant) plan-TA-mos
ellos, ellas, ustedes (They masculine or mixed gender, They feminine, You plural to family, friends and acquaintances) E-yos/ E-yas/ us-TE-des	Plantan (They plant) (You plant) PLAN-tan

Make up sentences to tell the class using each of the present forms of **LIMPIAR**, **CORTAR** and **PLANTAR**. Jot them down so you are ready when it's your turn.

Limpio _____
Limpias _____
Limpia _____
Limpiamos _____
Limpian _____

Corto _____
Cortas _____
Corta _____
Cortamos _____
Cortan _____

Planto _____
Plantas _____
Planta _____
Plantamos _____
Plantan _____

THE COLORS
LOS COLORES
los ko-LO-res

Here are the colors in Spanish along with some objects that may be used to represent them.

English Word	*Spanish Word*	*Sounds in Spanish*
blue	**el azul**	*el a-SUL*
black	**el negro**	*el NE-gro*
brown	**el café**	*el ka-FE*
colors	**los colores**	*los ko-LO-res*
dark-skinned	**moreno**	*mo-RE-no*
gold	**el oro**	*el O-ro*
green	**el verde**	*el BER-de*
gray	**el gris**	*el GRIS*
grayish-brown	**el pardo**	*el PAR-do*
navy blue	**el azul marino**	*el a-SUL ma-RI-no*
orange-colored	**el anaranjado**	*el a-na-ran-HA-do*
pink	**el rosado**	*el rro-SA-do*
purple	**el morado**	*el mo-RA-do*
red	**el rojo**	*el RRO-ho*
red; colored	**colorado**	*ko-lo-RA-do*
silver	**la plata**	*la PLA-ta*
violet	**la violeta**	*la bio-LE-ta*
white	**el blanco**	*el BLAN-ko*
yellow	**el amarillo**	*el a-ma-RI-yo*

COLORS CROSSWORD PUZZLE
CRUCIGRAMA DE LOS COLORES
*kru-si-**GRA**-ma de los ko-**LO**-res*

COLORS CROSSWORD PUZZLE   CRUCIGRAMA DE LOS COLORES

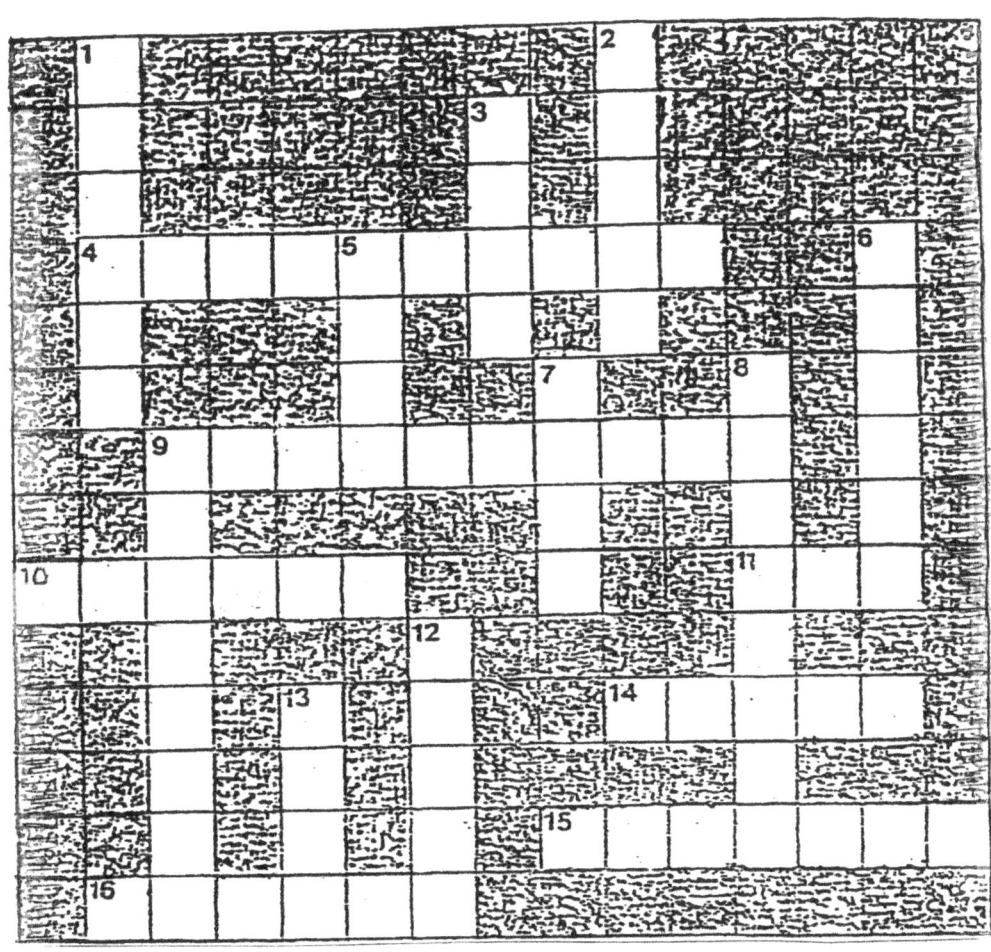

ACROSS	HORIZONTAL	DOWN	VERTICAL
(4) orange	anaranjado	(1) purple	morado
(9) navy blue	azul marino	(2) green	verde
(10) white	blanco	(3) red	rojo
(11) gold	oro	(5) blue	azul
(14) silver	plata	(6) pink	rosado
(15) colors	colores	(7) gray	gris
(16) dark-skinned; dark-complected	moreno	(8) red; colored	colorado
		(9) yellow	amarillo
		(12) black	negro
		(13) brown; a drink; a place to eat	café

Chapter 4 – Word List

abrigo (m) *a-**BRI**-go* - coat
abuela (f) *a-**BWE**-la* - grandmother
abuelo (m) *a-**BWE**-lo* - grandfather
agua (m) ***A**-gwa* - water
alacena (f) *a-la-**SE**-na* - cupboard
alfombra (f) *al-**FOM**-bra* - carpet
algodón (m) *al-go-**DON*** - cotton
amarillo/a (adj) *a-ma-**RI**-yo/a* - yellow
anaranjado/a (adj) *a-na-ran-**HA**-do/a* - orange-colored
aquí (adv) *a-**KI*** - here
armario (m) *ar-**MA**-rio* - closet
aspiradora (f) *as-pi-ra-**DO**-ra* - vacuum cleaner
alto/a (adj) ***AL**-to/a* - high
azul (adj) *a-**SUL*** - blue
azul marino/a (adj) *a-**SUL** ma-**RI**-no/a* - navy blue
banco (m) ***BAN**-ko* - bench
baño (m) ***BA**-nyo* - bath(room)
bienvenido/a (adj) *biem-be-**NI**-do/a* - welcome
blanco/a (adj) ***BLAN**-ko/a* - white
blusa (f) ***BLU**-sa* - blouse
boca (f) ***BO**-ka* - mouth
bonito/a (adj) *bo-**NI**-to/a* - pretty
bota (f) ***BO**-ta* - boot
brazo (m) ***BRA**-so* - arm
bufanda (f) *bu-**FAN**-da* - scarf
cabello (m) *ka-**BE**-yo* - hair
cabeza (f) *ka-**BE**-sa* - head
café (adj) *ka-**FE*** - brown
cajón (m) *ka-**HON*** - drawer
calcetín (m) *kal-se-**TIN*** - sock
caliente (adj) *ka-**LIEN**-te* - warm
cama de matrimonio extragrande (f) ***KA**-ma de ma-tri-**MO**-nio **ES**-tra **GRAN**-de* -
    king-size bed
camiseta (f) *ka-mi-**SE**-ta* - tee shirt
cara (f) ***KA**-ra* - face
caramba (phrase) *ka-**RAM**-ba* - Good heavens!
casa-coche (m) ***KA**-sa **KO**-che* - motor home
chaqueta (f) *cha-**KE**-ta* - jacket
cinturón (m) *sin-tu-**RON*** - belt
coche (m) ***KO**-che* - car
cocina (f) *ko-**SI**-na* - kitchen
codo (m) ***KO**-do* - elbow
color (m) *ko-**LOR*** - color
colorado/a (adj) *ko-lo-**RA**-do/a* - red, colored

comedor (m) *ko-me-DOR* - dining room
cómodo/a (adj) *KO-mo-do/a* - comfortable
computadora (f) *kom-pu-ta-DO-ra* - computer
corbata (f) *kor-BA-ta* - tie
corto/a (adj) *KOR-to/a* - short
criada (f) *kri-A-da* - maid
cuarto de baño (m) *KWAR-to de BA-nyo* - bathroom
cuchara (f) *ku-CHA-rra* - spoon
cuchillo (m) *ku-CHI-yos* - knife
cuello (m) *KWE-yo* - neck
cuerpo (m) *KWER-po* - body
debajo (adv) *de-BA-ho* - beneath
dedo (m) *DE-do* - finger
dedo del pie (m) *DE-do del PIE* - toe
delante (adv) *de-LAN-te* - in front
detrás (adv) *de-TRAS* - behind
diccionario (m) *dik-sio-NA-rio* - dictionary
donde (adv) *DON-de* - where
dormitorio (m) *dor-mi-TO-rio* - bedroom
elegante (adj) *e-le-GAN-te* - elegant
en venta (phrase) *en BEN-ta* - on sale
escritorio (m) *es-kri-TO-rio* - desk
espalda (f) *es-PAL-da* - back
espejo (m) *es-PE-ho* - mirror
esposa (f) *es-PO-sa* - wife
esposo (m) *es-PO-so* - husband
estómago (m) *es-TO-ma-go* - stomach
estudio (m) *es-TU-dio* - study
estufa (f) *es-TU-fa* - stove
evento (m) *e-BEN-to* - event
excusado (m) / **inodoro** (m) *es-ku-SA-do/ i-no-DO-ro* - toilet
falda (f) *FAL-da* - skirt
familia (f) *fa-MI-lia* - family
flor (f) *FLOR* - flower
fuera de control (phrase) *FWE-ra de kon-TROL* - out of control
garaje (m) *ga-RA-he* - garage
gato (m) *GA-to* - cat
generoso/a (adj) *he-ne-RO-so/a* - generous
geranio (m) *he-RA-nio* - geranium
gorra (f) *GO-rra* - cap
grande (adj) *GRAN-de* - big
gris (adj) *GRIS* - gray
guante (m) *GWAN-te* - glove
hermana (f) *er-MA-na* - sister
hermano (m) *er-MA-no* - brother
hija (f) *I-ha* - daughter

hijo (m) *I-ho* - son
hombre (m) *OM-bre* - man
hombro (m) *OM-bro* - shoulder
horno (m) *OR-no* - oven
humano/a (adj) *u-MA-no/a* - human
importante (adj) *im-por-TAN-te* - important
jabón (m) *ha-BON* - soap
jardín (m) *har-DIN* - yard, garden
lámpara (f) *LAM-pa-ra* - lamp
lápiz (m) *LA-pis* - pencil
lavabo (m) *la-BA-bo* - sink
lavaplatos (m) *la-ba-PLA-tos* - dishwasher
libro (m) *LI-bro* - book
limpio/a (adj) *LIM-pio/a* - clean
lo siento (phrase) *LO SIEN-to* - I am sorry!
madre (f) *MA-dre* - mother
manga (f) *MAN-ga* - sleeve
mano (f) *MA-no* - hand
mascota (f) *mas-KO-ta* - pet
mesa (f) *ME-sa* - table
mesa baja (f) *ME-sa BA-ha* - coffee table
mesilla de noche (f) *me-SI-ya de NO-che* - nightstand
morado/a (adj) *mo-RA-do/a* - purple
moreno/a (adj) *mo-RE-no/a* - dark-skinned
mueble (m) *MWE-ble* - furniture
mujer (f) *mu-HER* - woman
nariz (f) *na-RIS* - nose
negro/a (adj) *NE-gro/a* - black
nieta (f) *NIE-ta* - granddaughter
nieto (m) *NIE-to* - grandson
niña (f) *NI-nya* - girl
nuestro/a (adj) *NWES-tro/a* - our
nuevo/a (adj) *NWE-bo/a* - new
oficina (f) *o-fi-SI-na* - office
oído (m) *o-I-do* - ear
ojo (m) *O-ho* - eye
oro (m) *O-ro* - gold
padre (m) *PA-dre* - father
padres (m) *PA-dres* - parents
pantalón (m) *pan-ta-LON* - pants
pantalón corto (m) *pan-ta-LON KOR-to* - shorts
papel de baño (m) *pa-PEL de BA-nyo* - toilet paper
papel higiénico (m) *pa-PEL i-HIE-ni-ko* - toilet paper
pardo/a (adj) *PAR-do/a* - grayish-brown
pared (f) *pa-RED* - wall
pecho (m) *PE-cho* - chest

perro (m) *PE-rro*
petunia (f) *pe-TU-nia* - petunia
pie (m) *PIE* - toe
pierna (f) *PIER-na* - leg
piso (m) *PI-so* - floor
plata (f) *PLA-ta* - silver
plato (m) *PLA-to* - plate
pluma (f) *PLU-ma* - pen
por eso (phrase) *POR E-so* - That's why.
por favor (phrase) *POR fa-BOR* - please
posible (adj) *po-SI-ble* - possible
primo (m) *PRI-mo* - cousin
próximo/a (adj) *PROK-si-mo/a* - next
¡Qué horror! (phrase) *KE O-rror* - How awful!
¿Qué pasó? (phrase) *KE pa-SO* - What's up?
refrigerador (m) *rre-fri-he-ra-DOR* - refrigerator
rodilla (f) *rro-DI-ya* - knee
rojo/a (adj) *RRO-ho/a* - red
rosado/a (adj) *rro-SA-do/a* - pink
sala (f) *SA-la* - living room
sandalia (f) *san-DA-lia* - sandal
señor (m) *se-NYOR* - sir, Mr.
señora (f) *se-NYO-ra* - madam, Mrs.
sí (adv) *SI* - yes
silla (f) *SI-ya* - chair
sillón (m) *si-YON* - armchair
sobrina (f) *so-BRI-na* - niece
sobrino (m) *so-BRI-no* - nephew
sofá (m) *so-FA* - sofa
taza (f) *TA-sa* - cup
televisión (f) *te-le-bi-SION* - television (image)
televisor (m) *te-le-bi-SOR* - television (set)
tenedor (m) *te-ne-DOR* - fork
tía (f) *TI-a* - aunt
tienda (f) *TIEN-da* - store
tío (m) *TI-o* - uncle
tocador (m) *to-ka-DOR* - dresser
todo/a (adj) *TO-do/a* - all
traje de baño (m) *TRA-he de BA-nyo* - swimsuit
vaso (m) *BA-so* - glass
vecino (m) *be-SI-no* - neighbor
verde (adj) *BER-de* - green
vestido (m) *bes-TI-do* - dress
viejo/a (adj) *BIE-ho/a* - old
violeta (adj) *bio-LE-ta* - violet
zapato (m) *sa-PA-to* – shoe

Chapter 5 – Dining Out – Lesson 1

GREETING THE HOSTESS

We always need to make our wishes clear at a restaurant.

Ud.: ¡Buenas tardes! ¿Tienen una mesa para cuatro personas? por favor.
(Good afternoon. Do you have a table for 4 people, please?)
BWE-nas **TAR**-des/ **TIE**-nen **U**-na **ME**-sa **PA**-ra **KWA**-tro per-**SO**-nas/ **POR** fa-**BOR**

Mesera: Claro que sí, señor. Aquí está su mesa. ¿Está bien?
(Yes, of course, Sir. Here is your table. Is it OK?)
KLA-ro **KE SI**/ se-**NYOR**/ a-**KI** e-**STA** su **ME**-sa/ e-**STA BIEN**

Ud.: La mesa está muy bien, gracias.
(The table is great, thanks.)
la **ME**-sa e-**STA MWI BIEN**/ **GRA**-si-as

Example:

Aquí está su mesa. ¿Está bien?

Está muy bien, gracias.

Pretend you and your partner are the hostess and guest. Show your guest to his or her table, and ask if it is OK.

TALKING TO THE WAITRESS

The waitress comes over and asks you what you would like to drink. (She reminds you of the airline stewardess in the old-time movies.)

Mesera: ¿Café, té o leche?
(*Coffee, tea, or milk?*)
ka-**FE**/ **TE**/ o **LE**-che

Ud.: ¿Tienen vino?
(*Do you have wine?*)
TIE-nen **BI**-no

Mesera: Sí, señor. Tenemos vino, cerveza y refrescos.
(*Yes, Sir. We have wine, beer and soda pop.*)
SI/ se-**NYOR**/ te-**NE**-mos **BI**-no/ ser-**BE**-sa/ i rre-**FRES**-cos

Ud.: Una botella de vino tinto, por favor.
(*A bottle of red wine, please.*)
U-na bo-**TE**-ya de **BI**-no **TIN**-to/ **POR** fa-**BOR**

Mesera: Sí, señor. Un momento, por favor.
(*Yes, Sir. One moment, please.*)
SI/ se-**NYOR**/ un mo-**MEN**-to/ **POR** fa-**BOR**

Example:

Quiero un refresco, por favor.

Sí, señorita. Un momento, por favor.

Now pretend you and your partner are the waitress and guest. Ask the waitress for soda pop, and she will say it will be just a moment.

The waitress returns a few minutes later.

Mesera: Aquí está su vino, señor.
(*Here is your wine, Sir.*)
a-**KI** e-**STA** su **BI**-no/ se-**NYOR**

124 Susan Ann Roemer

Ud.:   Gracias, señorita.
            (*Thank you, Miss.*)
            GRA-si-as/ se-nyo-RI-ta

Mesera: Hay cuatro vasos para ustedes en la mesa.
            (*There are 4 glasses for you folks on the table.*)
            AI KWA-tro BA-sos PA-ra us-TE-des en la ME-sa

Ud.:   Muy bien, gracias.
            (*Great, thanks.*)
            MWI BIEN/ GRA-si-as

Example:

Quiero un refresco, por favor.

Sí, señora. Un momento, por favor.

You are the guest, and your partner is the waitress. Ask her for a glass.

READING THE MENU

Now the waitress returns with the menus, and you look over the choices. You have lots of questions because everything is in Spanish, of course.

Ud.:   Perdón ¿qué quiere decir eso -- entremés?
            (*Excuse me. What does that mean – appetizer?*)
            per-DON/ KE KIE-re de-SIR E-so/ en-tre-MES

Mesera: Entremés quiere decir "appetizer" en inglés.
            (*"Entremés" means appetizer in English.*)
            en-tre-MES KIE-re de-SIR ▬▬▬ en in-GLES

Example:

¿Qué quiere decir eso -- refresco?

Quiere decir "soda" o "pop" en inglés.

Choose a word in Spanish. Ask your partner what it means in English.

ORDERING FROM THE MENU

There's a little word in Spanish, <u>quiero</u>, which means *I want* in English. You'll use it often when you're ordering in a restaurant.

Ud.:	Quiero un coctel de camarones, por favor.
	(I want a shrimp cocktail, please.)
	KIE-ro un kok-TEL de ka-ma-RO-nes/ POR fa-BOR
Mesera:	Claro que sí, señora. ¿Para usted, señor?
	(Of course, Madam. For you, Sir?)
	KLA-ro KE SI/ se-NYO-ra/ PA-ra us-TED/ se-NYOR
Esposo:	Quiero una sopa de mariscos, por favor.
	(I want a seafood soup, please.)
	KIE-ro U-na SO-pa de ma-RIS-kos/ POR fa-BOR
Mesera:	Claro que sí, señor. Gracias.
	(Of course, Sir. Thank you.)
	KLA-ro KE SI/ se-NYOR/ GRA-si-as

Example:

Quiero un café.

Claro que sí, señora.

You are the waitress, and your partner is the guest this time. Ask her for a shrimp cocktail, and she will say, "Of course."

Now you have another question for the waitress:

Ud.:	¿Qué quiere decir eso – la especial del día?
	(What does that mean – the daily special?)
	KE KIE-re de-SIR E-so/ la es-pe-SIAL del DI-a
Mesera:	La especial del día quiere decir "the daily special" en inglés.
	("La especial del día" means the daily special in English.)
	la es-pe-SIAL del DI-a KIE-re de-SIR ▬▬▬ en in-GLES

Ud.:	¿Qué es la especial del día hoy? *(What is the daily special today?)* **KE ES** *la es-pe-***SIAL** *del* **DI**-*a* **OY**
Mesera:	La especial del día hoy es la sopa de tortilla. *(The daily special today is tortilla soup.)* *la es-pe-***SIAL** *del* **DI**-*a* **OY ES** *la* **SO**-*pa de tor-***TI**-*ya*

Example:

¿Cómo es la especial del día?

La especial del día es una sopa de mariscos.

You are the guest, and your partner is the waitress. Ask her or him about the daily special today.

Think back on this lesson and plan a short dialogue with your partner. One of you is the waiter or waitress, and the other is the guest. Ask him or her to explain something on the menu and place your order. Be ready to present your dialogue to the class.

¡Buena suerte!

A REVIEW OF THE VERB **QUERER**

Now let's review what we have learned about the verb **QUERER**, *(to want)*, *(to wish)* or *(to love)* in English.

QUERER

yo *(I)* YO	Quiero *(I want)* KIE-ro
tú *(You to family and friends)* TU	Quieres *(You want)* KIE-res
él, ella, usted *(He, she, you to acquaintances)* EL/ E-ya/ us-TED	Quiere *(He wants, she wants, you want)* KIE-re
nosotros/nosotras *(We masculine or mixed gender,* *We feminine)* no-**SO**-tros/ no-**SO**-tras	Queremos *(We want)* ke-**RE**-mos
ellos, ellas, ustedes *(They masculine or mixed gender,* *They feminine,* *You plural to family, friends and* *acquaintances)* E-yos/ E-yas/ us-TE-des	Quieren *(They want)* *(You want)* KIE-ren

Quiero _____ *la especial del día.* _____
Quieres _____ *una sopa de mariscos.* _____
Quiere _____ *un coctel de camarones.* _____
Queremos _____ *una mesa para cuatro personas.* _____
Quieren _____ *una botella de vino tinto.* _____

Make up a sentence to tell the class using each of the forms of **QUERER**.

Quiero _____
Quieres _____
Quiere _____
Queremos _____
Quieren _____

APPLICATIONS OF THE VERB **QUERER**

> **Querido** amigo* *(Dear male friend)* ke-RI-do a-MI-go
> **Querida** amiga* *(Dear female friend)* ke-RI-da a-MI-ga
> **¿Qué quiere beber?**** *(What do you want to drink?)* **KE KIE**-re be-**BER**
> **¿Qué quiere comer?**** *(What do you want to eat?)* **KE KIE**-re ko-**MER**
> **¿Qué quiere decir?** *(What does it mean?)* **KE KIE**-re de-**SIR**
> **Quisiera***** *(I, he, she would like)* ki-**SIE**-ra
> **¿Me quieres?****** *(Do you love me?)* **ME KIE**-res
> **¡Te quiero mucho!****** *(I love you a lot)* **TE KIE**-ro **MU**-cho

* This is the salutation used in writing a friendly letter.
** These may be used by the waitperson in a restaurant.
*** This may be used by the client in a restaurant or in a store.
**** These may be used with a sweetheart or in a valentine.

Make up sentences to tell the class using some of the forms of **QUERER**. Jot them down so you're ready when it's your turn.

Querido amigo, _____

Querida amiga, _____

¿Qué quiere beber? Quiero _____

¿Qué quiere comer? Quiero _____

¿Qué quiere decir _____ **en español?**

¿Me quieres? _____

Te quiero mucho. _____

Sometimes you need adjectives with their correct endings. Remember that masculine endings are **–O** and **–OS** while feminine endings are **–A** and **–AS**.

Chapter 5 – Dining Out – Lesson 2

WHAT ARE YOU HAVING?

Sometimes it's hard to decide what to order.

Ud.: ¿Qué quiere decir el plato principal en inglés?
(What does "el plato principal" mean in English?)
KE KIE-re de-**SIR** el **PLA**-to prin-si-**PAL** en in-**GLES**

Mesera: El plato principal quiere decir "the main course" en inglés.
("El plato principal" means the main course in English.)
el **PLA**-to prin-si-**PAL KIE**-re de-**SIR** en in-**GLES**

Example:

¿Qué quiere decir el plato principal en inglés?

El plato principal quiere decir "the main course".

See if your partner remembers what "entremés" means in English.

Since you can't decide what you want to order, you ask the other couple who is having dinner with you and your spouse what they are having:

Ud.: ¿Qué quieren ustedes?
(What do you folks want?)
KE KIE-ren us-**TE**-des

Ellos: Queremos la carne asada, por favor.
(We want the grilled meat, please.)
ke-**RE**-mos la **KAR**-ne a-**SA**-da/ **POR** fa-**BOR**

Ud.: ¿Qué es eso?
(What is that?)
KE ES E-so

Ellos: La carne asada es la carne de res a la parrilla.
(The grilled meat is beef on the grill.)
la **KAR**-ne a-**SA**-da **ES** la **KAR**-ne de **RRES** a la pa-**RRI**-ya

Example:

¿Qué quieren ustedes?

Queremos la especial del día.

Ask your partner what he or she is having for dinner.

WHAT COMES WITH IT?

You'd like to know what comes with your order, so you ask the waitress the next time she comes by:

Ud.: ¿Cómo es la carne asada?
(What is the grilled meat like?)
KO-mo **ES** la **KAR**-ne a-**SA**-da

Mesera: La carne asada es la carne de res con arroz, frijoles y tortillas.
(The grilled meat is beef with rice, beans and tortillas.)
la **KAR**-ne a-**SA**-da **ES** la **KAR**-ne de **RRES KON** a-**RROS**/ fri-**HO**-les/ i tor-**TI**-yas

Example:

¿Qué quieren decir arroz, frijoles y tortillas en inglés?

Quieren decir "rice, beans and tortillas".

Your partner is the waitress. You ask her what the grilled meat is like.

You think you might want to order the combination plate, so you ask the waitress what it's like:

Ud.: ¿Qué tiene el plato combinación?
(What is the combination plate like?)
KE TIE-ne el **PLA**-to kom-bi-na-**SION**

Mesera: El plato combinación tiene un chile relleno, un tamal y una enchilada de queso.
(The combination plate has a stuffed chili pepper, a tamal and a cheese enchilada.)
el **PLA**-to kom-bi-na-**SION TIE**-ne un **CHI**-le rre-**YE**-no/ un ta-**MAL**/ i **U**-na en-chi-**LA**-da de **KE**-so

Ud.: Quiero el plato combinación, por favor.
(I want the combination plate, please.)
KIE-ro el **PLA**-to kom-bi-na-**SION**/ **POR** fa-**BOR**

Example:

¿Qué tiene el plato combinación?

Tiene un chile relleno, un tamal y una enchilada de queso.

You are the waitress, and your partner is the guest who orders the main course.

DID YOU SAVE ROOM FOR DESSERT?

The waitress comes over to see if you would like dessert.

Mesera: ¿Quieren ustedes un postre?
(*Do you folks want dessert?*)
KIE-ren us-TE-des un POS-tre

Ud.: Sí, por favor.
(*Yes, please.*)
SI/ POR fa-BOR

Mesera: Tenemos flan, helado de fresa y pastel de chocolate.
(*We have custard, strawberry ice cream and chocolate cake.*)
te-NE-mos FLAN/ e-LA-do de FRE-sa/ i pas-TEL de cho-ko-LA-te

Ud.: Queremos cuatro rebanadas del pastel de chocolate.
(*We want 4 slices of chocolate cake.*)
ke-RE-mos KWA-tro re-ba-NA-das del pas-TEL de cho-ko-LA-te

Mesera: Claro que sí. Un momentito.
(*Yes, of course. Just a moment.*)
KLA-ro KE SI/ un mo-men-TI-to

Example:

¿Quieren ustedes un postre?

Sí, señorita. Queremos el flan, por favor.

The waitress asks if you would like a dessert, and you tell her you would like two strawberry ice creams and two slices of chocolate cake.

IT'S TIME TO LEAVE

You need to ask the waitress for the bill.

Ud.: Quisiera la cuenta, por favor.
(I would like the bill, please.)
ki-**SIE**-ra la **KWEN**-ta/ **POR** fa-**BOR**

Mesera: Sí, señor. Un momento, por favor.
(Yes, Sir. One moment, please.)
SI/ se-**NYOR**/ un mo-**MEN**-to/ **POR** fa-**BOR**

Example:
La cuenta, por favor.

Sí, señora. Un momento.

Ask the waitress for the bill, please. She'll tell you it will be just a moment.

You decide to divide the bill in half by paying with two credit cards.

Ud.: Tenemos dos tarjetas de crédito. ¿Está bien, señorita?
(We have 2 credit cards. Is that OK, Miss?)
te-**NE**-mos **DOS** tar-**HE**-tas de **KRE**-di-to/ e-**STA BIEN**/ se-nyo-**RI**-ta

Mesera: Claro que sí, señor.
(Yes, of course, Sir.)
KLA-ro **KE SI**/ se-**NYOR**

Example:
Tengo una tarjeta de crédito. ¿Está bien, señorita?

Sí, señora.

Tell the waitress that the four of you have two credit cards and ask her if that will be OK.

Think back on **Lessons 1 and 2** and plan a short dialogue with your partner. One of you is the waiter or waitress, and the other is the guest who orders a soup or salad, entrée and dessert. Be ready to present your dialogue to the class.

Chapter 5 – Dining Out – Lesson 3

COGNATES

Cognates are words in two languages that are similar in sound, spelling and meaning.

--El cognado de fruta en español es "fruit" en inglés.
 (*The cognate of "fruta" in Spanish is fruit in English.*)
 el kog-NA-do de FRU-ta en es-pa-NYOL ES ▬ en in-GLES

--Unas frutas que son cognados son el limón, la pera y la guayaba.
 (*Some fruits that are cognates are lemon, pear and guava.*)
 U-nas FRU-tas KE SON kog-NA-dos SON el li-MON/ la PE-ra/ i la gwa-YA-ba

Example:
 ¿Cuál es el cognado de "guava" en español?

 El cognado de "guava" en español es guayaba.

 Name several fruits in English and ask your partner what their cognates are in Spanish.

English cognates make it easier for us to learn new words in Spanish.

--Los cognados de café y té son "coffee" y "tea".
 (*The cognates of coffee and tea are "café" and "té".*)
 los kog-NA-dos de ka-FE/ i TE SON ▬ / i ▬

--Sal es el cognado de "salt", pero pimienta no es un cognado de "pepper".
 (*Sal" is the cognate of salt, but "pimienta" is not the cognate of pepper.*)
 SAL ES el kog-NA-do de ▬ / PE-ro pi-MIEN-ta NO ES un kog-NA-do de ▬

Example:
 ¿Cómo se dice "salt" y "pepper" en español?

 En español "salt" es sal, y "pepper" es pimienta.

 Do you remember that magical little word in Spanish, <u>**hay**</u>, that means "there is" or "there are" in English? Ask your partner if there are salt and pepper on the table.

MORE COGNATES

You know you need to eat your vegetables!

--Unos vegetales son tomates, espárragos y espinacas.
(Some vegetables are tomatoes, asparagus and spinach.)
U-nos be-he-**TA**-les **SON** to-**MA**-tes/ es-**PA**-rra-gos/ i es-pi-**NA**-kas

--Unas ensaladas son la ensalada mixta, la ensalada de papa y la ensalada de atún.
(Some salads are mixed salad, potato salad and tuna salad.)
U-nas en-sa-**LA**-das **SON** la en-sa-**LA**-da **MIS**-ta/ la en-sa-**LA**-da de **PA**-pa/ i la en-sa-**LA**-da de a-**TUN**

Example:

¿Quieres una ensalada?

Sí. Quiero una ensalada mixta.

Tell your partner what kind of salad you would like.

A bright or dark-colored vegetable has more vitamins and minerals than a lighter-colored vegetable.

--¿Cuál tiene más vitaminas y minerales, la lechuga o las espinacas?
(Which has more vitamins and minerals, lettuce or spinach?)
KWAL TIE-ne **MAS** bi-ta-**MI**-nas/ i mi-ne-**RA**-les/ la le-**CHU**-ga/ o las es-pi-**NA**-kas

--Las espinacas tienen más vitaminas y minerales que la lechuga.
(Spinach has more vitamins and minerals than lettuce.)
las es-pi-**NA**-kas **TIE**-nen **MAS** bi-ta-**MI**-nas/ i mi-ne-**RA**-les **KE** la le-**CHU**-ga

--¿Cuál tiene más vitaminas y minerales, el apio o los ejotes?
(Which has more vitamins and minerals, celery or green beans?)
KWAL TIE-ne **MAS** bi-ta-**MI**-nas/ i mi-ne-**RA**-les/ el **A**-pio o los e-**HO**-tes

--Los ejotes tienen más vitaminas y minerales que el apio.
(Green beans have more vitamins and minerals than celery.)
los e-**HO**-tes **TIE**-nen **MAS** bi-ta-**MI**-nas/ i mi-ne-**RA**-les **KE** el **A**-pio

Example:

¿Cuál tiene más vitaminas y minerales, las espinacas o las papas?

Las espinacas tienen más vitaminas y minerales que las papas.

Name two vegetables in Spanish, and ask your partner which has more vitamins and minerals.

WHAT DO YOU WANT TO DRINK?

When a Spanish-speaking host or hostess asks us, "What do you want to drink?" we need to know what to answer in Spanish.

Mesera:	¿Qué quiere beber, señora? *(What do you want to drink, Madam?)* **KE KIE**-re be-**BER**/ se-**NYO**-ra
Ud.:	Quisiera un té helado con limón, por favor. *(I would like iced tea with lemon, please.)* ki-**SIE**-ra un **TE** e-**LA**-do **KON** li-**MON**/ **POR** fa-**BOR**
Mesera:	Y usted, señor ¿qué quiere beber? *(And you, Sir, what do you want to drink?)* i us-**TED**/ se-**NYOR**/ **KE KIE**-re be-**BER**
Ud.:	Quiero un café con crema y azúcar, por favor. *(I want coffee with cream and sugar, please.)* **KIE**-ro un ka-**FE KON KRE**-ma/ i a-**SU**-kar/ **POR** fa-**BOR**

Example:

¿Qué quiere beber?

Quiero un café helado con crema y azúcar.

You are the waiter, and your partner is the guest who orders something to drink.

WHAT DO YOU WANT TO EAT?

What should we answer to the question, "What do you want to eat?"

Mesera:	¿Qué quiere comer, señora?
	(What do you want to eat, Madam?)
	KE KIE-re ko-**MER**/ se-**NYO**-ra
Ud.:	Quisiera una hamburguesa con papas fritas, por favor.
	(I would like a hamburger with French fries, please.)
	ki-**SIE**-ra **U**-na am-bur-**GE**-sa **KON PA**-pas **FRI**-tas/ **POR** fa-**BOR**
Mesera:	¿Quiere su hamburguesa con queso?
	(Do you want your hamburger with cheese?)
	KIE-re su am-bur-**GE**-sa **KON KE**-so
Ud.:	Sí, por favor, señorita.
	(Yes, please, Miss.)
	SI/ **POR** fa-**BOR**/ se-nyo-**RI**-ta

Example:

Quisiera una hamburguesa con queso.

Un momento, por favor.

Tell your partner you would like a hamburger with French fries.

Sometimes we need to ask the waiter for something else.

Ud.:	Quiero salsa catsup para mi hamburguesa, por favor.
	(I want ketchup for my hamburger, please.)
	KIE-ro **SAL**-sa **KAT**-sup **PA**-ra mi am-bur-**GE**-sa/ **POR** fa-**BOR**
Mesera:	Sí, señora. Un momento.
	(Yes, Madam. One moment.)
	SI/ se-**NYO**-ra/ un mo-**MEN**-to

Example:

Quiero salsa catsup para mis papas fritas.

Claro que sí, señora.

Tell the waiter what you would like with your hamburger.

Chapter 5 – Dining Out – Lesson 4

WHAT'S FOR BREAKFAST?

We're eavesdropping on a family having breakfast at a local restaurant.

Mamá: Señorita, queremos el menú, por favor.
(*Miss, we want the menu, please.*)
se-nyo-**RI**-ta/ ke-**RE**-mos el me-**NU**/ **POR** fa-**BOR**

Mesera: Aquí hay cuatro menús para usted y para su familia, señora.
(*Here are 4 menus for you and your family, Madam.*)
a-**KI AI KWA**-tro me-**NUS PA**-ra us-**TED**/ i **PA**-ra su fa-**MI**-lia/ se-**NYO**-ra

También tengo cuatro vasos de agua para ustedes. ¿Qué más quieren beber?
(*I also have 4 glasses of water for you folks. What more do you want to drink?*)
tam-**BIEN TEN**-go **KWA**-tro **BA**-sos de **A**-gwa **PA**-ra us-**TE**-des/ **KE MAS KIE**-ren be-**BER**

Mamá: Dos cafés para mi esposo y para mí, y dos vasos de jugo de naranja para los niños.
(*2 coffees for my husband and me, and 2 glasses of orange juice for the children.*)
DOS ka-**FES PA**-ra mi es-**PO**-so/ i **PA**-ra mi/ i **DOS BA**-sos de **HU**-go de na-**RAN**-ha **PA**-ra los **NI**-nyos

Mesera: Un momento, por favor.
(*One moment, please.*)
un mo-**MEN**-to/ **POR** fa-**BOR**

Mamá: Gracias, señorita.
(*Thank you, Miss.*)
GRA-si-as/ se-nyo-**RI**-ta

Bueno, niños ¿qué quieren desayunar?
(*Well, kids, what do you want for breakfast?*)
BWE-no/ **NI**-nyos/ **KE KIE**-ren de-sa-yu-**NAR**

Hijo: Quiero "hotcakes," Mamá.
(I want pancakes, Mommy.)
KIE-ro / ma-**MA**

Mamá: Mi hijo lindo, "hotcakes" se llaman panqueques en español.
(My dear son, hotcakes are called "panqueques" in Spanish.)
mi **I**-ho **LIN**-do/ **SE YA**-man pan-**KE**-kes en es-pa-**NYOL**

Hijo: Está bien, Mamá. Quiero panqueques, por favor.
(OK, Mommy. I want "panqueques," please.)
e-**STA BIEN**/ ma-**MA**/ **KIE**-ro pan-**KE**-kes/ **POR** fa-**BOR**

Mamá: Y tú, mi hijita ¿qué quieres desayunar?
(And you, my little daughter, what do you want for breakfast?)
i **TU**/ mi i-**HI**-ta/ **KE KIE**-res de-sa-yu-**NAR**

Hija: Quiero wafles, Mamá.
(I want waffles, Mommy.)
KIE-ro **WA**-fles/ ma-**MA**

Mamá: Está bien, mi hija.
(OK, my daughter.)
e-**STA BIEN**/ mi **I**-ha

Y tú, mi esposo querido ¿qué quieres desayunar?
(And you, my dear husband, what do you want for breakfast?)
i **TU**/ mi es-**PO**-so ke-**RI**-do/ **KE KIE**-res de-sa-yu-**NAR**

Papá: Quiero huevos rancheros, mi amor.
(I want fried eggs smothered in sauce with tortillas under them, my Love.)
KIE-ro **WE**-bos rran-**CHE**-ros/ mi a-**MOR**

Mesera: ¿Qué quieren desayunar ustedes?
(What do you folks want for breakfast?)
KE KIE-ren de-sa-yu-**NAR** us-**TE**-des

Mamá: Queremos unos panqueques para mi hijo, unos wafles para mi hija, huevos rancheros para mi esposo y una omeleta de queso para mí.
(Yes, Miss. Some pancakes for my son, some waffles for my daughter, ranch-style eggs for my husband and a cheese omelet for me.)
ke-RE-mos U-nos pan-KE-kes PA-ra mi I-ho/ U-nos WA-fles PA-ra mi I-ha/ WE-bos rran-CHE-ros PA-ra mi es-PO-so/ i U-na o-me-LE-ta de KE-so PA-ra MI

Mesera: Gracias, señora.
(Thank you, Madam.)
GRA-si-as/ se-NYO-ra

Example:

¿Qué quieren desayunar?

Queremos huevos rancheros, dos vasos de jugo de naranja y dos cafés, por favor.

You are in a Mexican restaurant with your partner. Find out what he or she wants for breakfast. Tell the waitress what the two of you would like to order.

BREAKFAST IS SERVED!

Your waitress arrives with the food.

Mesera: Aquí está su comida, señora. ¿Quieren algo más?
(Here is your food, Madam. Do you want anything else?)
a-**KI** e-**STA** su ko-**MI**-da/ se-**NYO**-ra/ **KIE**-ren **AL**-go **MAS**

Ud.: Sí, señorita. Mis hijos quieren miel para sus panqueques y sus wafles.
(Yes, Miss. My children want syrup for their pancakes and waffles.)
SI/ se-nyo-**RI**-ta/ mis **I**-hos **KIE**-ren **MIEL PA**-ra sus pan-**KE**-kes/ i sus **WA**-fles

Mesera: Claro que sí, señora. Un momento, por favor.
(Yes, of course, Madam. One moment, please.)
KLA-ro **KE SI**/ se-**NYO**-ra/ un mo-**MEN**-to/ **POR** fa-**BOR**

Aquí tiene la miel, señora. ¿Algo más?
(Here you have the syrup, Madam. Anything else?)
a-**KI TIE**-ne la **MIEL**/ se-**NYO**-ra/ **AL**-go **MAS**

Ud.: Sí, señorita. Mi esposo quiere más tortillas para sus huevos rancheros. Yo quiero salsa mexicana para mi omeleta.
(Yes, Miss. My husband wants more tortillas for his ranch-style eggs. I want Mexican sauce for my omelet.)
SI/ se-nyo-**RI**-ta/ mi es-**PO**-so **KIE**-re **MAS** tor-**TI**-yas **PA**-ra sus **WE**-bos ran-**CHE**-ros/ **YO KIE**-ro **SAL**-sa me-hi-**KA**-na **PA**-ra mi o-me-**LE**-ta

Mesera: Aquí tiene las tortillas y la salsa mexicana, señora. ¿Algo más?
(Here you have the tortillas and the Mexican sauce, Madam. Anything else?)
a-**KI TIE**-ne las tor-**TI**-yas/ i la **SAL**-sa me-hi-**KA**-na/ se-**NYO**-ra/ **AL**-go **MAS**

Ud.: Ahorita no, gracias.
(Not right now, thank you.)
a-o-**RI**-ta **NO**/ **GRA**-si-as

Un poco más tarde.
(A little later.)
un **PO**-ko **MAS TAR**-de

Mesera: ¿Quieren algo más?
(*Do you want anything else?*)
KIE-ren **AL**-go **MAS**

Ud.: Sí, por favor, señorita. Quiero una caja para mi comida. Quiero comer la mitad de mi omeleta en casa.
(*Yes, please, Miss. I want a box for my food. I want to eat half of my omelet at home.*)
SI/ **POR** fa-**BOR**/ se-nyo-**RI**-ta/ **KIE**-ro **U**-na **KA**-ha **PA**-ra mi ko-**MI**-da/ **KIE**-ro ko-**MER** la mi-**TAD** de mi o-me-**LE**-ta en **KA**-sa

Mesera: Claro que sí, señora. Un momentito, por favor.
(*Yes, of course, Madam. Just a moment, please.*)
KLA-ro **KE SI**/ se-**NYO**-ra/ un mo-men-**TI**-to/ **POR** fa-**BOR**

Unos minutos más tarde.
(*A few minutes later.*)
U-nos mi-**NU**-tos **MAS TAR**-de

Aquí tiene la caja, señora. ¿Algo más?
(*Here you have the box, Madam. Anything else?*)
a-**KI TIE**-ne la **KA**-ha/ se-**NYO**-ra/ **AL**-go **MAS**

Ud.: No, gracias, señorita. Solamente la cuenta.
(*No, thank you, Miss. Just the bill.*)
NO/ **GRA**-si-as/ se-nyo-**RI**-ta/ so-la-**MEN**-te la **KWEN**-ta

Mesera: Sí, señora.
(*Yes, Madam.*)
SI/ se-**NYO**-ra

Un poco más tarde.
(*A little later.*)
un **PO**-ko **MAS TAR**-de

Mesera: Aquí tiene la cuenta, señora.
(*Here you have the bill, Madam.*)
a-**KI TIE**-ne la **KWEN**-ta/ se-**NYO**-ra

Ud.: ¿La cuenta ya tiene la propina incluida?
(*Does the bill already have the tip included?*)
la **KWEN**-ta **YA TIE**-ne la pro-**PI**-na in-klu-**I**-da

Mesera: Sí, señora. La propina ya está en la cuenta.
(*Yes, Madam. The tip is already on the bill.*)
SI/ se-**NYO**-ra/ la pro-**PI**-na **YA** e-**STA** en la **KWEN**-ta

Ud.: Gracias, señorita. Aquí está el dinero. ¡Muchas gracias por todo!
(*Thank you, Miss. Here is the money. Thanks a lot for everything!*)
GRA-si-as/ se-nyo-**RI**-ta/ a-**KI** e-**STA** el di-**NE**-ro/ **MU**-chas **GRA**-si-as **POR TO**-do

Mesera: De nada, señora. ¡Hasta luego!
(*You are welcome, Madam. Goodbye.*)
de **NA**-da/ se-**NYO**-ra/ **A**-sta **LWE**-go

Ud.: Adiós, señorita. ¡Nos vemos la próxima vez!
(*Goodbye, Miss. See you next time!*)
a-**DIOS**/ se-nyo-**RI**-ta/ **NOS BE**-mos la **PROK**-si-ma **BES**

Example:

¿Tienes dinero para la propina?

Sí, mi amor. Aquí hay dos dólares.

Ask your partner if the tip is included in the bill at the restaurant. Your partner will tell you that it is not included.

Think back on **Lessons 1, 2, 3, and 4** and plan a short dialogue with your partner. One of you is the waiter or waitress, and the other is the guest who orders breakfast for himself or herself and a friend. The guest also asks for the bill and leaves a tip. Be ready to present your dialogue to the class.

Chapter 5 – Dining Out – Lesson 5

WHAT'S FOR LUNCH?

A friend recommended a Mexican restaurant where they have great lunch specials. You and your family decide to give it a try.

Ud.: Señorita, quisiéramos el menú del almuerzo, por favor.
(Miss, we would like the luncheon menu, please.)
se-nyo-**RI**-ta/ ki-**SIE**-ra-mos el me-**NU** del al-**MWER**-so/ **POR** fa-**BOR**

Mesera: Aquí tiene usted el menú, señora. ¿Qué quieren beber?
(Here you have the menu, Madam. What do you want to drink?)
a-**KI TIE**-ne us-**TED** el me-**NU**/ se-**NYO**-ra/ **KE KIE**-ren be-**BER**

Ud.: Dos vasos de leche de chocolate para los niños, un té helado para mi esposo y un café con crema y azúcar para mí.
(2 glasses of chocolate milk for the children, an iced tea for my husband and coffee with cream and sugar for me.)
DOS BA-sos de **LE**-che de cho-ko-**LA**-te **PA**-ra los **NI**-nyos/ un **TE** e-**LA**-do **PA**-ra mi es-**PO**-so/ i un ka-**FE KON KRE**-ma/ i a-**SU**-kar **PA**-ra **MI**

Mesera: Un momento, por favor.
(One moment, please.)
un mo-**MEN**-to/ **POR** fa-**BOR**

Aquí tiene la leche de chocolate, el té helado y el café con crema y azúcar.
(Here you have the chocolate milk, iced tea and coffee with cream and sugar.)
a-**KI TIE**-ne la **LE**-che de cho-ko-**LA**-te/ el **TE** e-**LA**-do/ i el ka-**FE KON KRE**-ma/ i a-**SU**-kar

Ud.: Gracias, señorita. ¿Qué quiere decir eso – chile colorado – en el menú?
(Thank you, Miss. What does that mean – "chile colorado" – on the menu?)
GRA-si-as/ se-nyo-**RI**-ta/ **KE KIE**-re de-**SIR** E-so/ **CHI**-le ko-lo-**RA**-do/ en el me-**NU**

Mesera: Chile colorado quiere decir "meat in a red sauce" en inglés.
("Chile colorado" means meat in a red sauce in English.)
CHI-le ko-lo-**RA**-do **KIE**-re de-**SIR** en in-**GLES**

Ud.:	Gracias, señorita. (*Thank you, Miss.*) ***GRA**-si-as/ se-nyo-**RI**-ta* Bueno, niños ¿qué quieren almorzar? (*OK, kids, what do you want for lunch?*) ***BWE**-no/ **NI**-nyos/ **KE KIE**-ren al-mor-**SAR***
Hijo:	Quiero una hamburguesa, Mamá. (*I want a hamburger, Mommy.*) ***KIE**-ro **U**-na am-bur-**GE**-sa/ ma-**MA***
Ud.:	Pero, mi hijo querido, no hay hamburguesas en un restaurante mexicano. ¿Qué comida mexicana quieres almorzar hoy? (*But my dear son, there are not any hamburgers in a Mexican restaurant. What Mexican food do you want for lunch today?*) ***PE**-ro/ mi **I**-ho ke-**RI**-do/ **NO AI** am-bur-**GE**-sas en un rres-tau-**RAN**-te me-hi-**KA**-no/ **KE** ko-**MI**-da me-hi-**KA**-na **KIE**-res al-mor-**SAR OY***
Hijo:	Está bien, Mamá. Quiero tacos de pollo, por favor. (*Fine, Mommy. I want chicken tacos, please.*) *e-**STA BIEN**/ ma-**MA**/ **KIE**-ro **TA**-kos de **PO**-yo/ **POR** fa-**BOR***
Ud.:	Y tú, mi hijita ¿qué quieres almorzar? (*And you, my little daughter, what do you want for lunch?*) *i **TU**/ mi i-**HI**-ta/ **KE KIE**-res al-mor-**SAR***
Hija:	Quiero nachos. (*I want nachos.*) ***KIE**-ro **NA**-chos*
Ud.:	Mi hija linda, no hay nachos aquí. Solamente hay nachos en el cine y en un restaurante de comida rápida. (*My lovely daughter, there are not any nachos here. There are only nachos at the movies and in a fast-food restaurant.*) *mi **I**-ha **LIN**-da/ **NO AI NA**-chos a-**KI**/ so-la-**MEN**-te **AI NA**-chos en el **SI**-ne/ i en un rres-tau-**RAN**-te de ko-**MI**-da **RRA**-pi-da*
Hija:	Bueno, Mamá. Quiero pizza. (*OK, Mommy. I want pizza.*) ***BWE**-no/ ma-**MA**/ **KIE**-ro **PI**-tsa*

Ud.: No hay pizza aquí. ¿Qué comida mexicana quieres almorzar?
(There is not any pizza here. What Mexican food do you want for lunch?)
NO AI PI-tsa a-**KI**/ **KE** ko-**MI**-da me-hi-**KA**-na **KIE**-res al-mor-**SAR**

Hija: Está bien, Mamá. Quiero tacos de pollo como mi hermano.
(Fine, Mommy. I want chicken tacos like my brother.)
e-**STA BIEN**/ ma-**MA**/ **KIE**-ro **TA**-kos de **PO**-yo **KO**-mo mi er-**MA**-no

Ud.: Y tú, mi esposo querido ¿qué quieres almorzar?
(And you, my dear husband, what do you want for lunch?)
i **TU**/ mi es-**PO**-so ke-**RI**-do/ **KE KIE**-res al-mor-**SAR**

Esposo: Quiero una enchilada de pollo con arroz y frijoles.
(I want a chicken enchilada with rice and beans.)
KIE-ro **U**-na en-chi-**LA**-da de **PO**-yo **KON** a-**RROS**/ i fri-**HO**-les

Ud.: Y yo quisiera el chile colorado con arroz y frijoles, por favor.
(And I would like the meat in a red sauce with rice and beans, please.)
i **YO** ki-**SIE**-ra el **CHI**-le ko-lo-**RA**-do **KON** a-**RROS**/ i fri-**HO**-les/ **POR** fa-**BOR**

Mesera: Entonces, son dos órdenes de tacos de pollo, una enchilada de queso y un chile colorado. ¿Está bien así?
(So, there are 2 orders of chicken tacos, one cheese enchilada and one meat in a red sauce. Is that right?)
en-**TON**-ses/ **SON DOS OR**-de-nes de **TA**-kos de **PO**-yo/ **U**-na en-chi-**LA**-da de **KE**-so/ i un **CHI**-le ko-lo-**RA**-do/ e-**STA BIEN** a-**SI**

Example:
¿Qué quieres almorzar?

Quiero una enchilada de pollo con arroz y frijoles.

Ask your partner what he or she wants to order for lunch. Tell the waitress.

LUNCH IS SERVED!

Here comes the waitress with your lunch!

Mesera: Aquí tiene su comida, señor. ¿Quieren algo más?
(Here is your food, Sir. Do you want anything else?)
a-KI TIE-ne la ko-**MI**-da/ se-**NYOR**/ **KIE**-ren **AL**-go **MAS**

Ud.: Sí, señorita. Mi esposa y yo quisiéramos unas tortillas.
(Yes, Miss. My wife and I would like some tortillas.)
SI/ se-nyo-**RI**-ta/ mi es-**PO**-sa/ i **YO** ki-**SIE**-ra-mos **U**-nas tor-**TI**-yas

Mesera: Quieren tortillas de harina o de maíz?
(Do you want flour or corn tortillas?)
KIE-ren tor-**TI**-yas de a-**RI**-na o de ma-**IS**

Ud.: Queremos tortillas de harina, por favor.
(We want flour tortillas, please.)
ke-**RE**-mos tor-**TI**-yas de a-**RI**-na/ **POR** fa-**BOR**

Mesera: Aquí tiene las tortillas, señor. ¿Algo más?
(Here you have the tortillas, Sir. Anything else?)
a-KI TIE-ne las tor-**TI**-yas/ se-**NYOR**/ **AL**-go **MAS**

Ud.: No, gracias, señorita. Solamente la cuenta.
(No, thank you, Miss. Just the bill.)
NO/ **GRA**-si-as/ se-nyo-**RI**-ta/ so-la-**MEN**-te la **KWEN**-ta

Example:
¿Algo más?

Sí, señorita. Quisiera unas tortillas, por favor.

You are getting ready to leave the restaurant. Your partner is the waitress who asks if you would like anything else. You tell her no, thank you.

Think back on **Lessons 1, 2, 3, 4 and 5** and plan a short dialogue with your partner. One of you is the waiter or waitress, and the other is the guest who orders lunch for himself or herself and a friend. The guest also asks for the bill and leaves a tip. Be ready to present your dialogue to the class.

Chapter 5 – Dining Out – Lesson 6

WHAT'S FOR DINNER?

Sometimes a gentleman decides to pamper his lady on Valentine's Day. He buys her flowers and chocolate and takes her out for a nice dinner.

Él: Mi amor, hoy es el Día de San Valentín y ¡estoy feliz que tú eres mi "valentín"!
(My Love, today is Valentine's Day, and I am happy that you are my valentine!)
mi a-**MOR**/ **OY ES** el **DI**-a de **SAN** ba-len-**TIN**/ i e-**STOY** fe-**LIS KE TU E**-res mi ba-len-**TIN**

Ella: Mi querido ¡te amo! Soy tu novia todos los días.
(My Dear, I love you! I am your sweetheart every day.)
mi ke-**RI**-do/ **TE A**-mo/ **SOY** tu **NO**-bia **TO**-dos los **DI**-as

Él: Sí, es cierto, pero hoy es un día muy especial. Tengo un regalo para ti. Es una caja de chocolates.
(Yes, that is true, but today is a very special day. I have a present for you. It is a box of chocolates.)
SI/ **ES SIER**-to/ **PE**-ro **OY ES** un **DI**-a **MWI** es-pe-**SIAL**/ **TEN**-go un rre-**GA**-lo **PA**-ra **TI**/ **ES U**-na **KA**-ha de cho-ko-**LA**-tes

Ella: ¡Mmmmm! ¡Qué rico!
(Mmmmm! How yummy!)
MMMMM/ **KE RRI**-ko

Él: Tengo dos regalos para ti. También tengo una docena de rosas rojas.
(I have 2 presents for you. I also have a dozen red roses.)
TEN-go **DOS** rre-**GA**-los **PA**-ra **TI**/ tam-**BIEN TEN**-go **U**-na do-**SE**-na de **RRO**-sas **RRO**-has

Ella: ¡Ay, mi amor! ¡Qué bonitas!
(Oh, my Love! How pretty!)
AI/ mi a-**MOR**/ **KE** bo-**NI**-tas

Él: Ahora tenemos una reservación para cenar en un restaurante delicioso.
(Now we have a reservation to have dinner at a delicious restaurant.)
a-**O**-ra te-**NE**-mos **U**-na rre-ser-ba-**SION PA**-ra se-**NAR** en un rres-tau-**RAN**-te de-li-**SIO**-so

Ella: ¡Tú eres mi novio favorito!
(*You are my favorite sweetheart!*)
***TU** e-**RES** mi **NO**-bio fa-bo-**RI**-to*

Él: ¿Tienes más novios, querida?
(*Do you have more sweethearts, Dear?*)
***TIE**-nes **MAS** **NO**-bios/ ke-**RI**-da*

Ella: ¡Claro que no! ¡Tú eres mi único novio para siempre!
(*Of course not! You are my only sweetheart for all time!*)
***KLA**-ro **KE** **NO**/ **TU** E-res mi **U**-ni-ko **NO**-bio **PA**-ra **SIEM**-pre*

Example:

¡Tú eres mi novio favorito, querido!

¿Tienes más novios, querida?

Be prepared to say you are someone's valentine and that you love him or her. Practice saying that with your partner.

DINNER IS SERVED!

You and your valentine have arrived at the restaurant.

Ud.: ¡Buenas noches! Tenemos una reservación para dos personas.
(Good evening. We have a reservation for 2 people.)
BWE-nas **NO**-ches/ te-**NE**-mos **U**-na rre-ser-ba-**SION PA**-ra **DOS** per-**SO**-nas

Mesero: Claro que sí, señor. Aquí está su mesa. ¿Está bien?
(Yes, of course, Sir. Here is your table. Is it OK?)
KLA-ro **KE SI**/ se-**NYOR**/ a-**KI** e-**STA** su **ME**-sa/ e-**STA BIEN**

Ud.: La mesa está muy bien, gracias.
(The table is great, thanks.)
la **ME**-sa e-**STA MWI BIEN**/ **GRA**-si-as

Quiero una botella de vino tinto, por favor.
(I want a bottle of red wine, please.)
KIE-ro **U**-na bo-**TE**-ya de **BI**-no **TIN**-to/ **POR** fa-**BOR**

Mesero: Sí, señor. Un momento, por favor.
(Yes, Sir. One moment, please.)
SI/ se-**NYOR**/ un mo-**MEN**-to/ **POR** fa-**BOR**

Unos minutos más tarde.
(A few minutes later.)
U-nos mi-**NU**-tos **MAS TAR**-de

Mesero: Aquí está su vino, señor.
(Here is your wine, Sir.)
a-**KI** e-**STA** su **BI**-no/ se-**NYOR**

Ud.: Gracias, señor. Quisiéramos el menú, por favor.
(Thank you, Sir. We would like the menu, please.)
GRA-si-as/ se-**NYOR**/ ki-**SIE**-ra-mos el me-**NU** / **POR** fa-**BOR**

Mesero: Señor, tenemos una especial del Día de San Valentín. Es un bistec y camarones para dos personas. En inglés se llama "Surf and Turf".
(Sir, we have a Valentine's Day special. It is steak and shrimp for 2 people. In English it is called Surf and Turf.)
se-**NYOR**/ te-**NE**-mos **U**-na es-pe-**SIAL** del **DI**-a de **SAN** va-len-**TIN**/**ES** un bis-**TE**/ i ka-ma-**RO**-nes **PA**-ra **DOS** per-**SO**-nas/ en in-**GLES** **SE** **YA**-ma

Ud.: Bueno, señor. Queremos eso, por favor.
(OK, Sir. We want that, please.)
BWE-no/ se-**NYOR**/ ke-**RE**-mos **E**-so/ **POR** fa-**BOR**

Mesero: Excelente, señor.
(Excellent, Sir.)
e-se-**LEN**-te/ se-**NYOR**

Example:

Queremos el menú, por favor.

Un momento, por favor.

Your partner is the waitress whom you ask for a bottle of red wine. She says it will be just a moment.

Think back on **this chapter** and plan a short dialogue with your partner. One is the waiter or waitress, and the other is the guest who orders a Valentine's Day dinner for himself or herself and a friend. The guest also asks for the bill and leaves a tip. Be ready to present your dialogue to the class.

THE MENU
EL MENÚ
el me-NU

(1) En España, en México, en América Central y en América del Sur hay tres comidas cada día:
(In Spain, Mexico, Central America and South America there are 3 meals each day:)
en es-PA-nya/ en ME-hi-ko/ en a-ME-ri-ka sen-TRAL/ i en a-ME-ri-ka del SUR AI TRES ko-MI-das KA-da DI-a

    el desayuno *(breakfast) el de-sa-YU-no*
    el almuerzo *(lunch) el al-MWER-so*
    la comida/la cena *(dinner/supper) la ko-MI-da/ la SE-na*

(2) Escribe un menú elegante en un buen restaurante para la comida del Día de San Valentín.
(Write an elegant menu in a good restaurant for the Valentine's Day dinner.)
es-KRI-be un me-NU e-le-GAN-te en un BWEN rres-tau-RAN-te PA-ra la ko-MI-da del DI-a de SAN ba-len-TIN

(3) El menú puede incluir:
(The menu may include:)
el me-NU PWE-de in-klu-IR

    el entremés *(the appetizer) el en-tre-MES*
    la sopa *(the soup) la SO-pa*
    la ensalada *(the salad) la en-sa-LA-da*
    el plato principal *(the main dish) el PLA-to prin-si-PAL*
    el postre *(the dessert) el POS-tre*
    la bebida *(the beverage) la be-BI-da*

_____
_____
_____
_____
_____
_____

(4) Antes de comer hay que decir ¡"Buen provecho"!
(Before eating you should say, "Enjoy!")
AN-tes de ko-MER AI KE de-SIR/ BWEN pro-BE-cho

Chapter 5 – Word List

ahorita (adv) *a-o-RI-ta* - right now
almuerzo (m) *al-MWER-so* - lunch
amor (m) *a-MOR* - love
algo (pro) *AL-go* - something
algo más (pro) *AL-go MAS* - anything else
apio (m) *A-pio* - celery
arroz (m) *a-RROS* - rice
así (adv) *a-SI* - like this
atún (m) *a-TUN* - tuna
azúcar (m) *a-SU-kar* - sugar
bebida (f) *be-BI-da* - beverage
bistec (m) *bis-TE* - steak
botella (f) *bo-TE-ya* - bottle
buen provecho (phrase) *BWEN pro-BE-cho* - Enjoy!
café (m) *ka-FE* - coffee
caja (f) *KA-ha* - box
camarón (m) *ka-ma-RON* - shrimp
carne asada (f) *KAR-ne a-SA-da* - grilled meat
carne de res (f) *KAR-ne de RRES* - beef
cena (f) *SE-na* - dinner
cerveza (f) *ser-BE-sa* - beer
chile colorado (f) *CHI-le ko-lo-RA-do* - meat in a red sauce
chile relleno (f) *CHI-le rre-YE-no* - stuffed chili pepper
chocolate (m) *cho-ko-LA-te* - chocolate
cine (m) *SI-ne* - movies
claro que sí (phrase) *KLA-ro KE SI* - Yes, of course.
coctel (m) *kok-TEL* - cocktail
cognado (m) *kog-NA-do* - cognate
combinación (f) *kom-bi-na-SION* - combination
con (prep) *KON* - with
crema (f) *KRE-ma* - cream
cuál (pro) *KWAL* - Which?
cuenta (f) *KWEN-ta* - bill
desayuno (m) *de-sa-YU-no* - breakfast
Día de San Valentín (m) *DI-a de SAN ba-len-TIN* - Valentine's Day
dinero (m) *di-NE-ro* - money
docena (f) *do-SE-na* - dozen
dólar (m) *DO-lar* - dollar
ejote (m) *e-HO-te* - green bean
enchilada (f) *en-chi-LA-da* - enchilada
ensalada (f) *en-sa-LA-da* - salad
entonces (adv) *en-TON-ses* - then
entremés (m) *en-tre-MES* - appetizer
ése/ésa/eso (pro) *E-se/E-sa/E-so* - that

espárrago (m) *es-PA-rra-go* - asparagus
especial (adj) *es-pe-SIAL* - special
especial del día (f) *es-pe-SIAL del DI-a* - daily special
espinaca (f) *es-pi-NA-ka* - spinach
excelente (adj) *e-se-LEN-te* - excellent
favorito/a (adj) *fa-bo-RI-to/a* - favorite
flan (m) *FLAN* - custard
fresa (f) *FRE-sa* - strawberry
frijol (m) *fri-HOL* - bean
guayaba (f) *gua-YA-ba* - guava
hamburguesa (f) *am-bur-GE-sa* - hamburger
harina (f) *a-RI-na* - flour
helado (m) *e-LA-do* - ice cream
hijita (f) *i-HI-ta* - little daughter
huevos rancheros (m) *WE-bos rran-CHE-ros* - fried eggs smothered in sauce with tortillas
incluído/a (adj) *in-klu-I-do/a* - included
jugo (m) *HU-go* - juice
leche (f) *LE-che* - milk
lechuga (f) *le-CHU-ga* - lettuce
limón (m) *li-MON* - lemon
lindo/a (adj) *LIN-do/a* - lovely
maíz (m) *ma-IS* - corn
marisco (m) *ma-RIS-ko* - seafood
menú (m) *me-NU* - menu
mí (pro) *MI* - me (object)
miel (f) *MIEL* - syrup
mineral (m) *mi-ne-RAL* - mineral
minuto (m) *mi-UN-to* - minute
mitad (f) *mi-TAD* - half
mixto/a (adj) *MIS-to/a* - mixed
nachos (m) *NA-chos* - nachos
naranja (f) *na-RAN-ha* - orange
novio (m) *NO-bio* - sweetheart
omeleta (f) *o-me-LE-ta* - omelet
órden (f) *OR-den* - order
panqueque (m) *pan-KE-ke* - pancake
papa (f) *PA-pa* - potato
papas fritas (f) *PA-pas FRI-tas* - French fries
parrilla (f) *pa-RRI-ya* - grill
pastel (m) *pas-TEL* - cake
pera (f) *PE-ra* - pear
perdón (adv) *per-DON* - excuse me
persona (f) *per-SO-na* - person
pimienta (f) *pi-MIEN-ta* - pepper
plato principal (phrase) *PLA-to prin-si-PAL* - main course
pollo (m) *PO-yo* - chicken

postre (m) *POS-tre* - dessert
propina (f) *pro-PI-na* - tip
¿Qué quiere decir ___? (phrase) *KE KIE-re de-SIR* - What does ___ mean?
querido/a (adj) *ke-RI-do/a* - dear
queso (m) *KE-so* - cheese
rápido/a (adj) *RRA-pi-do/a* - fast
rebanada (f) *rre-ba-NA-da* - slice
refresco (m) *rre-FRES-ko* - soda pop
reservación (f) *rre-ser-ba-SION* - reservation
restaurante (m) *rres-tau-RAN-te* - restaurant
rico/a (adj) *RRI-ko/a* - yummy
sal (f) *SAL* - salt
salsa catsup (f) *SAL-sa KAT-sup* - ketchup
salsa mexicana (f) *SAL-sa me-hi-KA-na* - Mexican sauce
solamente (adv) *so-la-MEN-te* - only
sopa (f) *SO-pa* - soup
sopa de tortilla (f) *SO-pa de tor-TI-ya* - tortilla soup
taco (m) *TA-ko* - taco
tamal (m) *ta-MAL* - tamale
tarjeta de crédito (f) *tar-HE-ta de KRE-di-to* - crédito card
te amo (phrase) *TE A-mo* - I love you
té (m) *TE* - tea
té helado (phrase) *TE e-LA-do* - iced tea
ti (pro) *TI* - you (object informal)
todos los días (phrase) *TO-dos los DI-as* - every day
tomate (m) *to-MA-te* - tomato
tortilla (f) *tor-TI-ya* - tortilla
un momentito (phrase) *un mo-men-TI-to* - just a moment
un momento (phrase) *un mo-MEN-to* - one moment
un poco más tarde (phrase) *un PO-ko MAS TAR-de* - a little later
único/a (adj) *U-ni-ko/a* - only
vegetal (m) *be-he-TAL* - vegetable
vino (m) *BI-no* - wine
vino tinto (m) *BI-no TIN-to* - red wine
vitamina (f) *bi-ta-MI-na* - vitamin
wafle (m) *WA-fle* - waffle

Chapter 6 – Going Shopping – Lesson 1

TALKING ABOUT ALGODONES

Algodones, Mexico, has more pharmacies, doctors, dentists and opticians than any other four-block area in the world!

--¿Qué quiere decir "Los Algodones" en inglés?
(What does "Los Algodones" mean in English?)
KE KIE-re de-**SIR** los al-go-**DO**-nes en in-**GLES**

--Los Algodones quiere decir "the cottons" en inglés.
("Los Algodones" means the cottons in English.)
los al-go-**DO**-nes **KIE**-re de-**SIR** ———||——— en in-**GLES**

--La planta de algodón está en Los Algodones desde el siglo diecisiete.
(The cotton plant is in Los Algodones since the 17th century.)
la **PLAN**-ta de al-go-**DON** e-**STA** en los al-go-**DO**-nes **DES**-de el **SI**-glo dies-i-**SIE**-te

--La tribu de los indios de esta región se llama los Yumas.
(The American Indian tribe of this region is called the Yumas.)
la **TRI**-bu de los **IN**-dios de **ES**-ta rre-**HION** **SE** **YA**-ma los **YU**-mas

Example:

¿Qué quiere decir el siglo diecisiete en inglés?

El siglo diecisiete quiere decir "the seventeenth century" en inglés.

Ask your partner what "Los Algodones" means in English.

ALGODONES, MX AND YUMA, AZ

Algodones, Mexico, is just across the border from Arizona.

--Los Algodones es el pueblo más hacia el norte en México.
  (Algodones is the town furthest to the north in Mexico.)
  los al-go-**DO**-nes es el **PWE**-blo **MAS** **A**-sia el **NOR**-te en **ME**-hi-ko

--Los Algodones está en el estado mexicano de Baja California.
  (Algodones is in the Mexican state of Baja California.)
  los al-go-**DO**-nes e-**STA** en el es-**TA**-do me-hi-**KA**-no de **BA**-ha ka-li-**FOR**-nia

--Los Algodones tiene su agua de Yuma, Arizona.
  (Algodones has its water from Yuma, Arizona.)
  los al-go-**DO**-nes **TIE**-ne su **A**-gwa de **YU**-ma/ a-ri-**SO**-na

--Son solamente siete millas de Los Algodones a Yuma.
  (It is only 7 miles from Algodones to Yuma.)
  SON so-la-**MEN**-te **SIE**-te **MI**-yas de los al-go-**DO**-nes a **YU**-ma

Example:

¿De dónde tiene su agua los Algodones, México?

Los Algodones tiene su agua de Yuma, Arizona.

Tell your partner where Algodones, Mexico gets its water from.

THE COLORADO RIVER

The Colorado River is an important river in the American Southwest.

--Los Algodones tiene una población de cinco mil cuatrocientas setenta y cuatro personas según el censo de dos mil diez.
(Algodones has a population of 5,474 people according to the 2010 census.)
los al-go-**DO**-nes **TIE**-ne **U**-na po-bla-**SION** de **SIN**-co **MIL** kwa-tro-**SIEN**-tas se-**TEN**-ta i **KWA**-tro per-**SO**-nas se-**GUN** el **SEN**-so de **DOS MIL DIES**

--El Río Colorado en Los Algodones es la frontera entre los Estados Unidos y México.
(The Colorado River in Algodones is the border between the United States and Mexico.)
el **RRI**-o ko-lo-**RA**-do en los al-go-**DO**-nes es la fron-**TE**-ra **EN**-tre los es-**TA**-dos un-**I**-dos/ i **ME**-hi-ko

--El Río Colorado también es la frontera entre California y Arizona.
(The Colorado River is also the border between California and Arizona.)
el **RRI**-o ko-lo-**RA**-do tam-**BIEN ES** la fron-**TE**-ra **EN**-tre ka-li-**FOR**-nia/ i a-ri-**SO**-na

Example:

¿Qué es la población de Los Algodones?

Los Algodones tiene cinco mil cuatrocientas setenta y cuatro personas.

Ask your partner what is the border between California and Arizona. Your partner will tell you it is the Colorado River.

WHERE'S YOUR PASSPORT?

Upon your return to the United States you must present a valid passport to the customs agent.

Agente: ¿Tiene su pasaporte?
(Do you have your passport?)
*TIE-ne su pa-sa-**POR**-te*

Ud.: Sí. Es necesario para cruzar la frontera entre los Estados Unidos y México.
(Yes, it is necessary to cross the border between the United States and Mexico.)
*SI/ **ES** ne-se-**SA**-rio **PA**-ra kru-**SAR** la fron-**TE**-ra **EN**-tre los es-**TA**-dos un-**I**-dos/ i **ME**-hi-ko*

Agente: ¿Cuánto tiempo tiene usted en México?
(How much time have you been in Mexico?)
***KWAN**-to **TIEM**-po **TIE**-ne us-**TED** en **ME**-hi-ko*

Ud.: Solamente hoy, señor.
(Just today, Sir.)
*so-la-**MEN**-te **OY**/ se-**NYOR***

Example:

¿Tienes tu pasaporte?

Sí. Es necesario para cruzar la frontera entre los Estados Unidos y México.

Tell your partner if you have a passport. Ask your partner if he or she has one.

Think back on **this lesson** and plan a short dialogue with your partner. One of you will describe Algodones, Baja California, Mexico, and the other will talk about the border between California and Arizona. Be ready to present your dialogue to the class.

Chapter 6 – Going Shopping – Lesson 2

TAKING THE BUS TO ALGODONES

You and your friend are going to Algodones on the bus. You'll need to use the *PRESENT PARTICIPLE* to talk about the trip as you go along.

Ud.: ¡Buenos días, Juan! Estás bebiendo un café. ¿Tienes sueño todavía?
(Good morning, Juan. You are drinking a cup of coffee. Are you still sleepy?)
BWE-nos **DI**-as/ hu-**AN**/ e-**STAS** be-**BIEN**-do un ka-**FE**/ **TIE**-nes **SWE**-nyo to-da-**BI**-a

Juan: ¡Buenos días! Sí, tengo mucho sueño. Me gusta mi café por la mañana.
(Good morning. Yes, I am very sleepy. I like my coffee in the morning.)
BWE-nos **DI**-as/ **SI**/ **TEN**-go **MU**-cho **SWE**-nyo/ **ME GUS**-ta mi ka-**FE POR** la ma-**NYA**-na

Ud.: Son las seis de la mañana. ¿Ya están todas las personas en el autobús?
(It is 6 am. Are all the people already on the bus?)
SON las **SEIS** de la ma-**NYA**-na/ **YA** e-**STAN TO**-das las per-**SO**-nas en el au-to-**BUS**

Juan: No, todavía hay unas personas que no están en el autobús.
(No, there are still some people that are not on the bus.)
NO/ to-da-**BI**-a **AI U**-nas per-**SO**-nas **KE NO** e-**STAN** en el au-to-**BUS**

Example:

¿Tienes sueño todavía?

Sí, tengo mucho sueño.

You and your friend are on the bus waiting to leave for Algodones. Check to see if he or she is still sleepy.

ALL ON BOARD?

Now it looks like everyone is on board, and the bus is ready to leave.

Ud.: ¡Qué bueno! El autobús está listo para el viaje a Los Algodones.
(How nice! The bus is ready for the trip to Algodones.)
KE BWE-no/ el au-to-**BUS** e-**STA LIS**-to **PA**-ra el bi-**A**-he a los al-go-**DO**-nes

Juan: Sí, es cierto. ¡Estoy muy emocionado!
(Yes, that is true. I am very excited!)
SI/ **ES SIER**-to/ e-**STOY MWI** e-mo-sio-**NA**-do

Ud.: ¿Tienes mucho dinero en tu cartera?
(Do you have a lot of money in your wallet?)
TIE-nes **MU**-cho di-**NE**-ro en tu kar-**TE**-ra

Juan: Sí, porque quiero comprar muchas cosas en Los Algodones.
(Yes, because I want to buy a lot of things in Algodones.)
SI/ por-**KE KIE**-ro kom-**PRAR MU**-chas **KO**-sas en los al-go-**DO**-nes

Ud.: ¿Tienes dólares o tienes pesos?
(Do you have dollars, or do you have pesos?)
TIE-nes **DO**-la-res/ o **TIE**-nes **PE**-sos

Juan: Tengo dólares. No es necesario comprar pesos.
(I have dollars. It is not necessary to buy pesos.)
TEN-go **DO**-la-res/ **NO ES** ne-se-**SA**-rio kom-**PRAR PE**-sos

Example:

¿Tienes mucho dinero en tu cartera?

No, porque no quiero comprar muchas cosas.

Ask if your partner has dollars or pesos in his or her wallet. You learn that he or she only has dollars because it is not necessary to buy pesos.

WHERE'S THE BATHROOM?

You need to use the bathroom, so you ask the guide if the bus has one.

Ud.: ¿Hay un cuarto de baño en el autobús?
(*Is there a bathroom on the bus?*)
AI un **KWAR**-to de **BA**-nyo en el au-to-**BUS**

Guía: Sí, señor. Está al fondo a la izquierda.
(*Yes, Sir. It is in the back on the left.*)
SI/ se-**NYOR**/ e-**STA** al **FON**-do a la is-**KIER**-da

Ud.: ¿Está al fondo a la derecha?
(*Is it in the back on the right?*)
e-**STA** al **FON**-do a la de-**RE**-cha

Guía: No, señor. Está al fondo a la izquierda.
(*No, Sir. It is in the back on the left.*)
NO/ se-**NYOR**/ e-**STA** al **FON**-do a la is-**KIER**-da

Ud.: ¿Hay papel de baño, jabón y agua en el baño del autobús?
(*Are there toilet paper, soap and water in the bus bathroom?*)
AI pa-**PEL** de **BA**-nyo/ ha-**BON**/ i **A**-gwa en el **BA**-nyo del au-to-**BUS**

Guía: Claro que sí, señor. ¡Este autobús es muy moderno!
(*Yes, of course, Sir. This bus is very modern!*)
KLA-ro **KE SI**/ se-**NYOR**/ **E**-ste au-to-**BUS ES MWI** mo-**DER**-no

Example:

¿Dónde está el cuarto de baño?

Está al fondo a la izquierda.

Ask your partner if there is a bathroom on the bus. He or she will tell you that there is indeed a bathroom and how to get there.

Think back on **Lessons 1 and 2** and plan a short dialogue with your partner as the two of you ride along on the bus on the road to Algodones. Talk about what you expect to do when you get there. Be ready to present your dialogue to the class.

Chapter 6 – Going Shopping – Lesson 3

LOOKING AT LEATHER ITEMS

Your friends plan to do some shopping in this little Mexican town, so they check out the shops and stands.

Señor: ¡Mira! Aquí hay una tienda con cosas de cuero.
(Look! Here there is a shop with leather things.)
MI-ra/ a-**KI AI U**-na **TIEN**-da **KON KO**-sas de **KWE**-ro

Señora: Sí, tienen unas cosas muy bonitas. Hay bolsas y carteras. También hay maletas de muchos colores y tamaños.
(Yes, they have some very pretty things. There are bags and wallets. There are also suitcases of many colors and sizes.)
SI/ **TIE**-nen **U**-nas **KO**-sas **MWI** bo-**NI**-tas/ **AI BOL**-sas/ i kar-**TE**-ras/
tam-**BIEN AI** ma-**LE**-tas de **MU**-chos ko-**LO**-res/ i ta-ma-**NYOS**

Señor: La próxima tienda tiene cosas de cuero también. Hay chaquetas, abrigos y pantalones para hombres y mujeres.
(The next shop has leather things, too. There are jackets, coats and pants for men and women.)
la **PROK**-si-ma **TIEN**-da **TIE**-ne **KO**-sas de **KWE**-ro tam-**BIEN**/ **AI**
cha-**KE**-tas/ a-**BRI**-gos/ i pan-ta-**LO**-nes **PA**-ra **OM**-bres/ i mu-**HE**-res

Señora: Quiero mirar las cosas que tienen.
(I want to look at the things that they have.)
KIE-ro mi-**RAR** las **KO**-sas **KE TIE**-nen

Example:
¿Quieres mirar las cosas de cuero en la tienda?

Sí. Quiero mirar las maletas.

Ask if your partner wants to see the things they have in the leather store. Your partner will name some things he or she wants to see.

LOOKING AT POTTERY

They also want to see the beautifully hand-painted artisan pottery.

Señor: ¡Aquí hay cosas de cerámica!
(*Here there are ceramic things.*)
a-**KI AI KO**-sas de se-**RA**-mi-ka

Señora: Sí, tienen unas cosas de cerámica muy bonitas.
(*Yes, they have some very pretty ceramic things.*)
SI/ **TIE**-nen **U**-nas **KO**-sas de se-**RA**-mi-ka **MWI** bo-**NI**-tas

Señor: ¡Mira! Me gusta esta olla.
(*Look! I like this pot.*)
MI-ra/ **ME GUS**-ta **ES**-ta **O**-ya

Señora: ¿Te gusta mucho?
(*Do you like it a lot?*)
TE GUS-ta **MU**-cho

Señor: ¡Sí! Me gusta mucho. Queremos esta olla, por favor.
(*Yes! I like it a lot. We want this pot, please.*)
SI/ **ME GUS**-ta **MU**-cho/ ke-**RE**-mos **ES**-ta **O**-ya/ **POR** fa-**BOR**

Example:

¿Te gusta esta olla?

¡Sí! Me gusta mucho.

Find out if your partner likes pottery things. He or she likes them a lot.

LOOKING AT CHILDREN'S CLOTHING

They see some lovely hand-embroidered blouses and dresses for girls.

Señora: ¡Aquí está una tienda con ropa para niñas.
(Here is a shop with clothing for girls.)
*a-**KI** e-**STA** **U**-na **TIEN**-da **KON** **RRO**-pa **PA**-ra **NI**-nyas*

Señor: ¿Te gustan estos vestidos para nuestra nieta?
(Do you like these dresses for our granddaughter?)
***TE** **GUS**-tan **ES**-tos bes-**TI**-dos **PA**-ra **NWES**-tra **NIE**-ta*

Señora: ¡Sí! Me gustan mucho. ¿Cuál te gusta más, el rojo o el azul?
(Yes! I like them a lot. Which do you like the most, the red one or the blue one?)
SI**/ **ME** **GUS**-tan **MU**-cho/ **KWAL** **TE** **GUS**-ta **MAS**/ el **RRO**-ho/ o el a-**SUL

Señor: Me gusta más el rojo.
(I like the red one the most.)
***ME** **GUS**-ta **MAS** el **RRO**-ho*

Example:

¿Cuál te gusta más, el verde o el amarillo?

Me gusta más el amarillo.

Tell your partner you like the white dress for your granddaughter. Ask if he or she likes the white one or the pink one the most.

LOOKING AT WOMEN'S CLOTHING

Next door is a shop with blouses and dresses for women.

Señora: ¡Mira! Aquí está un vestido para mí idéntico al vestido para nuestra nieta.
(Look! Here is a dress for me identical to the dress for our granddaughter.)
MI-ra/ a-**KI** e-**STA** un bes-**TI**-do **PA**-ra **MI** i-**DEN**-ti-ko al bes-**TI**-do **PA**-ra **NWES**-tra **NIE**-ta

Señor: ¿Te gusta?
(Do you like it?)
TE GUS-ta

Señora: ¡Sí! Me gusta mucho.
(Yes! I like it a lot.)
SI/ **ME GUS**-ta **MU**-cho

Example:

¿Te gusta este vestido para mí?

Sí. Me gusta mucho.

Tell your partner you found a dress for yourself that is just the same as the one you just bought for your granddaughter. Ask if he or she likes it.

Think back on **this lesson** and plan a short dialogue with your partner. You both see something you like and ask each other if he or she likes it, too. Be ready to present your dialogue to the class.

A REVIEW OF THE VERB **GUSTAR**

The verb **GUSTAR** essentially means "to be pleasing to." In English we say "I like Mexican food." In Spanish we say, "<u>**Me gusta la comida mexicana**</u>". That is to say, "Mexican food is pleasing to me."

In English the person who likes the thing is the subject. Whatever does the pleasing is the direct object, for example, "I like Mexican food."

In Spanish the order is reversed. Whatever does the pleasing is the subject. The person who likes it is the direct object, for example, "<u>**Me gusta la comida mexicana**</u>". That is to say, "Mexican food pleases me."

In Spanish the verb **GUSTAR** is used in the third person either in the singular (a) or in the plural (b). For example, in the singular you would say, "<u>**Me gusta el flan**</u>". In the plural you say, "<u>**Me gustan el flan y el helado**</u>".

GUSTAR

(a)

me *(to me)* **ME**	**gusta** *(It is pleasing.)*
te *(to you: family and friends)* **TE**	**gusta** *(It is pleasing.)*
le *(to him, to her, to you: acquaintances)* **LE**	**gusta** *(It is pleasing.)*
nos *(to us)* **NOS**	**gusta** *(It is pleasing.)*
les *(to them, to you plural: family, friends and acquaintances)* **LES**	**gusta** *(It is pleasing.)*

(b)

me *(to me)* **ME**	**gustan** *(They are pleasing.)*
te *(to you: family and friends)* **TE**	**gustan** *(They are pleasing.)*
le *(to him, to her, to you: acquaintances)* **LE**	**gustan** *(They are pleasing.)*
nos *(to us)* **NOS**	**gustan** *(They are pleasing.)*
les *(to them, to you plural: family, friends and acquaintances)* **LES**	**gustan** *(They are pleasing.)*

APPLICATIONS OF THE VERB GUSTAR

In English GUSTAR literally means _____.

"Me gusta el café" means *"Coffee is pleasing to me,"* or *"I like coffee."* El café is

the _____ of the sentence; gusta is the _____;

and me is the _____.

When the subject is plural you need to use <u>gustan</u>.

"Me gustan los tacos" means *"The tacos are pleasing to me,"* or *"I like the tacos."*

The tacos is the _____ of the sentence; gustan is the

_____; and me is the _____.

Use GUSTAR in a sentence to tell your partner about something you like.

Me gusta _____.

Ask your partner if he or she likes something.

¿Te gusta _____?

Ask a classmate near you and your partner if he or she likes something.

¿Le gusta _____?

Ask yourselves if you and your partner like something.

¿Nos gusta _____?

Ask two or more classmates if they like something.

¿Les gusta _____?

Chapter 6 – Going Shopping – Lesson 4

WE'RE HUNGRY!

Now that you're in Algodones, you need to find your way around town.

Ud.: ¿Qué es un buen restaurante aquí?
(What is a good restaurant here?)
KE ES un **BWEN** rres-tau-**RAN**-te a-**KI**

Guía: El Restaurante Pueblo Viejo es un restaurante excelente.
(The Old Town Restaurant is an excellent restaurant.)
el rres-tau-**RAN**-te **PWE**-blo **BIE**-ho **ES** un rres-tau-**RAN**-te e-se-**LEN**-te

Ud.: ¿Dónde está el Restaurante Pueblo Viejo?
(Where is the Old Town Restaurant?)
DON-de e-**STA** el rres-tau-**RAN**-te **PWE**-blo **BIE**-ho

Guía: El Restaurante Pueblo Viejo está en la Calle Primera número ciento veintiséis.
(The Old Town Restaurant is on First Street number 126.)
el rres-tau-**RAN**-te **PWE**-blo **BIE**-ho e-**STA** en la **KA**-ye pri-**ME**-ra **NU**-me-ro **SIEN**-to **BEIN**-te **SEIS**

Ud.: ¿Tiene usted un mapa de Los Algodones?
(Do you have a map of Algodones?)
TIE-ne us-**TED** un **MA**-pa de los al-go-**DO**-nes

Guía: Sí, señor. Aquí está un buen mapa.
(Yes, Sir. Here is a good map.)
SI/ se-**NYOR**/ a-**KI** e-**STA** un **BWEN MA**-pa

Example:

¿Dónde está el Restaurante Pueblo Viejo?

Está en la Calle Primera número 126.

Tell the guide you are very hungry and ask about a good restaurant in Algodones. He or she will tell you about the Old Town Restaurant.

WHERE'S THAT?

So far so good! Now you have to figure out how to get to First Street number 126.

Ud.: ¿Dónde está la Calle Primera?
(Where is First Street?)
DON-de e-**STA** la **KA**-ye pri-**ME**-ra

Guía: La Calle Primera está a una cuadra hacia el norte de aquí.
(First Street is one block north of here.)
la **KA**-ye pri-**ME**-ra e-**STA** a **U**-na **KWA**-dra **A**-sia el **NOR**-te de a-**KI**

Ud.: ¿Tengo que caminar por la Avenida Mariano María Lee?
(Do I have to walk along Mariano Maria Lee Avenue?)
TEN-go **KE** ka-mi-**NAR POR** la a-be-**NI**-da ma-**RIA**-no ma-**RI**-a **LI**

Guía: Sí, señor. Usted tiene que doblar a la izquierda en la Calle Primera.
(Yes, Sir. You have to turn to the left on First Street.)
SI/ se-**NYOR**/ us-**TED TIE**-ne **KE** do-**BLAR** a la is-**KIER**-da en la **KA**-ye pri-**ME**-ra

Ud.: ¿El Restaurante Pueblo Viejo está por la Calle Primera?
(The Old Town Restaurant is along First Street?)
el rres-tau-**RAN**-te **PWE**-blo **BIE**-ho e-**STA POR** la **KA**-ye pri-**ME**-ra

Guía: Así es. ¡Buena suerte!
(That's it. Good luck!)
a-**SI ES**/ **BWE**-na **SWER**-te

Example:
¿Dónde está la Calle Primera?

La Calle Primera está a una cuadra hacia el norte de aquí.

Ask your partner where the Old Town Restaurant is. He or she will tell you how to get there from Mariano Maria Lee Avenue.

HERE AT LAST!

You look at the menu and notice lots of appetizing seafood dishes.

Mesero: ¡Buenas tardes! La especial del día hoy es camarones al mojo de ajo. ¿Qué quieren beber?
(Good afternoon! The daily special today is shrimp in garlic sauce. What do you want to drink?)
BWE-nas **TAR**-des/ la es-pe-**SIAL** del **DI**-a **OY ES** ka-ma-**RO**-nes al **MO**-ho de **A**-ho/ **KE KIE**-ren be-**BER**

Ud.: Queremos cuatro margaritas, por favor.
(We want 4 margaritas, please.)
ke-**RE**-mos **KWA**-tro mar-ga-**RI**-tas/ **POR** fa-**BOR**

Mesero: Sí, señor, con mucho gusto. ¿Y para comer?
(Yes, Sir, with pleasure. And to eat?)
SI/ se-**NYOR**/ **KON MU**-cho **GUS**-to/ i **PA**-ra ko-**MER**

Ud.: Queremos cuatro especiales del día, por favor.
(We want 4 daily specials, please.)
ke-**RE**-mos **KWA**-tro es-pe-**SIA**-les del **DI**-a/ **POR** fa-**BOR**

Example:

¡Buenas noches! ¿Qué quieren beber?

Queremos cuatro cervezas, por favor.

¿Y para comer?

Queremos cuatro platos combinación, por favor.

Sí, señora, con mucho gusto.

You and your partner were just seated at a table in a restaurant in Algodones. You are looking at the menu and thinking aloud about what you might order.

Think back on **this lesson** and plan a short dialogue with your partner. One of you is the tourist, and the other is the local person. You inquire about a good restaurant and get directions on how to get there. You thank him or her and say goodbye. Be ready to present your dialogue to the class.

Chapter 6 – Going Shopping – Lesson 5

WHAT NEXT?

As your friends enjoy their nice lunch at the Old Town Restaurant, they admire the lovely hand-painted artisan pot they purchased. They realize they still need to talk about the sizes of girls' and women's clothing.

Señor: ¿Cómo se dice "size" en español?
(*How do you say size in Spanish?*)
KO-mo **SE DI**-se en es-pa-**NYOL**

Señora: Se dice talla.
(*You say "talla".*)
SE DI-se **TA**-ya

Señor: ¿Qué talla es nuestra nieta?
(*What size is our granddaughter?*)
KE TA-ya **ES NWES**-tra **NIE**-ta

Señora: Ella tiene cuatro años. Es talla seis, porque ella es grande para su edad.
(*She is 4 years old. She is size 6, because she is big for her age.*)
E-ya **TIE**-ne **KWA**-tro **A**-nyos/ **ES TA**-ya **SEIS**/ por-**KE E**-ya **ES GRAN**-de **PA**-ra su e-**DAD**

Señor: Gracias, mi amor. Eres muy inteligente.
(*Thank you, my Love, You are very intelligent.*)
GRA-si-as/ mi a-**MOR**/ **E**-res **MWI** in-te-li-**HEN**-te

Example:

¿Qué talla es nuestra nieta?

Es talla seis.

Ask if your partner likes the red dress for his or her granddaughter. After he or she says yes, ask what size she is. Your partner will say she is size eight.

WHAT SIZE IS SHE?

Now they return to the shop with girls' clothing to ask about sizes.

Señora: Todavía te gusta el vestido rojo para nuestra nieta?
(Do you still like the red dress for our granddaughter?)
to-da-**BI**-a **TE GUS**-ta el bes-**TI**-do **RRO**-ho **PA**-ra **NWES**-tra **NIE**-ta

Señor: Sí, todavía me gusta mucho.
(Yes, I still like it a lot.)
SI/ to-da-**BI**-a **ME GUS**-ta **MU**-cho

Señora: Señorita, queremos el vestido rojo en la talla seis.
(Miss, we want the red dress in size 6.)
se-nyo-**RI**-ta/ ke-**RE**-mos el bes-**TI**-do **RRO**-ho en la **TA**-ya **SEIS**

Señorita: Lo siento, señora. Ya no tenemos el vestido rojo en la talla seis. ¿Quiere usted otro color?
(I am sorry, Madam. We don't have the red dress in size 6 any more. Do you want another color?)
LO SIEN-to/ se-**NYO**-ra/ **YA NO** te-**NE**-mos el bes-**TI**-do **RRO**-ho en la **TA**-ya **SEIS**/ **KIE**-re us-**TED O**-tro ko-**LOR**

Señora: ¿Tiene usted un vestido azul en la talla seis?
(Do you have a blue dress in size 6?)
TIE-ne us-**TED** un bes-**TI**-do a-**SUL** en la **TA**-ya **SEIS**

Señorita: Sí, señora. ¿Les gusta?
(Yes, Madam. Do you folks like it?)
SI/ se-**NYO**-ra/ **LES GUS**-ta

Señora: Sí, señorita. Nos gusta mucho.
(Yes, Miss. We like it a lot.)
SI/ se-nyo-**RI**-ta/ **NOS GUS**-ta **MU**-cho

Example:

¿Tiene usted el vestido verde en la talla diez?

Lo siento, señora. Ya no lo tenemos

Tell your partner that you are sorry, but you don't have the red dress in size eight any more. Your partner will ask if you want another color.

WHAT SIZE AM I?

Next they return to the shop with women's clothing to ask about sizes.

Señora: ¿Tiene un vestido para mí idéntico a este vestido azul para mi nieta?
(*Do you have a dress for me identical to this blue dress for my granddaughter?*)
TIE-ne un bes-**TI**-do **PA**-ra **MI** i-**DEN**-ti-ko a **E**-ste bes-**TI**-do a-**SUL PA**-ra mi **NIE**-ta

Señorita: Sí, señora. ¿Qué talla es usted?
(*Yes, Madam. What size are you?*)
SI/ se-**NYO**-ra/ **KE TA**-ya **ES** us-**TED**

Señora: En los Estados Unidos soy talla catorce.
(*In the United States I am a size 14.*)
en los e-**STA**-dos u-**NI**-dos **SOY TA**-ya ka-**TOR**-se

Señorita: En México usted es talla treinta y ocho. Aquí está un vestido azul. ¿Le gusta?
(*In Mexico you are size 38. Here is a blue dress. Do you like it?*)
en **ME**-hi-ko us-**TED ES TA**-ya **TREIN**-ta i **O**-cho/ a-**KI** e-**STA** un bes-**TI**-do a-**SUL**/ **LE GUS**-ta

Señora: ¡Sí! señorita. Me gusta mucho.
(*Yes, Miss! I like it a lot.*)
SI/ se-nyo-**RI**-ta/ **ME GUS**-ta **MU**-cho

Example:

En los Estados Unidos soy talla 12.

En México usted es talla 36.

You are going to buy a dress for a friend. Tell the sales person what size she is in the United States, and he or she will tell you what size she is in Mexico.

US	4	6	8	10	12	14	16	18	20
MX	28	30	32	34	36	38	40	42	44

HOW MUCH IS IT?

You take your friends back to bargain for the little blue dress.

Ud.: ¡Mira! amigos. Aquí está un vestido muy bonito para mi nieta.
(Look, my friends! Here is a very pretty dress for my granddaughter.)
MI-ra/ a-**MI**-gos/ a-**KI** e-**STA** un bes-**TI**-do **MWI** bo-**NI**-to **PA**-ra mi **NIE**-ta

Amigos: ¿Cuánto cuesta el vestido?
(How much is the dress?)
KWAN-to **KWES**-ta el bes-**TI**-do

Ud.: Señorita ¿cuánto cuesta el vestido?
(Miss, how much is the dress?)
se-nyo-**RI**-ta/ **KWAN**-to **KWES**-ta el bes-**TI**-do

Señorita: El vestido cuesta veinte dólares.
(The dress is 20 dollars.)
el bes-**TI**-do **KWES**-ta **BEIN**-te **DO**-la-res

Ud.: Solamente tengo diez dólares en mi cartera.
(I only have 10 dollars in my wallet.)
so-la-**MEN**-te **TEN**-go **DIES DO**-la-res en mi kar-**TE**-ra

Señorita: Lo siento. Diez dólares no es posible. Bueno, para usted el precio es quince dólares.
(I am sorry. 10 dollars is not possible. OK, for you the price is 15 dollars.)
LO SIEN-to/ **DIES DO**-la-res **NO ES** po-**SI**-ble/ **BWE**-no/ **PA**-ra us-**TED** el **PRE**-sio **ES KIN**-se **DO**-la-res

Ud.: Está bien. Aquí tiene quince dólares. Quiero comprar el vestido.
(OK. Here you have 15 dollars. I want to buy the dress.)
e-**STA** bi-**EN**/ a-**KI TIE**-ne **KIN**-se **DO**-la-res/ **KIE**-ro kom-**PRAR** el bes-**TI**-do

Example:

¿Cuánto cuesta el pantalón?

El pantalón cuesta veinte dólares.

Now that you have learned how to bargain, try it out on your partner.

Chapter 6 – Going Shopping – Lesson 6

AT THE U.S. CUSTOMS OFFICE

You need to go through the U.S. customs office before you leave Mexico. The customs agent wants to see your passports and what you bought.

Agente: ¿Tiene su pasaporte?
(*Do you have your passport?*)
TIE-ne su pa-sa-POR-te

Ud.: Sí, señor. Aquí está.
(*Yes, Sir. Here it is.*)
SI/ se-NYOR/ a-KI e-STA

Agente: ¿Qué tiene usted de México?
(*What do you have from Mexico?*)
KE TIE-ne us-TED de ME-hi-ko

Ud.: Tengo dos vestidos y una olla de cerámica.
(*I have 2 dresses and a ceramic pot.*)
TEN-go DOS bes-TI-dos/ i U-na O-ya de se-RA-mi-ka

Agente: ¿Cuánto cuestan las cosas de México?
(*How much are the Mexican things?*)
KWAN-to KWES-tan las KO-sas de ME-hi-ko

Ud.: Cuestan cincuenta dólares por los dos vestidos y la olla.
(*They cost 50 dollars for the 2 dresses and the pot.*)
KWES-tan sin-KWEN-ta DO-la-res POR los DOS bes-TI-dos/ i la O-ya

Example:

¿Qué tiene usted de México?

Tengo un pantalón y dos ollas de cerámica.

You are the customs agent who asks the tourist for the passport and how much his or her purchases cost. Your partner answers all your questions.

TAKING THE BUS HOME FROM ALGODONES

Now you and your friend are on your way home from Algodones. You'll need to use the *PRESENT PROGRESSIVE* again to talk about the trip.

Ud.: ¿Te gusta los Algodones?
(Do you like Algodones?)
TE GUS-ta los al-go-**DO**-nes

Juan: ¡Sí! Me gusta mucho la comida del Restaurante Pueblo Viejo.
(Yes! I like the Old Town Restaurant food a lot.)
SI/ ME GUS-ta **MU**-cho la ko-**MI**-da del rres-tau-**RAN**-te **PWE**-blo **BIE**-ho

Ud.: ¿Qué estás mirando en tu bolsa?
(What are you looking at in your bag?)
KE e-**STAS** mi-**RAN**-do en tu **BOL**-sa

Juan: Estoy mirando la olla de la tienda con cosas de cerámica.
(I am looking at the pot from the shop with ceramic things.)
e-**STOY** mi-**RAN**-do la **O**-ya de la **TIEN**-da **KON KO**-sas de se-**RA**-mi-ka

Ud.: ¿Quieres mirar lo que tengo en mi bolsa?
(Do you want to see what I have in my bag?)
KIE-res mi-**RAR LO KE TEN**-go en mi **BOL**-sa

Juan: No, gracias. Estoy muy cansado, y tengo mucho sueño.
(No, thank you. I am very tired, and I am very sleepy.)
NO/ GRA-si-as/ e-**STOY MWI** kan-**SA**-do/ i **TEN**-go **MU**-cho **SWE**-nyo

Example:

¿Qué estás mirando en tu bolsa?

Estoy mirando el pantalón y la camisa.

Ask your partner if he or she likes Algodones. After you find out ask more questions about what is in his or her bags. Be really nosy!

WE'RE ALMOST HOME!

The guide comes by and asks if you would like some coffee and cookies.

Guía: ¿Quiere unas galletas? Son de chocolate, vainilla y coco.
(Do you want some cookies? They are chocolate, vanilla and coconut.)
KIE-re **U**-nas ga-**YE**-tas/ **SON** de cho-ko-**LA**-te/ bai-**NI**-ya/ i **KO**-ko

Ud.: ¡Sí! Tengo hambre. ¿Cuáles son más ricas, las de chocolate o las de vainilla? No me gusta el coco.
(Yes! I am hungry. Which are the yummiest, the chocolate ones or the vanilla ones? I don't like coconut.)
SI/ **TEN**-go **AM**-bre/ **KWA**-les **SON MAS RRI**-kas/ **LAS** de cho-ko-**LA**-te/ o **LAS** de bai-**NI**-ya/ **NO ME GUS**-ta el **KO**-ko

Guía: Me gustan más las de chocolate. ¿Quiere un café?
(I like the chocolate ones the best. Do you want coffee?)
ME GUS-tan **MAS LAS** de cho-ko-**LA**-te/ **KIE**-re un ka-**FE**

Ud.: Sí, por favor. Quiero el café con leche. Es mejor que el café negro.
(Yes, please. I want coffee with milk. It is better than black coffee.)
SI/ **POR** fa-**BOR**/ **KIE**-ro el ka-**FE KON LE**-che/ **ES** me-**HOR KE** el ka-**FE NE**-gro

Example:

Las galletas son de chocolate, vainilla y coco.

Me gustan más las de chocolate.

Ask if your partner would like a cookie. You will learn that he or she does not like coconut.

Plan a short dialogue with your partner. One of you is the guide who offers you chocolate, vanilla and coconut cookies and coffee. The other is the tourist who says what kind of cookies and coffee he or she prefers. Be ready to present your dialogue to the class.

Chapter 6 – Word List

a la derecha (phrase) *a la de-RE-cha* - on the right
a la izquierda (phrase) *a la is-KIER-da* - on the left
abrigo (m) *a-BRI-go* - coat
al fondo (phrase) *al FON-do* - at the back
al mojo de ajo (phrase) *al MO-ho de A-ho* - in a garlic sauce
algodón (m) *al-go-DON* - cotton
así es (phrase) *a-SI ES* - That's right!
autobús (m) *au-to-BUS* - bus
bolsa (f) *BOL-sa* - bag, purse
calle (f) *KA-ye* - street
cartera (f) *kar-TE-ra* - wallet
censo (m) *SEN-so* - census
cerámica (f) *se-RA-mi-ka* - ceramics
cierto/a (adj) *SIER-to/a* - true
coco (m) *KO-ko* - coconut
cosa (f) *KO-sa* - thing
cuadra (f) *KWA-dra* - block
cuánto cuesta (phrase) *KWAN-to KWES-ta* - How much does it cost?
cuero (m) *KWE-ro* - leather
desde (prep) *DES-de* - since, from
edad (f) *e-DAD* - age
entre (prep) *EN-tre* - between, among
estado (m) *es-TA-do* - state
frontera (f) *fron-TE-ra* - border
galleta (f) *ga-YE-ta* - cookie
hacia (prep) *A-sia* - to
idéntico/a (adj) *i-DEN-ti-ko/a* - identical
indio (m) *IN-dio* - American Indian
inteligente (adj) *in-te-li-HEN-te* - intelligent
jabón (m) *ha-BON* - soap
listo/a (adj) *LIS-to/a* - ready
maleta (f) *ma-LE-ta* - suitcase
mapa (m) *MA-pa* - map
margarita (f) *mar-ga-RI-ta* - margarita
me gusta (phrase) *ME GUS-ta* - I like
mejor (adj) *me-HOR* - better
milla (f) *MI-ya* - mile
moderno/a (adj) *mo-DER-no/a* - modern
necesario/a (adj) *ne-se-SA-rio/a* - necessary
norte (m) *NOR-te* - north
número (m) *NU-me-ro* - number
olla (f) *O-ya* - pot
otro/a (adj) *O-tro/a* - another, other
pasaporte (m) *pa-sa-POR-te* - passport

peso (m) *PE-so* - peso
población (f) *po-bla-SION* - population
por la mañana (phrase) *POR la ma-NYA-na* - in the morning
precio (m) *PRE-sio* - price
pueblo (m) *PWE-blo* - town
región (f) *rre-HION* - region
ropa (f) *RRO-pa* - clothing
según (prep) *se-GUN* - according to
siglo (m) *SI-glo* - century
talla (f) *TA-ya* - size
tamaño (m) *ta-ma-NYO* - size
todavía (adv) *to-da-BI-a* - still
tribu (f) *TRI-bu* - tribe
vainilla (f) *bai-NI-ya* - vanilla
vestido (m) *bes-TI-do* - dress
viaje (m) *bi-A-he* - trip

Chapter 7 – Traveling – Lesson 1

WHO SPEAKS SPANISH?

You are traveling to parts of Latin America where Spanish is spoken.

--¿Cómo se dice en español, "Do you speak English?"
 (*How do you say in Spanish, "Do you speak English?"*)
 KO-*mo* SE DI-*se en es-pa-*NYOL

--Se dice ¿"Habla inglés"?
 (*You say, ¿"Habla ingles"?*)
 SE DI-*se/* A-*bla in-*GLES

--¿Dónde se habla el español?
 (*Where is Spanish spoken?*)
 DON-*de* SE A-*bla el es-pa-*NYOL

--Se habla el español en América Central y en el Caribe, en América del Norte, en América del Sur y en España.
 (*Spanish is spoken in Central America and the Caribbean, in North America, in South America and in Spain.*)
 SE A-*bla el es-pa-*NYOL *en a-*ME-*ri-ka sen-*TRAL *i en el ka-*RI-*be/ en a-*ME-*ri-ka del* NOR-*te/ en a-*ME-*ri-ka del* SUR/ *i en es-*PA-*nya*

Example:

¿Habla inglés?

No, señor, no hablo el inglés. Sólo hablo el español.

Your partner is a Spanish speaker. Find out if he or she speaks English.

CENTRAL AMERICA AND THE CARIBBEAN

The Americas were named after the Italian explorer, Amerigo Vespucci, who was thought to have been aboard the ship that discovered that South America extended much further south than previously thought.

--¿Cuáles son los países de América Central?
(*What are the countries of Central America?*)
KWA-les SON los pa-I-ses de a-ME-ri-ka sen-TRAL

--Los países de América Central son Belice, Costa Rica, El Salvador, Guatemala, Honduras, Nicaragua y Panamá.
(*The countries of Central America are Belize, Costa Rica, El Salvador, Guatemala, Honduras, Nicaragua and Panama.*)
los pa-I-ses de a-ME-ri-ka sen-TRAL SON BE-li-se/ kos-ta RRI-ka/ el sal-ba-DOR/ gwa-te-MA-la/ on-DU-ras/ ni-ka-RA-gwa/ i pa-na-MA

--¿Cuáles son los países del Caribe?
(*What are the countries of the Caribbean?*)
KWA-les SON los pa-I-ses del ka-RI-be

--Los países del Caribe son Cuba, Haití, Jamaica, la República Dominicana y Puerto Rico.
(*The countries of the Caribbean are Cuba, Haiti, Jamaica, the Dominican Republic and Puerto Rico.*)
los pa-I-ses del ka-RI-be SON KU-ba/ ai-TI/ ha-MAI-ka/ la rre-PU-bli-ka do-mi-ni-KA-na/ i pwer-to RRI-ko

Example:

¿Cuántos países hay en América Central?

Hay siete países en América Central.

Ask your partner to name the countries in Central America and the Caribbean.

NORTH AMERICA

The continent of North America consists of the United States, Canada and Mexico.

--¿Qué idioma se habla en Canadá?
(*What language is spoken in Canada?*)
*KE i-**DIO**-ma **SE** A-bla en ka-na-**DA***

--Se hablan el inglés y el francés en Canadá.
(*English and French are spoken in Canada.*)
SE** A-blan el in-**GLES**/ i el fran-**SES** en ka-na-**DA

--¿Qué idioma se habla en México?
(*What language is spoken in Mexico?*)
*KE i-**DIO**-ma **SE** A-bla en **ME**-hi-ko*

--Se habla el español en México.
(*Spanish is spoken in Mexico.*)
***SE** A-bla el es-pa-**NYOL** en **ME**-hi-ko*

Example:

¿Cuántos idiomas se hablan en Canadá?

Se hablan dos idiomas en Canadá.

Ask your partner to tell you about the languages that are spoken in Canada and Mexico.

184 Susan Ann Roemer

In 1492 Christopher Columbus sailed for Spain, intending to reach the lucrative spice trade in Asia. Instead he discovered North America.

--¿Cómo se dice, "Christopher Columbus" en español?
(How do you say Christopher Columbus in Spanish?)
KO-mo **SE DI**-se en es-pa-**NYOL**

--Se dice Cristóbal Colón.
(You say, "Cristóbal Colón".)
SE DI-se kris-**TO**-bal ko-**LON**

--¿Qué idiomas se hablan en América del Norte?
(What languages are spoken in North America?)
KE i-**DIO**-mas **SE A**-blan en a-**ME**-ri-ka del **NOR**-te

--Se hablan el inglés, el francés y el español en América del Norte.
(English, French, and Spanish are spoken in North America.)
SE A-blan el in-**GLES**/ el fran-**SES**/ i el es-pa-**NYOL** en a **ME**-ri-ka del **NOR**-te

Example:

¿Qué idiomas se hablan en América del Norte?

Se hablan el inglés, el francés y el español.

Discuss with your partner what languages are spoken in North America.

SOUTH AMERICA

There are twelve countries in South America.

--¿Cuáles son los países de América del Sur?
(What are the countries of South America?)
KWA-les **SON** los pa-**I**-ses de a-**ME**-ri-ka del **SUR**

--Los países de América del Sur son Argentina, Bolivia, Brasil, Chile, Colombia, Ecuador, Guyana, Paraguay, Perú, Surinam, Uruguay y Venezuela.
(The countries of South America are Argentina, Bolivia, Brazil, Chile, Colombia, Ecuador, Guyana, Paraguay, Peru, Suriname, Uruguay and Venezuela.)
los pa-**I**-ses de a-**ME**-ri-ka del **SUR SON** ar-hen-**TI**-na/ bo-**LI**-bia/ bra-**SIL**/ **CHI**-le/ ko-**LOM**-bia/ e-**KWA**-dor/ gi-**A**-na/ pa-ra-**GWAI**/ pe-**RU**/ su-ri-**NAM**/ u-ru-**GWAI**/ i be-ne-**SWE**-la

--¿Qué idiomas se habla en América del Sur?
(What languages are spoken in South America?)
KE i-**DIO**-mas **SE A**-bla en a-**ME**-ri-ka del **SUR**

--En Brasil se habla el portugués, pero en los otros países de América del Sur se habla el español.
(In Brazil Portuguese is spoken, but in the other countries of South America Spanish is spoken.)
en bra-**SIL SE A**-bla el por-tu-**GES**/ **PE**-ro en los **O**-tros pa-**I**-ses de a-**ME**-ri-ka del **SUR SE A**-bla el es-pa-**NYOL**

Example:

¿Cuántos países hay en América del Sur?

Hay doce países en América del Sur.

Name six countries in South America. Ask your partner to name six more.

SPAIN

Spain is one of the most mountainous countries in Europe. It was once a global empire that left a legacy of 500 million Spanish speakers today. Spanish is the world's second-most-spoken first language.

--¿En qué continente está España?
 (*On what continent is Spain?*)
 en **KE** kon-ti-**NEN**-te e-**STA** es-**PA**-nya

--España está en el continente de Europa.
 (*Spain is on the European continent.*)
 es-**PA**-nya e-**STA** en el kon-ti-**NEN**-te de eu-**RO**-pa

--¿Está España en una península?
 (*Is Spain on a peninsula?*)
 e-**STA** es-**PA**-nya en **U**-na pe-**NIN**-su-la

--Sí. España está en la Península Ibérica.
 (*Yes. Spain is on the Iberian Peninsula.*)
 SI/ es-**PA**-nya e-**STA** en la pe-**NIN**-su-la i-**BE**-ri-ka

Example:

¿En qué continente está España?

España está en Europa.

Have a discussion with your partner about Spain. Tell your partner that Spain is in Europe. Your partner will tell you that Spain is on the Iberian Peninsula.

Think back on **this lesson** and plan a short dialogue with your partner. One of you is a geography teacher in a Spanish-speaking country, and the other is a student. Ask and answer questions about Central America and the Caribbean, North America, South America and Spain. Be ready to present your dialogue to the class.

Chapter 7 – Traveling – Lesson 2

WHAT NATIONALITY ARE YOU?

Do you remember that the days of the week and the months of the year begin with a lower-case letter in Spanish? That is also true for the nationalities, but the names of the countries begin with the upper case.

--Felipe es de Canadá. Es canadiense.
   (*Phillip is from Canada. He is Canadian.*)
   fe-LI-pe ES de ka-na-DA/ ES ka-na-DIEN-se

--María es de México. Es mexicana.
   (*Mary is from Mexico. She is Mexican.*)
   ma-RI-a ES de ME-hi-ko/ ES me-hi-KA-na

--Juan es de los Estados Unidos. Es estadounidense.
   (*John is from the United States. He is American.*)
   hu-AN ES de los es-TA-dos u-NI-dos/ ES es-ta-do-u-ni-DEN-se

Example:

Juana es de los Estados Unidos.

Es estadounidense.

Your partner is multinational. He or she has passports from Canada, the United States and Mexico. Describe his or her nationalities.

THE CENTRAL AMERICANS AND THE CARIBBEANS

A group of college students studying Spanish took a tour of Central America. They met families of many nationalities.

--En Belice los padres son beliceños.
 (*In Belize fathers are Belizean.*)
 en **BE**-li-se los **PA**-dres **SON** be-li-**SE**-nyos

--En Costa Rica las madres son costarricenses.
 (*In Costa Rica mothers are Costa Rican.*)
 en kos-ta **RRI**-ka las **MA**-dres **SON** kos-ta-ri-**SEN**-ses

--En El Salvador los niños son salvadoreños.
 (*In El Salvador boys are Salvadoran.*)
 en el sal-ba-**DOR** los **NI**-nyos **SON** sal-ba-dor-**E**-nyos

--En Guatemala las niñas son guatemaltecas.
 (*In Guatemala girls are Guatemalan.*)
 en gwa-te-**MA**-la las **NI**-nyas **SON** gwa-te-mal-**TE**-kas

--En Honduras los abuelos son hondureños.
 (*In Honduras grandfathers are Honduran.*)
 en on-**DU**-ras los a-**BWE**-los **SON** on-du-**RE**-nyos

--En Nicaragua las abuelas son nicaragüenses.
 (*In Nicaragua grandmothers are Nicaraguan.*)
 en ni-ka-**RA**-gwa las a-**BWE**-las **SON** ni-ka-ra-**GWEN**-ses

--En Panamá los nietos son panameños.
 (*In Panama grandchildren are Panamanian.*)
 en pa-na-**MA** los **NIE**-tos **SON** pa-na-**ME**-nyos

Example:
 ¿Cómo se llaman las abuelas de Guatemala?

 En Guatemala las abuelas son guatemaltecas.

 Pick three countries from Central America and ask your partner to tell you their nationalities. Your partner will choose three different countries.

Another group of college students studying Spanish took a tour of Caribbean schools. They met teachers and students of five nationalities.

--En Cuba los estudiantes son cubanos.
(*In Cuba the students are Cuban.*)
en **KU**-ba los es-tu-**DIAN**-tes **SON** ku-**BA**-nos

--En Haití los profesores son haitianos.
(*In Haiti teachers are Haitian.*)
en ai-**TI** los pro-fe-**SO**-res **SON** ai-**TIA**-nos

--En Jamaica los padres de familia son jamaicanos.
(*In Jamaica parents are Jamaican.*)
en ha-**MAI**-ka los **PA**-dres de fa-**MI**-lia de **SON** ha-mai-**KA**-nos

--En la República Dominicana los músicos son dominicanos.
(*In the Dominican Republic musicians are Dominican.*)
en la rre-**PU**-bli-ka do-mi-ni-**KA**-na los **MU**-si-kos **SON** do-mi-ni-**KA**-nos

--En Puerto Rico los atletas son puertorriqueños.
(*In Puerto Rico athletes are Puerto Rican.*)
en pwer-to **RRI**-ko los at-**LE**-tas **SON** pwer-to-rri-**KE**-nyos

Example:

¿Cómo se llaman los estudiantes de la República Dominicana?

En la República Dominicana los estudiantes son dominicanos.

Pick two countries from the Caribbean and ask your partner to tell you their nationalities. Your partner will choose two different countries.

THE NORTH AMERICANS

Three North American students are chatting with their guide on a trip.

Guía: ¿De dónde eres, Felipe?
(Where are you from, Phillip?)
de **DON**-de **E**-res/ fe-**LI**-pe

Felipe: Soy de Canadá. Soy canadiense.
(I am from Canada. I am Canadian.)
SOY de ka-na-**DA**/ **SOY** ka-na-**DIEN**-se

Guía: ¿De dónde eres tú, María?
(Where are you from, Mary?)
de **DON**-de **E**-res **TU**/ ma-**RI**-a

María: Soy de México. Soy mexicana.
(I am from Mexico. I am Mexican.)
SOY de **ME**-hi-ko/ **SOY** me-hi-**KA**-na

Guía: ¿De dónde eres tú, Juan?
(Where are you from, John?)
de **DON**-de **E**-res **TU**/ hu-**AN**

Juan: Soy de los Estados Unidos. Soy estadounidense.
(I am from the United States. I am American.)
SOY de los es-**TA**-dos u-**NI**-dos/ **SOY** es-ta-do-u-ni-**DEN**-se

Example:

¿De dónde eres, María?

Soy de Canadá. Soy canadiense.

Tell your partner you are from one of the countries in North America. Ask where he or she is from.

THE SOUTH AMERICANS

Twelve South American soccer players are chatting before a match.

Daniel: ¿De dónde eres, Marcos?
(Where are you from, Mark?)
de **DON**-de **E**-res/ **MAR**-kos

Marcos: Soy de Argentina. Soy argentino.
(I am from Argentina. I am Argentine.)
SOY de ar-hen-**TI**-na/ **SOY** ar-hen-**TI**-no

Felipe: ¿De dónde son ustedes?
(Where are you guys from?)
de **DON**-de **SON** us-**TE**-des

Alfonso: Somos de Bolivia, de Brasil, de Chile y de Colombia. Somos un boliviano, un brasileño, un chileno y un colombiano.
(We are from Bolivia, Brazil, Chile and Colombia. We are a Bolivian, a Brazilian, a Chilean and a Colombian.)
SOMOS de bo-**LI**-bia/ de bra-**SIL**/ de **CHI**-le/ i de ko-**LOM**-bia/ **SO**-mos un bo-li-**BIA**-no/ un bra-si-**LE**-nyo/ un chi-**LE**-no/ i un ko-lom-**BIA**-no

Fernando: Y tú, Antonio ¿de dónde eres?
(And you, Anthony, where are you from?)
i **TU**/ an-**TO**-nyo/ de **DON**-de **E**-res

Antonio: Soy de Ecuador. Soy ecuatoriano.
(I am from Ecuador. I am Ecuadorian.)
SOY de e-kwa-**DOR**/ **SOY** e-kwa-to-**RIA**-no

Guillermo: ¿De dónde son Juan Carlos, Francisco, Roberto, Eduardo, Julio y tú, Pedro?
(Where are John Carl, Francis, Robert, Edward, Julian and you from, Peter?)
de **DON**-de **SON** hu-**AN KAR**-los/ fran-**SIS**-ko/ rro-**BER**-to/ e-**DWAR**-do/ **HU**-lio/ i **TU**/ **PED**-ro

Pedro: Son de Guyana, de Paraguay, de Perú, de Surinam y de Uruguay. Son un guyanés, un paraguayo, un peruano, un surinamés y un uruguayo. Yo soy de Venezuela. Soy venezolano.
(They are from Guyana, Paraguay, Peru, Suriname and Uruguay. They are a Guyanese, a Paraguayan, a Peruvian, a Surinamese and an Uruguayan. I am from Venezuela. I am Venezuelan.)
SON *de gi-***A***-na/ de pa-ra-***GWAI***/ de pe-***RU***/ de su-ri-***NAM***/ i de u-ru-***GWAI***/* **SON** *un gi-a-***NES***/ un pa-ra-***GWAI***-o/ un pe-***RUA***-no/ un su-ri-na-***MES***/ i un u-ru-***GWAI***-o/* **YO SOY** *de be-ne-***SWE***-la/* **SOY** *be-ne-so-***LA***-no*

Example:

¿De dónde eres, Juan Carlos?

Soy de Paraguay. Soy paraguayo.

Tell your partner you are from one of the countries in South America. Ask where he or she is from.

THE SPANIARDS

The peseta has been replaced by the euro as the currency of Spain since it joined the European Economic Community in 2002.

--Los españoles son miembros de la Comunidad Económica Europea.
(The Spaniards are members of the European Economic Community.)
*los es-pa-**NYO**-les **SON MIEM**-bros de la ko-mu-ni-**DAD** e-ko-**NO**-mi-ka eu-ro-**PEA***

--El euro es la moneda oficial de la eurozona.
(The euro is the official currency of the Eurozone.)
*el **EU**-ro **ES** la mo-**NE**-da o-fi-**SIAL** de la eu-ro-**SO**-na*

--El euro es de uso diario de trescientos treinta millones de europeos.
(The euro is used daily by 330 million Europeans.)
*el **EU**-ro **ES** de **U**-so di-**A**-rio de tre-**SIEN**-tos **TREIN**-ta mi-**YO**-nes de eu-ro-**PE**-os*

--Hay cien céntimos en un euro.
(There are 100 cents in a euro.)
*AI SIEN SEN-ti-mos en un **EU**-ro*

Example:

¿Cuántos céntimos hay en un euro?

Hay cien céntimos en un euro.

Tell your partner about the use of the euro as the official currency of Spain.

Think back on **this lesson** and plan a short dialogue with your partner. One of you is a geography teacher in a Spanish-speaking country, and the other is a student. Ask and answer questions about the nationalities of the Central American, Caribbean, North and South American countries and of Spain. Be ready to present your dialogue to the class.

Chapter 7 – Traveling – Lesson 3

SPANISH ON THE GO

No matter where you travel you need to pack your bags.

Ud.: ¿Cómo se dice "suitcase" en español?
(How do you say suitcase in Spanish?)
KO-mo **SE DI**-se en es-pa-**NYOL**

Amigos: Se dice maleta.
(You say "maleta".)
SE DI-se ma-**LE**-ta

Ud.: Tengo muchas maletas. ¿Cómo se dice "baggage" en español?
(I have a lot of suitcases. How do you say baggage in Spanish?)
TEN-go **MU**-chas ma-**LE**-tas/ **KO**-mo **SE DI**-se en es-pa-**NYOL**.

Amigos: Se dice equipaje.
(You say "equipaje".)
SE DI-se e-ki-**PA**-he

Example:

¿Tienes mucho equipaje?

Sí. Tengo muchas maletas.

Ask if your partner has a lot of suitcases. Your partner will tell you that he or she has a lot of baggage.

AT THE BUS DEPOT

Your guide takes you to the bus depot to buy the tickets for your trip.

Guía: Tienen que comprar sus boletos para el autobús.
(*You have to buy your tickets for the bus.*)
TIE-nen **KE** kom-**PRAR** sus bo-**LE**-tos **PA**-ra el au-to-**BUS**

Ud.: ¿Dónde compramos nuestros boletos?
(*Where do we buy our tickets?*)
DON-de kom-**PRA**-mos **NWES**-tros bo-**LE**-tos

Guía: Tienen que comprar sus boletos en la taquilla.
(*You have to buy your tickets at the ticket window.*)
TIE-nen **KE** kom-**PRAR** sus bo-**LE**-tos en la ta-**KI**-ya

Example:

¿Dónde compramos nuestros boletos para el autobús?

Tienen que comprar sus boletos en la taquilla.

Ask if your partner has a bus ticket. If not, your partner will say he or she has to buy it at the ticket window.

Now you need to know what kind of ticket to ask for.

Ud.: ¿Cómo se dice "round-trip ticket" en español?
(*How do you say round-trip ticket in Spanish?*)
KO-mo **SE DI**-se ~~~~~~~~~~~~~~ en es-pa-**NYOL**

Guía: Se dice boleto de ida y vuelta.
(*You say "boleto de ida y vuelta".*)
SE DI-se bo-**LE**-to de **I**-da/ i **BWEL**-ta

Ud.: ¿Qué quiere decir ida y vuelta en inglés?
(*What does "ida y vuelta" mean in English?*)
KE KIE-re de-**SIR I**-da/ i **BWEL**-ta en in-**GLES**

Guía: Ida quiere decir "going" y vuelta quiere decir "returning".
("Ida" means going and "vuelta" means returning.)
I-da **KIE**-re de-**SIR** / i **BWEL**-ta **KIE**-re de-**SIR**

Ud.: Entonces, un boleto de ida y vuelta quiere decir "a round-trip ticket". ¡Qué interesante! *
(So, a ticket of going and returning means a round trip ticket. How interesting!)
en-**TON**-ses/ un bo-**LE**-to de **I**-da/ i **BWEL**-ta **KIE**-re de-**SIR** /
KE in-te-re-**SAN**-te

*In English we say "coming and going" whereas in Spanish **ida y vuelta** essentially means "going and coming". A cultural difference is reflected in the word order of the phrases.

Example:

Un boleto de ida y vuelta quiere decir "a round-trip ticket".

¡Qué interesante!

Explain to your partner how to say round-trip ticket in Spanish. He or she will say that is interesting.

AT THE TRAIN STATION

You are going to take the train on the next leg of your trip.

Ud.: Ya compramos los boletos en la taquilla. ¿Dónde está el tren?
(We already bought our tickets at the ticket window. Where is the train?)
YA kom-**PRA**-mos los bo-**LE**-tos en la ta-**KI**-ya/ **DON**-de e-**STA** el **TREN**

Guía: El tren está en el andén número catorce.
(The train is on platform number 14.)
el **TREN** e-**STA** en el an-**DEN NU**-me-ro ka-**TOR**-se

Ud.: ¿Hay un coche-comedor en este tren?
(Is there a dining car on this train?)
AI un **KO**-che ko-me-**DOR** en **ES**-te **TREN**

Guía: *Sí. También hay un coche-cama para ustedes.*
(Yes. There is also a sleeping car for you.)
SI/ tam-**BIEN** AI un **KO**-che **KA**-ma **PA**-ra us-**TE**-des

Example:

Tengo hambre. ¿Hay un restaurante en el tren?

Sí. Este tren tiene un coche-comedor.

Ask your partner if there is a dining car on this train. He or she will tell you there is also a sleeping car for you.

AT THE AIRPORT

You need to take a flight to the next city you would like to visit.

Ud.: ¿Dónde está la entrada al aeropuerto?
(Where is the entrance to the airport?)
DON-de e-**STA** la en-**TRA**-da al ae-ro-**PWER**-to

Guía: La entrada al aeropuerto está a la derecha.
(The entrance to the airport is on the right.)
la en-**TRA**-da al ae-ro-**PWER**-to e-**STA** a la de-**RE**-cha

Ud.: ¿Dónde está la salida del aeropuerto?
(Where is the exit from the airport?)
DON-de e-**STA** la sa-**LI**-da del ae-ro-**PWER**-to

Guía: La salida del aeropuerto está a la izquierda.
(The exit from the airport is on the left.)
la sa-**LI**-da del ae-ro-**PWER**-to e-**STA** a la is-**KIER**-da

Example:

La entrada al aeropuerto está a la derecha.

¿Dónde está la salida del aeropuerto?

La salida del aeropuerto está a la izquierda.

Describe to your partner where the entrance and exit to the airport are located.

You know they need to check your ticket and inspect your luggage.

Ud.: ¿En dónde tienen que revisar mi boleto?
(Where do they have to check my ticket?)
en **DON**-de **TIE**-nen **KE** rre-bi-**SAR** mi bo-**LE**-to

Guía: Tienen que revisar su boleto en la taquilla.
(They have to check your ticket at the ticket window.)
TIE-nen **KE** rre-bi-**SAR** su bo-**LE**-to en la ta-**KI**-ya

Ud.: ¿En dónde tienen que revisar mi equipaje?
(Where do they have to check my baggage?)
en **DON**-de **TIE**-nen **KE** rre-bi-**SAR** mi e-ki-**PA**-he

Guía: También tienen que revisar su equipaje en la taquilla.
(They also have to check your baggage at the ticket window.)
tam-**BIEN** **TIE**-nen **KE** rre-bi-**SAR** su e-ki-**PA**-he en la ta-**KI**-ya

Example:

¿En dónde tienen que revisar mi boleto y mi equipaje?

Tienen que revisar su boleto y su equipaje en la taquilla.

Tell your partner where they have to check your ticket and your baggage.

AT THE HOTEL

There are always a few basics you need to know about your hotel room.

--¿Cuánto cuesta una habitación cada día?
 (How much does a room cost each day?)
 KWAN-to **KWES**-ta **U**-na a-bi-ta-**SION** **KA**-da **DI**-a

--¿Tiene usted una habitación con baño privado?
 (Do you have a room with a private bath?)
 TIE-ne us-**TED** **U**-na a-bi-ta-**SION** **KON** **BA**-nyo pri-**BA**-do

--¿Tiene usted una habitación con aire acondicionado?
 (Do you have a room with air conditioning?)
 TIE-ne us-**TED** **U**-na a-bi-ta-**SION** **KON** **AI**-re a-kon-di-sio-**NA**-do

--¿Tiene usted una habitación en la planta baja?
 (Do you have a room on the ground floor?)
 TIE-ne us-**TED** **U**-na a-bi-ta-**SION** en la **PLAN**-ta **BA**-ha

Example:

¿Tiene usted una habitación con baño privado?

Sí, Señor. Su habitación tiene agua caliente también.

Your partner is the desk clerk at your hotel. Ask him or her some key questions about your room.

Now you need to get down to the specifics of your room.

--Queremos una habitación para dos personas.
(*We want a room for 2 people.*)
*ke-**RE**-mos **U**-na a-bi-ta-**SION** **PA**-ra **DOS** per-**SO**-nas*

--Queremos una cama de matrimonio extragrande.
(*We want a king-size bed.*)
*ke-**RE**-mos **U**-na **KA**-ma de mat-ri-**MO**-nio **ES**-tra **GRAN**-de*

--Queremos la llave de nuestra habitación.
(*We want the key to our room.*)
*ke-**RE**-mos la **YA**-be de **NWES**-tra a-bi-ta-**SION***

--Queremos la cuenta, por favor.
(*We want the bill, please.*)
*ke-**RE**-mos la **KWEN**-ta/ **POR** fa-**BOR***

Example:

Quiero una habitación para dos personas.

Sí, señor. Tengo una habitación con una cama de matrimonio extragrande.

You're ready to check out of your hotel so you tell the desk clerk you want the bill.

Think back on **Lessons 1, 2, and 3** and plan a short dialogue with your partner. One of you is a tour guide, and the other is a tourist. Ask and answer questions about traveling in a Spanish-speaking country. Be ready to present your dialogue to the class.

Chapter 7 – Traveling – Lesson 4

WHERE ARE YOU GOING?

You are taking a tour of the most important places in the city.

Guía: ¡Bienvenidos a nuestra ciudad!
(Welcome to our city!)
biem-be-**NI**-dos a **NWES**-tra siu-**DAD**

Ud.: Gracias. ¿A qué lugares vamos hoy?
(Thank you. What places are we going to today?)
GRA-si-as/ a **KE** lu-**GA**-res **BA**-mos **OY**

Guía: Hoy vamos a un paseo por los lugares de interés en nuestra ciudad.
(Today we are going on a sightseeing tour of the places of interest in our city.)
OY BA-mos a un pa-**SEO POR** los lu-**GA**-res de in-te-**RES** en **NWES**-tra siu-**DAD**

Ud.: ¡Vámonos!
(Let's go!)
BA-mo-nos

Example:

¡Bienvenidos a nuestra ciudad!

Gracias.

You are a tour guide, and your partner is a tourist. Welcome your visitor and say you are going to take him or her on a sightseeing tour of the places of interest in your city.

ON A TOUR

You want to know where you are going on your sightseeing tour.

Ud.: ¿A dónde vamos?
(Where are we going?)
a **DON**-de **BA**-mos

Guía: Vamos al centro de la ciudad.
(We are going downtown.)
BA-mos al **SEN**-tro de la siu-**DAD**

Ud.: ¿Qué vamos a ver allí?
(What are we going to see there?)
KE BA-mos a **BER** a-**YI**

Guía: Vamos a ver muchos edificios.
(We are going to see many buildings.)
BA-mos a **BER MU**-chos e-di-**FI**-sios

Example:

¿Qué vamos a ver?

Vamos a ver muchos edificios.

Ask your partner where you are going. He or she will tell you that you are going downtown.

ON THE SUBWAY

Sometimes you need to take the subway or light rail to your destination.

Ud.: ¿Hay una estación del metro cerca de aquí?
(Is there a subway station nearby?)
AI U-na es-ta-SION del ME-tro SER-ka de a-KI

Guía: Sí. Hay una estación del metro a una cuadra del hotel.
(Yes. There is a subway station a block from the hotel.)
SI/ AI U-na es-ta-SION del ME-tro a U-na KWA-dra del o-TEL

Ud.: ¿Tiene usted un mapa del metro en la ciudad?
(Do you have a city subway map?)
TIE-ne us-TED un MA-pa del ME-tro en la siu-DAD

Guía: Sí, señor. Aquí está un mapa del metro en la ciudad.
(Yes, Sir. Here is a city subway map.)
SI/ se-NYOR/ a-KI e-STA un MA-pa del ME-tro en la siu-DAD

Example:

¿Hay una estación del metro cerca de aquí?

Sí. Hay una estación del metro a media cuadra del hotel.

Ask your partner if there is a subway station near the hotel. He or she will give you a city subway map.

Now you need to know which subway line to take to get downtown.

Ud.: ¿Qué línea del metro va al centro de la ciudad?
(Which subway line goes downtown?)
KE LI-nea del ME-tro BA al SEN-tro de la siu-DAD

Guía: La línea roja va al centro de la ciudad.
(The red line goes downtown.)
la LI-nea RRO-ha BA al SEN-tro de la siu-DAD

Ud.: ¿Tiene usted unos boletos para el metro?
(Do you have some tickets for the subway?)
***TIE**-ne us-**TED** **U**-nos bo-**LE**-tos **PA**-ra el **ME**-tro*

Guía: Claro que sí. Aquí los tiene.
(Of course. Here you have them.)
***KLA**-ro **KE SI**/ a-**KI LOS TIE**-ne*

Example:

¿Tiene usted unos boletos para el metro?

No, señor. Usted tiene que comprar los boletos en la estación del metro.

Ask your partner which subway line goes downtown. He or she will tell you it is the blue line.

ON A CRUISE

Many people enjoy taking a cruise to Latin American countries.

Ud.: Voy a un crucero por el océano Atlántico.
(I am going on a cruise in the Atlantic Ocean.)
BOY a un kru-**SE**-ro por el o-**SEA**-no at-**LAN**-ti-ko

Amigo: ¿Qué países vas a visitar?
(What countries are you going to visit?)
KE pa-**I**-ses **BAS** a bi-si-**TAR**

Ud.: Voy a visitar Argentina, Uruguay y Venezuela.
(I am going to visit Argentina, Uruguay and Venezuela.)
BOY a bi-si-**TAR** ar-hen-**TI**-na/ u-ru-**GWAI**/ i be-ne-**SWE**-la

Amigo: ¿Qué puertos vas a visitar?
(What ports are you going to visit?)
KE PWER-tos **BAS** a bi-si-**TAR**

Ud.: Voy a visitar Buenos Aires en Argentina, Montevideo en Uruguay y Caracas en Venezuela.
(I am going to visit Buenos Aires in Argentina, Montevideo in Uruguay and Caracas in Venezuela.)
BOY a bi-si-**TAR BWE**-nos **AI**-res en ar-hen-**TI**-na/mon-te-bi-**DEO** en u-ru-**GWAI**/ i ka-**RA**-kas en be-ne-**SWE**-la

Amigo: ¿No vas a visitar ni Paraguay ni Bolivia?
(You are not going to visit either Paraguay or Bolivia?)
no **BAS** a bi-si-**TAR**/ ni pa-ra-**GWAI**/ ni bo-**LI**-bia

Ud.: No, porque ni Paraguay ni Bolivia tiene un puerto.
(No, because neither Paraguay nor Bolivia has a port.)
no/ por-**KE**/ ni pa-ra-**GWAI**/ ni bo-**LI**-bia **TIE**-ne un **PWER**-to

Example:

¿Qué puertos estás visitando?

Estoy visitando puertos en el océano Atlántico.

Your partner is taking a cruise. Ask why he or she is not visiting either Paraguay or Bolivia. You will learn that they do not have ports.

TO THE ZOO

The grandkids always enjoy going to the zoo with their grandparents.

Nieto: Abuelita, me gusta el zoológico.
(*Grandma, I like the zoo.*)
a-bwe-**LI**-ta/ **ME GUS**-ta el so-**LO**-hi-ko

Ud.: ¡Mira! Allí están las cebras y las jirafas.
(*Look! There are the zebras and the giraffes.*)
MI-ra/ a-**YI** e-**STAN** las **SE**-bras/ i las hi-**RA**-fas

Nieto: Quiero un helado.
(*I want an ice cream.*)
KIE-ro un e-**LA**-do

Ud.: Más tarde. ¡Mira! Allí están los leones. Son muy grandes.
(*Later. Look! There are the lions. They are very big.*)
MAS TAR-de/ **MI**-ra/ a-**YI** e-**STAN** los le-**O**-nes/ **SON MWI GRAN**-des

Nieto: Quiero un refresco.
(*I want a soft drink.*)
KIE-ro un rre-**FRES**-ko

Ud.: Ahorita no. ¡Mira! Allí están los osos. Hay osos cafés, osos negros y osos polares.
(*Not right now. Look! There are the bears. There are brown bears, black bears and polar bears.*)
a-o-**RI**-ta **NO**/ **MI**-ra/ a-**YI** e-**STAN** los **O**-sos/ **AI O**-sos ka-**FES**/ **O**-sos **NE**-gros/ i **O**-sos po-**LA**-res

Example:

Abuelita, quiero un helado.

Ahorita no. ¡Mira! Allí están las cebras y las jirafas.

You are the grandparent interested in showing your grandchild the animals at the zoo. Your partner is the grandchild who seems to be more interested in having an ice cream or a soft drink.

Think back on **this lesson** and plan a short dialogue with your partner. One of you is the tour guide, and the other is the tourist. Ask and answer questions about going on the subway or on a cruise. Be ready to present your dialogue to the class.

Chapter 7 – Traveling – Lesson 5

WHAT DO YOU HAVE TO DO?

There are always errands you have to run no matter where you are.

--Tengo que pasar por el correo.
(*I have to stop by the post office.*)
TEN-go KE pa-SAR POR el ko-RREO

--Tengo que pasar por el banco.
(*I have to stop by the bank.*)
TEN-go KE pa-SAR POR el BAN-ko

--Tengo que pasar por la farmacia.
(*I have to stop by the drugstore.*)
TEN-go KE pa-SAR POR la far-MA-sia

--Tengo que pasar por la agencia de viajes.
(*I have to stop by the travel agency.*)
TEN-go KE pa-SAR POR la a-HEN-sia de bi-A-hes

Example:

¿A dónde vas?

Tengo que pasar por la farmacia.

Ask where your partner is going. You will learn that he or she has to stop by the bank, the drugstore or the travel agency.

RENTING A CAR

You want to rent a car to get around while you are traveling.

Ud.:   Quiero rentar un coche. ¿A dónde voy?
(I want to rent a car. Where do I go?)
KIE-ro rren-**TAR** un **KO**-che/ a **DON**-de **BOY**

Guía: Usted tiene que pasar por una agencia de viajes.
(You have to stop by a travel agency.)
us-**TED TIE**-ne **KE** pa-**SAR POR U**-na a-**HEN**-sia de bi-**A**-hes

Ud.:   ¿En dónde está una agencia de viajes?
(Where is a travel agency?)
en **DON**-de e-**STA U**-na a-**HEN**-sia de bi-**A**-hes

Guía: Hay una agencia de viajes en su hotel.
(There is a travel agency in your hotel.)
AI U-na a-**HEN**-sia de bi-**A**-hes en su o-**TEL**

Example:

¿En dónde está una agencia de viajes?

Hay una agencia de viajes en su hotel.

Your partner would like to rent a car. Say that there is a travel agency in his or her hotel.

GETTING A HAIRCUT

You want to look a little more presentable to your public.

Ud.: ¿En dónde está una peluquería?
(*Where is a barber shop?*)
en **DON**-de e-**STA** **U**-na pe-lu-ke-**RI**-a

Guía: Hay una peluquería en su hotel.
(*There is a barber shop in your hotel.*)
AI U-na pe-lu-ke-**RI**-a en su o-**TEL**

Ud.: ¿A qué hora abre la peluquería?
(*At what time does the barber shop open?*)
a **KE O**-ra **A**-bre la pe-lu-ke-**RI**-a

Guía: La peluquería abre a las nueve de la mañana.
(*The barber shop opens at 9 a.m.*)
la pe-lu-ke-**RI**-a **A**-bre a las **NWE**-be de la ma-**NYA**-na

Ud.: ¿A qué hora cierre la peluquería?
(*At what time does the barber shop close?*)
a **KE O**-ra **SIE**-rre la pe-lu-ke-**RI**-a

Guía: La peluquería cierre a las seis de la tarde.
(*The barber shop closes at 6 p.m.*)
la pe-lu-ke-**RIA SIE**-rre a las **SEIS** de la **TAR**-de

Example:

¿A qué hora abre la peluquería?

Abre a las dos de la tarde.

Ask your partner where there is a barber shop and what time it opens and closes. He or she will give you the appropriate responses.

GOING TO THE BEAUTY SHOP

You know it's time to get a haircut, manicure and pedicure.

Ud.: ¿En dónde está un salón de belleza?
(Where is a beauty shop?)
en **DON**-de e-**STA** un sa-**LON** de be-**YE**-sa

Guía: Hay un salón de belleza en su hotel.
(There is a beauty shop in your hotel.)
AI un sa-**LON** de be-**YE**-sa en su o-**TEL**

Ud.: ¿A qué hora abre el salón de belleza?
(At what time does the beauty shop open?)
a **KE O**-ra **A**-bre el sa-**LON** de be-**YE**-sa

Guía: El salón de belleza abre a las diez de la mañana.
(The beauty shop opens at 10 a.m.)
el sa-**LON** de be-**YE**-sa **A**-bre a las **DIES** de la ma-**NYA**-na

Ud.: ¿A qué hora cierre el salón de belleza?
(At what time does the beauty shop close?)
a **KE O**-ra **SIE**-rre el sa-**LON** de be-**YE**-sa

Guía: El salón de belleza cierre a las ocho de la noche.
(The beauty shop closes at 8 p.m.)
el sa-**LON** de be-**YE**-sa **SIE**-rre a las **O**-cho de la **NO**-che

Example:

¿A qué hora cierre el salón de belleza?

Cierre a las seis de la tarde.

Ask your partner where there is a beauty shop and what time it opens and closes. He or she will give you the appropriate responses.

Think back on **this chapter** and plan a short dialogue with your partner. One of you is a tour guide, and the other is a tourist. You are on a tour of some Spanish-speaking countries in Central America and the Caribbean, North America and South America. Be ready to tell the class where your trip will take you and some errands you have to run today. Be ready to present your dialogue to the class.

THE VERBS IR *AND* IRSE

The verb **IR** means "to go" in English. The verb **IRSE** means "to go away".

	IR (IR)	IRSE (IR-se)
yo (I) YO	voy a (I am going to) BOY A	me voy de (I am going away from) ME BOY de
tú (You to family and friends) TU	vas a (You are going to) BAS a	te vas de (You are going away from) TE BAS de
él, ella, usted (He, she, you to acquaintances) EL/ E-ya/ us-TED	va a (He, she is going to, You are going to) BA a	se va de (He, she is going away from, You are going away from) SE BA de
nosotros, nosotras (We masculine or mixed gender, We feminine) no-SO-tros/ no-SO-tras	vamos a (We are going to) BA-mos a	nos vamos de (We are going away from) NOS BA-mos de
ellos, ellas, ustedes (They masculine or mixed gender, They feminine, You plural to family, friends and acquaintances) E-yos/ E-yas/ us-TE-des	van a (They are going to) (You are going to) BAN a	se van de (They are going away from) (You are going away from) SE BAN de

Voy a _____
Vas a _____
Va a _____
Vamos a _____
Van a _____

Me voy de _____
Te vas de _____
Se va de _____
Nos vamos de _____
Se van de _____

APPLICATIONS OF THE VERBS IR AND IRSE

> Ir a caballo *(To ride horseback)* **IR** *a ka-***BA***-yo*
> Ir a pie *(To go on foot)* **IR** *a* **PIE**
> Ir de brazo *(To walk arm in arm)* **IR** *de* **BRA**-*so*
> Ir de compras *(To go shopping)* **IR** *de* **KOM**-*pras*
> ¿Cómo te va? (*How's it going? - informal*) **KO**-*mo* **TE BA**
> ¿Cómo le va? (*How's it going? - formal*) **KO**-*mo* **LE BA**
> ¡Vámonos *(Let's go!)* **BA**-*mo-nos*
> ¡Vete! **(***Go away! - informal*) **BE**-*te*
> ¡Váyase! **(***Go away! - formal*) **BA**-*ya-se*
> Vaya con Dios. (*Go with God.*) **BA**-*ya* **KON DIOS**

Make up a sentence to tell the class using each of the following forms of **IR**.

Ir a caballo
   Voy _____
   Vas _____
   Va _____
   Vamos _____
   Van _____

Ir a pie
   Voy _____
   Vas _____
   Va _____
   Vamos _____
   Van _____

Ir de brazo
   Voy _____
   Vas _____
   Va _____
   Vamos _____
   Van _____

Ir de compras
   Voy _____
   Vas _____
   Va _____
   Vamos _____
   Van _____

A REVIEW OF THE VERBS **IR** *AND* **IRSE**

The verb **IR** means "to go" in English. **IR + A** means "to go to."
The verb **IR + A +** an **INFINITIVE** is often used to express the future in Spanish.
The verb **IRSE + DE** means "to go away from".

Voy a Canadá.
(I am going to Canada.)
Vas a Canadá.
(You are going to Canada.) to a friend, relative or family member.
Va a Canadá.
(He or she is going to Canada.)
Vamos a Canadá.
(We are going to Canada.)
Van a Canadá.
(They are going to Canada.)

Voy a visitar el Caribe.
(I am going to visit the Caribbean.)
Vas a visitar el Caribe.
(You are going to visit the Caribbean.) to a friend, relative or family member.
Va a visitar el Caribe.
(He or she is going to visit the Caribbean.)
Vamos a visitar el Caribe.
(We are going to visit the Caribbean.)
Van a visitar el Caribe.
(They are going to visit the Caribbean.)

Me voy de la casa.
(I am leaving the house.)
Te vas de la casa.
(You are leaving the house.) to a friend, relative or family member.
Se va de la casa.
(He or she is leaving the house.)
Nos vamos de la casa.
(We are leaving the house.)
Se van de la casa.
(They are leaving the house.)

Chapter 7 – Traveling – Lesson 6

HOW'S THE WEATHER?

The weather is important, especially when we're traveling.

Ud.: Tengo que mirar algo en la computadora.
(I have to look at something on the computer.)
TEN-go **KE** mi-**RAR AL**-go en la com-pu-ta-**DO**-ra

Amigo: ¿Qué quieres mirar?
(What do you want to look at?)
KE KIE-res mi-**RAR**

Ud.: Quiero mirar el tiempo hoy.
(I want to look at the weather today.)
KIE-ro mi-**RAR** el **TIEM**-po **OY**

Amigo: Queremos buen tiempo. ¡No queremos mal tiempo!
(We want nice weather. We do not want bad weather.)
ke-**RE**-mos **BWEN TIEM**-po/ **NO** ke-**RE**-mos **MAL TIEM**-po

Example:

¿Qué quieres mirar en la computadora?

Quiero mirar el tiempo hoy.

Your partner is looking up something on the computer. Ask what he or she wants to look at. You will learn your partner wants to check on the weather.

IS IT HOT OR COLD OUT?

You need to know how to dress on the first day of your trip.

Ud.: Quiero mi chaqueta de cuero.
(*I want my leather jacket.*)
KIE-ro mi cha-KE-ta de KWE-ro

Amigo: ¿Qué tiempo hace?
(*What is the weather like?*)
KE TIEM-po A-se

Ud.: ¡Hace mucho frío hoy!
(*It is really cold out today!*)
A-se MU-cho FRI-o OY

Example:

¿Hace buen tiempo hoy?

No. ¡Hace mucho frío hoy!

Your partner says he or she wants a leather jacket. When you ask what the weather is like, your partner says it is really cold.

You wonder what the weather will be like on the next day of your trip.

Ud.: Estoy mirando el tiempo en la computadora otra vez.
(*I am looking at the weather on the computer again.*)
e-STOY mi-RAN-do el TIEM-po en la com-pu-ta-DO-ra O-tra BES

Amigo: ¿Qué tiempo hace hoy?
(*What is the weather like today?*)
KE TIEM-po A-se OY

Ud.: No hace mucho frío hoy. Hace buen tiempo.
(*It is not cold out today. The weather is nice.*)
NO A-se MU-cho FRI-o OY/ A-se BWEN TIEM-po

Amigo: ¡Qué bueno! No hace ni mucho frío ni mucho calor.
(How nice! It is neither cold nor hot out.)
KE BWE-no/ **NO A**-se **NI MU**-cho **FRI**-o **NI MU**-cho ka-**LOR**

Example:

¿Qué tiempo hace hoy?

No hace mucho frío.

Your partner is checking on the weather on the computer again. After you ask what the weather is like today, he or she says it is nice out.

IS IT RAINING OR SNOWING ?

It's the third day of your trip, and the weather is changing.

Ud.: Hace mal tiempo hoy.
(The weather is bad today.)
A-se **MAL TIEM**-po **OY**

Amigo: ¿Está lloviendo?
(Is it raining?)
e-**STA** yo-**BIEN**-do

Ud.: No. ¡Está nevando!
(No. It is snowing!)
NO/ e-**STA** ne-**BAN**-do

Amigo: Entonces ¡hace mucho frío!
(So it is really cold out!)
en-**TON**-ses/ **A**-se **MU**-cho **FRI**-o

Example:

Hace mal tiempo hoy.

Sí. ¡Hace mucho frío!

Your partner tells you the weather is bad today. You tell him or her it is very cold out.

You're glad you brought along some cold-weather clothing.

Ud.:	¿Tienes tu bufanda, tu gorra y tus guantes? *(Do you have your scarf, cap and gloves?)* **TIE**-nes tu bu-**FAN**-da/ tu **GO**-rra/ i tus **GWAN**-tes
Amigo:	Sí. Mi bufanda roja, mi gorra café y mis guantes negros están en mi maleta. *(Yes. My red scarf, brown cap and black gloves are in my suitcase.)* **SI**/ mi bu-**FAN**-da **RRO**-ha/ mi **GO**-rra ka-**FE**/ i mis **GWAN**-tes **NE**-gros e-**STAN** en mi ma-**LE**-ta
Ud.:	Tengo mis botas de cuero en mi equipaje. *(I have my leather boots in my luggage.)* **TEN**-go mis **BO**-tas de **KWE**-ro en mi e-ki-**PA**-he
Amigo:	Tengo calcetines gruesos, también. *(I have thick stockings, too.)* **TEN**-go kal-se-**TI**-nes **GRWE**-sos/ tam-**BIEN**
Ud.:	Tienes razón. Es importante tener calor en la cabeza y en los pies. *(You are right. It is important to have a warm head and warm feet.)* **TIE**-nes rra-**SON**/ **ES** im-por-**TAN**-te te-**NER** ka-**LOR** en la ka-**BE**-sa/ i en los **PIES**

Example:

Tengo mi bufanda azul, mi gorra gris y mis guantes verdes.

Es importante tener calor en la cabeza y en los pies.

Your partner says it is cold out today. You mention it is important to keep your head and feet warm.

IS IT WINDY OUT ?

When it's windy out, the wind-chill factor makes it feel even colder.

Amigo: ¿Qué tiempo hace hoy?
(What is the weather like today?)
KE TIEM-po **A**-se **OY**

Ud.: ¡Hace demasiado viento!
(It is too windy out!)
A-se de-ma-**SIA**-do **BIEN**-to

Amigo: ¿Hace mucho frío, también?
(Is it cold out, too?)
A-se **MU**-cho **FRI**-o/ tam-**BIEN**

Ud.: Sí. ¡Hace mal tiempo hoy!
(Yes. The weather is bad today!)
SI/ **A**-se **MAL TIEM**-po **OY**

Example:

¿Qué tiempo hace hoy?

¡Hace mucho viento!

You ask your partner what the weather is like, and your partner says it is really cold and windy.

Chapter 7 – Word List

abuelita (f) *a-bwe-**LI**-ta* - grandma
aeropuerto (m) *ae-ro-**PWER**-to* - airport
agencia de viajes (f) *a-**HEN**-sia de bi-**A**-hes* - travel agency
allí (adv) *a-**YI*** - there
andén (m) *an-**DEN*** - platform
atleta (m) *at-**LE**-ta* - athlete
boleto (m) *bo-**LE**-to* - ticket
boleto de ida y vuelta (m) *bo-**LE**-to de **I**-da y **BWEL**-ta* - round-trip ticket
banco (m) ***BAN**-ko* - bank
cebra (f) ***SE**-bra* - zebra
cerca (prep) ***SER**-ka* - nearby
centro de la ciudad (m) ***SEN**-tro de la siu-**DAD*** - downtown
ciudad (f) *siu-**DAD*** - city
Comunidad Económica Europea (f) *ko-mu-ni-**DAD** e-ko-**NO**-mi-ka eu-ro-**PEA*** - European Economic Community
céntimo (m) ***SEN**-ti-mo* - cent
coche-cama (m) ***KO**-che **KA**-ma* - sleeping car
coche-comedor (m) ***KO**-che ko-me-**DOR*** - dining car
continente (m) *kon-ti-**NEN**-te* - continent
correo (m) *ko-**RREO*** - post office
crucero (m) *kru-**SE**-ro* - cruise
edificio (m) *e-di-**FI**-sio* - building
entrada (f) *en-**TRA**-da* - entrance
equipaje (m) *e-ki-**PA**-he* - luggage
estación (f) *es-ta-**SION*** - station
este/a (adj) ***ES**-te/a* - this
euro (m) ***EU**-ro* - euro
eurozona (f) *eu-ro-**SO**-na* - Eurozone
farmacia (f) *far-**MA**-sia* - drugstore
francés (m) *fran-**SES*** - French
grueso/a (adj) ***GRWE**-so/a* - thick
habitación (f) *a-bi-ta-**SION*** - room
hace buen tiempo (phrase) *A-se **BWEN TIEM**-po* - The weather is nice.
hace calor (phrase) *A-se ka-**LOR*** - It is warm out.
hace frío (phrase) *A-se **FRI**-o* - It is cool out.
hace mal tiempo (phrase) *A-se **MAL TIEM**-po* - The weather is bad.
hace viento (phrase) *A-se **BIEN**-to* - It is windy out.
hotel (m) *o-**TEL*** - hotel
idioma (m) *i-**DIO**-ma* - language
interés (m) *in-te-**RES*** - interest
jirafa (f) ***SE**-bra* - zebra
león (m) *le-**ON*** - lion
línea (f) ***LI**-nea* - line
llave (f) ***YA**-be* - key

lugar (m) *lu-GAR* - place
mal/o/a (adj) *MAL/MA-lo/a* - bad
metro (m) *ME-tro* - subway
miembro (m) *MIEM-bro* - member
millón (m) *mi-YON* - million
moneda (f) *mo-NE-da* - currency
músico (m) *MU-si-ko* - musician
oso (m) *O-so* - bear
oso polar (m) *O-so po-LAR* - polar bear
otra vez (phrase) *O-tra BES* - again
país (m) *pa-IS* - country
pasatiempo (m) *pa-sa-TIEM-po* - hobby
paseo (m) *pa-SEO* - tour
peluquería (f) *pe-lu -ke-RI-a* - barber shop
península (f) *pe-NIN-su-la* - peninsula
Península Ibérica (f) *pe-NIN-su-la i-BE-ri-ka* -Iberian Peninsula
planta baja (f) *PLAN-ta BA-ha* - ground floor
portugués (m) *por-tu-GES* - Portuguese
profesor (m) *pro-fe-SOR* - teacher
puerto (m) *PWER-to* - port
quehacer (m) *ke-a-SER* - chore
¿Qué tiempo hace? (phrase) *KE TIEM-po A-se* - What is the weather like?
revista (f) *rre-BIS-ta* - magazine
salida (f) *sa-LI-da* - exit
salón de belleza (m) *sa-LON de be-YE-sa* - beauty shop
Se habla ___. (phrase) *SE A-bla* - ___ is spoken.
sólo (adv) *SO-lo* - only
taquilla (f) *ta-KI-ya* - ticket window
tiempo (m) *TIEM-po* - weather
tiempo libre (m) *TIEM-po LI-bre* - free time
tren (m) *TREN* - train
viento (m) *BIEN-to* - wind
zoológico (m) *so-LO-hi-ko* - zoo

Chapter 8 – Entertainment – Lesson 1

WHAT'S YOUR HOBBY?

A hobby is a regular activity or interest that a person does for pleasure.

--¿Cómo se dice "a hobby" en español?
 (How do you say a hobby in Spanish?)
 KO-mo **SE DI**-se en es-pa-**NYOL**

--Se dice un pasatiempo.
 (You say "un pasatiempo".)
 SE DI-se un pa-sa-**TIEM**-po

--¿Cuándo se hace un pasatiempo?
 (When do you do a hobby?)
 KWAN-do **SE A**-se un pa-sa-**TIEM**-po

--Se hace un pasatiempo en su tiempo libre.
 (You do a hobby in your free time.)
 SE A-se un pa-sa-**TIEM**-po en su **TIEM**-po **LI**-bre

Example:

¿Cómo se dice "a hobby" en español?

Se dice un pasatiempo.

Ask your partner to tell you when a person does a hobby.

DO YOU LIKE TO COOK?

If you look at cooking as a chore, you will never be a good cook.

--¿Cómo se dice "a chore" en español?
(How do you say a chore in Spanish?)
KO-mo **SE DI**-se en es-pa-**NYOL**

--Se dice un quehacer.
(You say "un quehacer".)
SE DI-se un ke-a-**SER**

--¿Cuándo es cocinar un pasatiempo?
(When is cooking a hobby?)
KWAN-do **ES** ko-si-**NAR** un pa-sa-**TIEM**-po

--Cocinar es un pasatiempo cuando le gusta cocinar.
(Cooking is a hobby when you like to cook.)
ko-si-**NAR ES** un pa-sa-**TIEM**-po **KWAN**-do **LE GUS**-ta ko-si-**NAR**

--¿Cuándo es cocinar un quehacer?
(When is cooking a chore?)
KWAN-do **ES** ko-si-**NAR** un ke-a-**SER**

--Cocinar es un quehacer cuando no le gusta cocinar.
(Cooking is a chore when you do not like to cook.)
ko-si-**NAR ES** un ke-a-**SER KWAN**-do **NO LE GUS**-ta ko-si-**NAR**

Example:

¿Cómo se dice "a chore" en español?

Se dice un quehacer.

Tell your partner if you consider cooking a hobby or a chore.

WHAT ABOUT GARDENING?

Gardening is a relaxing hobby that can be enjoyed by people of any age. Only you can decide if this is the right outdoor recreation for you.

-- ¿Le gusta trabajar en su jardín?
   (Do you like to work in your yard?)
   LE GUS-ta tra-ba-**HAR** en su har-**DIN**

-- ¿Le gusta como se siente la tierra en sus manos?
   (Do you like how the earth feels in your hands?)
   LE GUS-ta **KO**-mo **SE SIEN**-te la **TIE**-rra en sus **MA**-nos

-- ¿Le gustan unos momentos tranquilos?
   (Do you like a few quiet moments?)
   LE GUS-tan **U**-nos mo-**MEN**-tos tran-**KI**-los

-- ¿Le gustan unas flores bonitas en su jardín?
   (Do you like some pretty flowers in your yard?)
   LE GUS-tan **U**-nas **FLO**-res bo-**NI**-tas en su har-**DIN**

-- ¿Le gustan unos vegetales deliciosos de su jardín?
   (Do you like some delicious vegetables from your garden?)
   LE GUS-tan **U**-nos be-he-**TA**-les de-li-si-**O**-sos de su har-**DIN**

Example:

¿Le gusta trabajar en su jardín?

Sí. Me gustan los vegetales deliciosos como la lechuga, las espinacas, el apio y los ejotes.

Tell your partner what you like or do not like about gardening.

Chapter 8   225

IS PLAYING CARDS YOUR THING?

Playing cards are thought to have been invented in ancient India. They were found in China as early as the 9th century.

--¿Cómo se dice "a deck of cards" en español?
(*How do you say a deck of cards in Spanish?*)
KO-mo **SE DI**-se en es-pa-**NYOL**

--Se dice una baraja.
(*You say "una baraja".*)
SE DI-se **U**-na ba-**RA**-ha

--¿Cuántas cartas hay en una baraja?
(*How many cards are there in a deck of cards?*)
KWAN-tas **KAR**-tas **AI** en **U**-na ba-**RA**-ha

--Hay cincuenta y dos cartas en una baraja.
(*There are 52 cards in a deck of cards.*)
AI sin-**KWEN**-ta/ i **DOS KAR**-tas en **U**-na ba-**RA**-ha

Example:

¿Cómo se dice "a deck of cards" en español?

Se dice una baraja.

Tell your partner what a deck of cards is called in Spanish. He or she will tell you how many cards are in a deck.

The 13 cards in each suit represented the 13 months of the lunar year.

-- Hay cuatro palos en una baraja.
(*There are 4 suits in a deck of cards.*)
AI KWA-tro **PA**-los en **U**-na ba-**RA**-ha

-- Los cuatro palos son los bastos, los diamantes, los corazones y las espadas.
(*The four suits are the clubs, diamonds, hearts and spades.*)
los **KWA**-tro **PA**-los **SON** los **BAS**-tos/ los dia-**MAN**-tes/ los ko-ra-**SO**-nes/ i las es-**PA**-das

-- Cada palo tiene trece cartas.
   (*Each suit has 13 cards.*)
   KA-da **PA**-lo **TIE**-ne **TRE**-se **KAR**-tas

-- Entonces, hay cuatro palos de trece cartas en cada baraja.
   (*So, there are 4 suits of 13 cards in each deck of cards.*)
   en-**TON**-ses/ **AI KWA**-tro **PA**-los de **TRE**-se **KAR**-tas en **KA**-da ba-**RA**-ha

-- Cuatro palos de trece cartas son cincuenta y dos cartas en total.
   (*4 suits of 13 cards are 52 cards in all.*)
   KWA-tro **PA**-los de **TRE**-se **KAR**-tas **SON** sin-**KWEN**-ta i **DOS KAR**-tas en to-**TAL**

Example:

¿Por qué hay cincuenta y dos cartas en cada baraja?

Porque cada baraja tiene cuatro palos de trece cartas.

Ask your partner to explain to you why there are fifty two playing cards in a deck.

The United States introduced the joker into the deck of playing cards.

-- Unos juegos de cartas usan un comodín.
   (*Some card games use a joker.*)
   U-nos **HWE**-gos de **KAR**-tas **U**-san un ko-mo-**DIN**

-- El juego de "bridge" no usa un comodín.
   (*The game of bridge does not use a joker.*)
   el **HWE**-go de ▬▬▬ **NO U**-sa un ko-mo-**DIN**

-- ¿Le gusta jugar a las cartas?
   (*Do you like to play cards?*)
   LE GUS-ta hu-**GAR** a las **KAR**-tas

Example:

¿Cómo se dice "joker" en español?

Se dice el comodín.

Ask your partner if he or she likes to play cards. Say whether or not you like to play cards.

DO YOU LIKE TO COLLECT THINGS?

Collecting things is the hobby of acquiring whatever items are of interest to the individual collector.

-- Muchas personas coleccionan cosas por toda la vida.
   (Many people collect things all their life.)
   MU-chas per-SO-nas ko-lek-SIO-nan KO-sas POR TO-da la BI-da

-- A unas personas les gusta coleccionar cosas antiguas.
   (Some people like to collect old things.)
   a U-nas per-SO-nas LES GUS-ta ko-lek-sio-NAR KO-sas an-TI-gwas

-- Las estampillas y las monedas son colecciones populares con la gente.
   (Stamps and coins are popular collections with people.)
   las es-tam-PI-yas/ i las mo-NE-das SON ko-lek-SIO-nes po-pu-LA-res KON la HEN-te

Example:

¿Le gusta coleccionar cosas?

Sí. Me gusta coleccionar monedas.

Ask your partner if he or she likes to collect things. Say whether or not you like to collect something.

Objects found in nature also make good collections.

-- Muchas personas coleccionan cosas naturales.
   (Many people collect natural things.)
   MU-chas per-SO-nas ko-lek-SIO-nan KO-sas na-tu-RA-les

-- Las rocas, las mariposas y las conchas son colecciones populares de la naturaleza.
   (Rocks, butterflies and seashells are popular collections from nature.)
   las RRO-kas/ las ma-ri-PO-sas/ i las KON-chas SON ko-lek-SIO-nes po-pu-LA-res de la na-tu-ra-LE-sa

Example:

¿Les gusta coleccionar cosas de la naturaleza?

No. No nos gusta coleccionar ni rocas ni mariposas ni conchas.

Ask your partner if he or she likes to collect objects found in nature. Say whether or not you like to collect them.

DO YOU ENJOY READING?

A passion for reading often begins when a child is read to at night. Bedtime stories may build a love of literature.

-- ¿Le gusta leer como un pasatiempo?
 (*Do you like reading as a hobby?*)
 LE GUS-ta le-**ER KO**-mo un pa-sa-**TIEM**-po

-- Es necesario leer todos los días.
 (*It is necessary to read every day.*)
 ES ne-se-**SA**-rio le-**ER TO**-dos los **DI**-as

-- Pero leer como un pasatiempo es algo especial.
 (*But reading as a hobby is something special.*)
 PE-ro le-**ER KO**-mo un pa-sa-**TIEM**-po **ES AL**-go es-pe-**SIAL**

-- Leer como un pasatiempo quiere decir leer libros, revistas, cómics, periódicos y el "internet."
 (*Reading as a hobby means reading books, magazines, comic books, newspapers and the Internet.*)
 le-**ER KO**-mo un pa-sa-**TIEM**-po **KIE**-re de-**SIR** le-**ER LI**-bros/ rre-**BIS**-tas/ **KO**-miks/ pe-**RIO**-di-kos/ i el in-ter-**NET**

Example:

¿Le gusta leer como un pasatiempo?

Sí. Me gusta leer libros, revistas, cómics y periódicos.

Ask if your partner likes reading as a hobby. Tell him or her that you like to read magazines and newspapers.

Many people have a favorite author. Others like to read the classics. Some readers like to escape into the world of a book.

-- Hay muchos géneros de libros.
(*There are many genres of books.*)
AI MU-chos HE-ne-ros de LI-bros

-- El género de ficción tiene libros de romance, de ciencia-ficción y de misterio.
(*The genre of fiction has romance, science fiction and mystery books.*)
el HE-ne-ro de fik-SION TIE-ne LI-bros de rro-MAN-se/ de SIEN-sia fik-SION/ i de mis-TE-rio

-- El género de no ficción tiene documentales y libros de biografía y de historia.
(*The genre of nonfiction has documentaries and biography and history books.*)
el HE-ne-ro de NO fik-SION TIE-ne do-ku-men-TA-les/ i LI-bros de bio-gra-FI-a/ i de is-TO-ria

Example:

¿Hay muchos géneros de libros?

Sí. Hay libros de ficción y libros de no ficción.

Tell your partner if you like to read fiction or nonfiction books. Find out what genre of books he or she likes to read.

A person who wants to develop a reading hobby needs to plan a block of time to do nothing but read.

-- Hay que dedicar tiempo al pasatiempo de leer.
(*You need to dedicate time to the hobby of reading.*)
AI KE de-di-KAR TIEM-po al pa-sa-TIEM-po de le-ER

-- Hay que leer en un lugar muy cómodo.
(*You need to read in a very comfortable place.*)
AI KE le-ER en un lu-GAR MWI KO-mo-do

-- Hay que leer libros de géneros diferentes.
(*You need to read books of different genres.*)
AI KE le-ER LI-bros de HE-ne-ros di-fe-REN-tes

Example:
¿Cuándo te gusta leer y dónde te gusta leer?

Hay que leer en un lugar muy cómodo.

Ask your partner when and where he or she likes to read. Tell him or her about your reading preferences.

Think back on **this lesson** and plan a short dialogue with your partner. One of you is the librarian in a Spanish-speaking country, and the other is a reader. Ask and answer questions about the genre of books he or she likes to read. Your partner will fill in the details. Be ready to present your dialogue to the class.

Chapter 8 – Entertainment – Lesson 2

WHAT'S YOUR SPORT?

Most people participate in some kind of sport during their lifetime.

-- Hay deportes que se juega dentro de un edificio.
(There are sports that are played inside a building.).
AI de-**POR**-tes **KE SE HWE**-ga **DEN**-tro de un e-di-**FI**-sio

-- Unos deportes dentro de un edificio son el patinaje sobre hielo, el patinaje sobre ruedas, el boliche y el baile.
(Some sports inside a building are ice skating, roller skating, bowling and dancing.)
U-nos de-**POR**-tes **DEN**-tro de un e-di-**FI**-sio **SON** el pa-ti-**NA**-he **SO**-bre **YE**-lo/ el pa-ti-**NA**-he **SO**-bre **RRWE**-das/ el bo-**LI**-che/ i el **BAI**-le

-- También hay deportes que se juega afuera.
(There are also sports that are played outdoors.)
tam-**BIEN AI** de-**POR**-tes **KE SE HWE**-ga a-**FWE**-ra

-- Unos deportes afuera son el paseo, la pesca, el esquí en agua y el esquí en nieve.
(Some outdoor sports are walking, fishing, water skiing and snow skiing.)
U-nos de-**POR**-tes a-**FWE**-ra **SON** / el pa-**SEO**/ la **PES**-ka/ el es-**KI** en **A**-gwa/ i el es-**KI** en **NIE**-be

Example:

¿Cuáles son unos deportes que se juega afuera?

Son el paseo, la pesca, el esquí en agua y el esquí en nieve.

Tell your partner if you like indoor or outdoor sports. Ask what sports he or she likes to play.

There are physical advantages of playing a sport.

-- Hay muchas ventajas físicas de jugar a un deporte.
(There are lots of physical advantages of playing a sport.)
AI MU-chas ben-**TA**-has **FI**-si-kas de hu-**GAR** a un de-**POR**-te

-- Cuando una persona juega a un deporte su cuerpo es más sano.
   (When a person plays a sport his or her body is healthier.)
   KWAN-do **U**-na per-**SO**-na **HWE**-ga a un de-**POR**-te su **KWER**-po **ES MAS SA**-no

-- Su cuerpo es más fuerte y más rápido y la persona tiene más energía.
   (His or her body is stronger and faster, and the person has more energy.)
   su **KWER**-po **ES MAS FWER**-te/ i **MAS RRA**-pi-do/ i la per-**SO**-na **TIE**-ne **MAS** e-ner-**HI**-a

-- A veces un jugador tiene una vida más larga.
   (Sometimes a player has a longer life.)
   a **BE**-ses el hu-ga-**DOR TIE**-ne **U**-na **BI**-da **MAS LAR**-ga

Example:
¿Qué es una ventaja física de jugar a un deporte?

Su cuerpo es más sano.

Tell your partner a physical advantage of playing a sport. He or she will tell you another advantage.

There are mental advantages of playing a sport.

-- Hay muchas ventajas mentales de jugar a un deporte.
   (There are lots of mental advantages of playing a sport.)
   AI MU-chas ben-**TA**-has men-**TA**-les de hu-**GAR** a un de-**POR**-te

-- Un jugador tiene que aprender las reglas del juego.
   (A player has to learn the rules of the game.)
   un hu-ga-**DOR TIE**-ne **KE** a-pren-**DER** las **RRE**-glas del **HWE**-go

-- A veces una persona que juega a un deporte aprende mejor en la escuela también.
   (Sometimes a person who plays a sport learns better in school, too.)
   a **BE**-ses **U**-na per-**SO**-na **KE HWE**-ga a un de-**POR**-te a-**PREN**-de me-**HOR** en la es-**KWE**-la tam-**BIEN**

-- A veces el jugador tiene menos estrés en su vida.
   (Sometimes the player has less stress in his or her life.)
   a **BE**-ses el hu-ga-**DOR TIE**-ne **ME**-nos es-**TRES** en su **BI**-da

Example:

¿Qué es una ventaja mental de jugar a un deporte?

A veces aprende mejor en la escuela también.

Tell your partner a mental advantage of playing a sport. He or she will tell you another advantage.

DO YOU GOLF?

Golf is a popular sport among both men and women. The modern game of golf is thought to have originated in Scotland in the 15th century.

-- El golf es un deporte que se juega afuera.
(Golf is a sport that is played outdoors.)
*el **GOLF ES** un de-**POR**-te **KE SE HWE**-ga a-**FWE**-ra*

-- Se juega al golf en un campo de golf.
(Golf is played on a golf course.)
SE HWE**-ga al **GOLF** en un **KAM**-po de **GOLF

-- Hay que jugar al golf con un palo de golf y una pelota de golf.
(You need to play golf with a golf club and a golf ball.)
AI KE** hu-**GAR** al **GOLF KON** un **PA**-lo de **GOLF**/ i **U**-na pe-**LO**-ta de **GOLF

-- El golfista tiene que aprender las reglas del juego.
(The golfer has to learn the rules of the game.)
*el gol-**FIS**-ta **TIE**-ne **KE** a-pren-**DER** las **RRE**-glas del **HWE**-go*

Example:

¿Qué necesita el golfista para jugar al golf?

El golfista necesita un palo de golf y una pelota de golf.

Ask your partner what a golfer needs to play golf. He or she will tell you the truth.

Golf is played by hitting a golf ball with a golf club from the tee toward a hole by using a stroke or a succession of strokes.

-- Hay muchas clases de palos de golf.
 (*There are many kinds of golf clubs.*)
 AI MU-chas KLA-ses de PA-los de GOLF

-- Cada clase de palo de golf tiene un propósito diferente.
 (*Every kind of golf club has a different purpose.*)
 KA-da KLA-se de PA-lo de GOLF TIE-ne un pro-PO-si-to di-fe-REN-te

-- Unos campos de golf tienen dieciocho hoyos.
 (*Some golf courses have 18 holes.*)
 U-nos KAM-pos de GOLF TIE-nen dies-i-O-cho O-yos

-- Otros campos de golf tienen solamente nueve hoyos.
 (*Other golf courses have only 9 holes.*)
 O-tros KAM-pos de GOLF TIE-nen so-lu-MEN-te NWE-be O-yos

Example:
 ¿Le gusta un campo de golf con nueve o dieciocho hoyos?

 Me gusta un campo de golf con dieciocho hoyos.

 Ask your partner if he or she likes the nine-hole course or the eighteen-hole golf course. Tell him or her which one you like to play.

The object of the game of golf is to take the fewest number of strokes.

-- El golfista tiene que meter la pelota de golf en un hoyo.
 (*The golfer has to put the golf ball in a hole.*)
 el gol-FIS-ta TIE-ne KE me-TER la pe-LO-ta de GOLF en un O-yo

-- La idea del juego de golf es de meter la pelota en un hoyo con pocos golpes.
 (*The idea of the game of golf is to put the ball in a hole with few strokes.*)
 la i-DEA del HWE-go de GOLF ES de me-TER la pe-LO-ta en un O-yo KON PO-kos GOL-pes

-- Es más difícil meter la pelota en un hoyo cuando hay obstáculos en el campo de golf.
   (*It is more difficult to put the ball in a hole when there are obstacles on the golf course.*)
   ES MAS di-**FI**-sil me-**TER** la pe-**LO**-ta en un **O**-yo **KWAN**-do **AI** obs-**TA**-ku-los en el **KAM**-po de **GOLF**

-- Unos obstáculos son césped largo, arena y agua en el campo de golf.
   (*Some obstacles are long grass, sand and water on the golf course.*)
   U-nos obs-**TA**-ku-los **SON SES**-ped **LAR**-go/ a-**RE**-na/ i **A**-gwa en el **KAM**-po de **GOLF**

Example:
¿Qué es la idea del juego de golf?

Es de meter la pelota en un hoyo con pocos golpes.

Ask your partner to explain the game of golf in his or her best Spanish. Return the favor.

DO YOU PLAY TENNIS?

Tennis is a sport that is usually played between two players or two teams of two players each. The modern game of tennis originated in Birmingham, England in the late 19th century.

-- El tenis es otro deporte que se juega afuera.
   (*Tennis is another sport that is played outdoors.*)
   el **TE**-nis **ES O**-tro de-**POR**-te **KE SE HWE**-ga a-**FWE**-ra

-- Se juega al tenis en una pista de tenis.
   (*Tennis is played on a tennis court.*)
   SE HWE-ga al **TE**-nis en **U**-na **PIS**-ta de **TE**-nis

-- Hay que jugar al tenis con una raqueta de tenis y una pelota de tenis.
   (*It is necessary to play tennis with a tennis racket and a tennis ball.*)
   AI KE hu-**GAR** al **TE**-nis **KON U**-na rra-**KE**-ta de **TE**-nis/ i **U**-na pe-**LO**-ta de **TE**-nis

-- El tenista tiene que aprender las reglas del juego.
   (*The tennis player has to learn the rules of the game.*)
   el te-**NIS**-ta **TIE**-ne **KE** a-pren-**DER** las **RRE**-glas del **HWE**-go

Example:

¿Dónde se juega al tenis?

Se juega al tenis en una pista de tenis.

Ask your partner where he or she plays tennis. Return the favor.

Tennis is played by hitting a tennis ball with a tennis racket from the serving position across the net into the opponent's side of the court.

-- Una raqueta de tenis tiene cuerdas horizontales y verticales.
   (A tennis racket has horizontal and vertical strings.)
   U-na rra-**KE**-ta de **TE**-nis **TIE**-ne **KWER**-das o-ri-son-**TA**-les/ i ber-ti-**KA**-les

-- Una pelota de tenis está hecha de hule y cubierta de tela amarilla.
   (A tennis ball is made of rubber and covered with yellow cloth.)
   U-na pe-**LO**-ta de **TE**-nis e-**STA** **E**-cha de **U**-le/ i ku-**BIER**-ta de **TE**-la a-ma-**RI**-ya

-- Una pista de tenis es rectangular y plana.
   (A tennis court is rectangular and flat.)
   U-na **PIS**-ta de **TE**-nis **ES** rrek-tan-gu-**LAR**/ i **PLA**-na

Example:

¿Cómo es una raqueta de tenis?

Una raqueta de tenis tiene cuerdas horizontales y verticales.

Ask your partner to describe a tennis racket. Return the favor.

The object of the game of tennis is to hit the ball so that the opponent is not able to hit a good return.

--Hay una red en medio de la pista de tenis.
   (There is a net in the middle of the tennis court.)
   AI **U**-na **RRED** en **ME**-dio de la **PIS**-ta de **TE**-nis

--El primer tenista tiene que pegar la pelota arriba de la red.
   (The first tennis player has to hit the ball over the net.)
   el pri-**MER** te-**NIS**-ta **TIE**-ne **KE** pe-**GAR** la pe-**LO**-ta a-**RRI**-ba de la **RRED**

-- La pelota tiene que llegar al otro lado de la red.
   (The ball has to get to the other side of the net.)
   la pe-**LO**-ta **TIE**-ne **KE** ye-**GAR** al **O**-tro **LA**-do de la **RRED**

-- El segundo tenista tiene que pegar la pelota arriba de la red otra vez.
   (The second tennis player has to hit the ball over the net again.)
   el se-**GUN**-do te-**NIS**-ta **TIE**-ne **KE** pe-**GAR** la pe-**LO**-ta a-**RRI**-ba de la **RRED O**-tra **BES**

Example:

¿Dónde está la red en una pista de tenis?

La red está en medio de la pista de tenis.

Ask your partner to tell you in Spanish how to play the game of tennis. Return the favor.

DO YOU SWIM?

Swimming is a water-based sport. The swimmer tries to stay horizontal to increase buoyancy and to decrease resistance to the body.

-- La natación es un deporte que se practica en el agua.
   (Swimming is a sport that is practiced in the water.)
   la na-ta-**SION ES** un de-**POR**-te **KE SE** prak-**TI**-ka en el **A**-gwa

-- ¿Cómo se dice "swimming pool" en español?
   (How do you say swimming pool in Spanish?)
   KO-mo **SE DI**-se ~~~~~~~~~ en es-pa-**NYOL**

-- En España se dice la piscina.
   (In Spain you say "la piscina".)
   en es-pa-**NYA SE DI**-se la pi-**SI**-na

-- En México se dice la alberca.
   (In Mexico you say "la alberca".)
   en **ME**-hi-ko **SE DI**-se la al-**BER**-ka

Example:

¿Cómo se dice "swimming pool" en España y en México?

En España se dice la piscina, y en México se dice la alberca.

Tell your partner the word for swimming pool in Spain. Ask your partner to tell you the word for swimming pool in Mexico.

Swimming was part of the first modern Olympic Games in 1896 in Athens.

-- Para practicar la natación se necesita un traje de baño, un gorro de natación y unas gafas de natación.
(To practice swimming you need a swimsuit, a swim cap and some swim goggles.)
PA-ra prak-ti-KAR la na-ta-SION SE ne-se-SI-ta un TRA-he de BA-nyo/ un GO-rro de na-ta-SION/ i U-nas GA-fas de na-ta-SION

-- Hay cuatro estilos de nadar: libre, de espalda, de braza y de mariposa.
(There are 4 swimming styles: the freestyle, backstroke, breaststroke and butterfly.)
AI KWA-tro es-TI-los de na-DAR/ LI-bre/ de es-PAL-da/ de BRA-sa/ i de ma-ri-PO-sa

Example:

Para practicar la natación se necesita tres cosas.

Se necesita un traje de baño, un gorro de natación y unas gafas de natación.

Tell your partner two things you need to practice the sport of swimming. Ask him or her to tell you one more thing you need.

Swimming competition may be held in short-course pools or long-course pools. It may also be held in a lake or in the ocean.

-- La competencia de corta distancia está en una piscina de veinticinco yardas o de veinticinco metros.
(Short-course competition is held in a 25-yard or 25-meter swimming pool.)
la kom-pe-TEN-sia de KOR-ta dis-TAN-sia e-STA en U-na pi-SI-na de bein-ti-SIN-ko YAR-das o de bein-ti-SIN-ko me-TROS

-- La competencia de larga distancia está en una piscina de cincuenta metros.
(Long-course competition is held in a 50-meter swimming pool.)
la kom-pe-TEN-sia de LAR-ga dis-TAN-sia e-STA en U-na pi-SI-na de sin-KWEN-ta me-TROS

-- Hay competencia en agua abierta en un lago o en el océano.
   (There is open-water competition in a lake or in the ocean.)
   AI kom-pe-**TEN**-sia en **A**-gwa a-**BIER**-ta en un **LA**-go o en el o-**SEA**-no

Example:

Hay competencia de agua abierta en un lago.

También hay competencia de agua abierta en el océano.

Ask your partner to describe short-course swimming competition. Tell him or her about long-course swimming competition.

DO YOU PLAY SOFTBALL?

The earliest-known softball game was played in Chicago, Illinois on Thanksgiving Day in 1887.

-- El deporte de "softball" es similar al béisbol.
   (The sport of softball is similar to baseball.)
   el de-**POR**-te de ▬▬ **ES** si-mi-**LAR** al **BEIS**-bol

-- Se juega al "softball" sobre un campo más pequeño que en el béisbol.
   (Softball is played on a smaller field than in baseball.)
   SE HWE-ga al ▬▬ **SO**-bre un **KAM**-po **MAS** pe-**KE**-nyo **KE** en el **BEIS**-bol

-- Se juega con una pelota más grande que en el béisbol.
   (It is played with a larger ball than in baseball.)
   SE HWE-ga **KON U**-na pe-**LO**-ta **MAS GRAN**-de **KE** en el **BEIS**-bol

-- En el "softball" el lanzador no levanta el brazo arriba del hombro para lanzar la pelota como en el béisbol.
   (In softball the pitcher does not lift his or her arm above the shoulder to pitch the ball as in baseball.)
   en el ▬▬ el lan-sa-**DOR NO** le-**BAN**-ta el **BRA**-so a-**RRI**-ba del **OM**-bro **KO**-mo en el **BEIS**-bol

-- En el "softball" el lanzador lanza la pelota con el brazo por debajo del hombro.
   (In softball the pitcher pitches the ball with his or her arm below the shoulder.)
   en el ▬▬ el lan-sa-**DOR** lan-**SA** la pe-**LO**-ta **KON** el **BRA**-so **POR** de-**BA**-ho del **OM**-bro

Example:

"Softball" es similar al béisbol.

Pero la pelota es más grande que en el béisbol.

Tell your partner something that is different between softball and baseball. Ask him or her to tell you another thing that is different.

The object of the game of softball is to score more runs than the other team by batting a ball into play and running around the bases.

-- Hay cuatro bases en el campo de "softball."
(There are 4 bases on a softball field.)
AI KWA-tro BA-ses en el KAM-po de ▬▬▬

-- Hay siete "innings" en un partido de "softball."
(There are 7 innings in a softball game.)
AI SIE-te ▬▬▬ en un par-TI-do de ▬▬▬

-- Hay un primer tiempo y un segundo tiempo en cada "inning."
(There is a first half and a second half in each inning.)
AI un pri-MER TIEM-po/ i un se-GUN-do TIEM-po en KA-da ▬▬▬

Example:

¿Cuántos "innings" hay en un partido de "softball"?

Hay siete "innings" en un partido de "softball.

Tell your partner how many bases there are on a softball field. Ask him or her how many innings there are in a softball game.

The game of softball is played between two teams of nine players each.

-- Hay nueve posiciones en un equipo de "softball."
   (There are 9 positions on a softball team.)
   AI NWE-be po-si-SIO-nes en un e-KI-po de

-- Los fildeadores y el "catcher" son unas posiciones.
   (The fielders and the catcher are some positions.)
   los fil-dea-DO-res/ i el   SON U-nas po-si-SIO-nes

-- El lanzador lanza la pelota.
   (The pitcher pitches the ball.)
   el lan-sa-DOR LAN-sa la pe-LO-ta

-- El bateador batea la pelota.
   (The batter bats the ball.)
   el ba-tea-DOR ba-TEA la pe-LO-ta

Example:

¿Quién lanza la pelota en un partido de "softball"?

El lanzador lanza la pelota.

¿Quién batea la pelota?

El bateador batea la pelota.

Name a position on a softball team in Spanish. Ask your partner to name another position.

Think back on **this lesson** and plan a short dialogue with your partner. One of you is a sports enthusiast who is visiting a Spanish-speaking country. The other is his or her friend who lives in that country. Ask and answer questions about playing the sports of golf, tennis, swimming and softball there.

Chapter 8 – Entertainment – Lesson 3

WOULD YOU RATHER WATCH A SPORTS EVENT?

Sports are an important part of the culture of the United States. The four most popular spectator sports are the ones that developed in North America: American football, baseball, basketball and ice hockey.

-- En muchas escuelas secundarias se juega al fútbol americano, al béisbol, al baloncesto y al hockey sobre hielo.
(In many secondary schools football, baseball, basketball and ice hockey are played.)
en **MU**-chas es-**KWE**-las se-kun-**DA**-rias **SE HWE**-ga al **FUD**-bol a-me-ri-**KA**-no/ al **BEIS**-bol/ al ba-lon-**SES**-to/ i al **HO**-kei **SO**-bre **IE**-lo

-- Se juega al fútbol americano, al béisbol, al baloncesto y al hockey sobre hielo en las universidades, también.
(Football, baseball, basketball and ice hockey are played at the universities, too.)
SE HWE-ga al **FUD**-bol a-me-ri-**KA**-no/ al **BEIS**-bol/ al ba-lon-**SES**-to/ i al **HO**-kei **SO**-bre **IE**-lo en las u-ni-ber-si-**DA**-des/ tam-**BIEN**

-- Millones de personas miran estos deportes en la televisión.
(Millions of people watch these sports on television.)
mi-**YO**-nes de per-**SO**-nas **MI**-ran **ES**-tos de-**POR**-tes en la te-le-bi-**SION**

Example:
¿Se juega al fútbol americano, al béisbol, al baloncesto y al hockey sobre hielo en las escuelas secundarias?

Sí. También se juega a los deportes en las universidades.

Tell your partner if you are one of the millions of people who watch a sport on TV. Ask your partner if he or she watches one of them.

DO YOU LIKE TO WATCH FOOTBALL?

Football is more popular in the United States than soccer. In Europe, Mexico and South America soccer is more popular.

-- ¿Cómo se llama el deporte de "football" en español?
(What is the sport of football called in Spanish?)
KO-mo SE YA-ma el de-POR-te de   en es-pa-NYOL

-- En español "football" es el fútbol americano.
(In Spanish football is "el fútbol americano".)
en es-pa-NYO   ES el FUD-bol a-me-ri-KA-no

-- ¿Cómo se llama el deporte de "soccer" en español?
(What is the sport of soccer called in Spanish?)
KO-mo SE YA-ma el de-POR-te de   en es-pa-NYOL

--En español "soccer" es el fútbol.
(In Spanish soccer is "el fútbol".)
en es-pa-NYOL   ES el FUD-bol

Example:

¿Le gusta mirar el fútbol o el fútbol americano?

Me gusta mirar el fútbol americano.

Ask your partner if he or she likes to watch football or soccer. Your partner will answer you and ask you the same question.

A spectator sport is a sport that is watched in person or on television, listened to on the radio or read about. Football is the favorite spectator sport in the United States. Baseball is second.

-- Muchas veces hay un espectáculo entre el primer tiempo y el segundo tiempo de un partido del fútbol americano.
(Sometimes there is a show between the first half and the second half of a football game.)
MU-chas BE-ses AI un es-pek-TA-ku-lo EN-tre el pri-MER TIEM-po/ i el se-GUN-do TIEM-po de un par-TI-do del FUD-bol a-me-ri-KA-no

-- A veces hay fuegos artificiales durante el espectáculo.
(At times there are fireworks during the show.)
a BE-ses AI FWE-gos ar-ti-fi-SIA-les du-RAN-te el es-pek-TA-ku-lo

-- A muchas personas les gusta el análisis profesional de un partido.
(Many people like the professional analysis of a game.)
a MU-chas per-SO-nas les GUS-ta el a-NA-li-sis pro-fe-sio-NAL de un par-TI-do

Example:

Muchas veces hay un espectáculo entre el primer tiempo y el segundo tiempo.

A veces hay fuegos artificiales también.

Tell your partner if you enjoy watching football. If you like it, give the reason why. Ask your partner if he or she enjoys watching football.

ARE YOU A BASEBALL FAN?

In the United States and Canada professional baseball competition is played between the NL (National League) and the AL (American League). Baseball is known as the national "passtime" of the United States.

-- Hay nueve beisbolistas en un equipo de béisbol.
(There are 9 baseball players on a baseball team.)
AI NWE-be beis-bo-LIS-tas en un e-KI-po de BEIS-bol

-- Hay un lanzador, un "catcher" y siete fildeadores en un equipo.
(There are a pitcher, a catcher and 7 fielders on a team.)
AI un lan-sa-DOR/ un ▬▬▬ / i SIE-te fil-dea-DO-res en un e-KI-po

-- Cada equipo tiene muchos aficionados.
(Each team has lots of fans.)
KA-da e-KI-po TIE-ne MU-chos a-fi-sio-NA-dos

Example:

¿Cuántos beisbolistas hay en cada equipo de béisbol?

Hay nueve beisbolistas en cada equipo de béisbol.

Tell your partner in Spanish what baseball players make up a baseball team.

The aim in baseball is to hit a thrown ball with a bat. After touching a series of four bases, the player scores a run.

-- Hay cuatro bases en un campo de béisbol.
(There are 4 bases on a baseball field.)
AI KWA-tro BA-ses en un KAM-po de BEIS-bol

-- Las cuatro bases son la primera base, la segunda base, la tercera base y la base del bateador.
(The 4 bases are first base, second base, third base and home plate.)
las KWA-tro BA-ses SON la pri-ME-ra BA-se/ la se-GUN-da BA-se/ i la BA-se del ba-tea-DOR

-- El bateador tiene que pegar una pelota de béisbol con un bate.
(The batter has to hit a baseball with a bat.)
*el ba-tea-**DOR** **TIE**-ne **KE** pe-**GAR** **U**-na pe-**LO**-ta de **BEIS**-bol **KON** un **BA**-te*

-- Después de pegar la pelota, el bateador tiene que correr a las bases.
(After hitting the ball, the batter has to run to the bases.)
*des-**PWES** de pe-**GAR** la pe-**LO**-ta/ el ba-tea-**DOR** **TIE**-ne **KE** ko-**RRER** a las **BA**-ses*

Example:

Hay cuatro bases en un campo de béisbol.

Las cuatro bases son la primera base, la segunda base, la tercera base y la base del bateador.

Tell your partner in Spanish what the batter has to do after hitting the ball.

One turn at bat for each team constitutes an inning, and nine innings make a game. The team with the most runs at the end of the game wins.

-- Un equipo batea en el primer tiempo de cada "inning".
(One team bats in the first half of each inning.)
*un e-**KI**-po ba-**TEA** en el pri-**MER** **TIEM**-po de **KE**-da*

-- El otro equipo batea en el segundo tiempo del "inning".
(The other team bats in the second half of the inning.)
*el **O**-tro e-**KI**-po ba-**TEA** en el se-**GUN**-do **TIEM**-po del*

-- Hay nueve "innings" en un partido de béisbol.
(There are 9 innings in a baseball game.)
*AI **NWE**-be en un par-**TI**-do de **BEIS**-bol*

Example:

Hay siete "innings" en un partido de "softball". ¿Cuántos "innings" hay en un partido de béisbol?

Hay nueve "innings" en un partido de béisbol.

Explain to your partner the difference between the number of innings in a softball game and a baseball game. Ask your partner to explain this difference to you.

ARE YOU A BASKETBALL FAN?

In 1891 Canadian American Dr. James Naismith invented the game of "Basket Ball" when he nailed a peach basket to a wall as an indoor activity for his Springfield, Massachusetts physical education students.

-- ¿Cómo se dice "basketball" en español?
（*How do you say basketball in Spanish?*）
KO-mo **SE DI**-se en es-pa-**NYOL**

-- Se dice el baloncesto.
（*You say "el baloncesto".*）
SE DI-se el ba-lon-**SES**-to

-- ¿Qué quiere decir el baloncesto en inglés?
（*What does "el baloncesto" mean in English?*）
KE KIE-re de-**SIR** el ba-lon-**SES**-to en in-**GLES**

-- El balón quiere decir "ball", y el cesto quiere decir "basket".
（*"El balón" means ball, and "el cesto" means basket.*）
el ba-**LON KIE**-re de-**SIR** / i el **SES**-to **KIE**-re de-**SIR**

-- Entonces el cesto y el balón en una palabra quiere decir "basketball". ¡Qué interesante!
（*So basket and ball in one word means basketball. How interesting!*）
en-**TON**-ses el **SES**-to/ i el ba-**LON** en **U**-na pa-**LA**-bra **KIE**-re de-**SIR** / **KE** in-te-re-**SAN**-te

Example:

El cesto y el balón en una palabra quiere decir "basketball".

¡Qué interesante!

Explain to your partner how to say basketball in Spanish. He or she will say that is interesting.

The object of the game of basketball is to shoot a ball through a basket on a marked rectangular court.

-- Hay cinco jugadores en un equipo de baloncesto.
   (There are 5 players on a basketball team.)
   ***AI SIN**-ko hu-ga-**DO**-res en un e-**KI**-po de ba-lon-**SES**-to*

-- Dos equipos juegan en un partido.
   (2 teams play in a game.)
   ***DOS** e-**KI**-pos **HWE**-gan en un par-**TI**-do*

-- En el baloncesto como en el béisbol cada equipo tiene muchos aficionados.
   (In basketball as in baseball each team has lots of fans.)
   *en el ba-lon-**SES**-to **KO**-mo en el **BEIS**-bol **KA**-da e-**KI**-po **TIE**-ne **MU**-chos a-fi-sio-**NA**-dos*

Example:
¿Cuántos jugadores hay en cada equipo de baloncesto?

Hay cinco jugadores en cada equipo de baloncesto.

Tell your partner in Spanish to talk about baseball and basketball fans. Ask him or her to talk about baseball and basketball fans for you.

HOW ABOUT ICE HOCKEY?

Ice hockey is a team sport played on ice. Skaters use hockey sticks to shoot a puck into their opponents' net. Canada is the center of the development of the modern sport of ice hockey.

-- ¿Cómo se dice "ice hockey" en español?
 (*How do you say ice hockey in Spanish?*)
 KO-mo SE DI-se   en es-pa-NYOL

-- Se dice el hockey sobre hielo.
 (*You say "el hockey sobre hielo".*)
 SE DI-se el HO-kei SO-bre IE-lo

-- Se juega al hockey sobre hielo en una pista de patinaje.
 (*Ice hockey is played on a skating rink.*)
 SE HWE-ga al HO-kei SO-bre IE-lo en U-na PIS-ta de pa-ti-NA-he

-- Hay seis jugadores en un equipo del hockey sobre hielo.
 (*There are 6 players on an ice hockey team.*)
 AI SEIS hu-ga-DO-res en un e-KI-po del HO-kei SO-bre IE-lo

-- Los jugadores del hockey sobre hielo tienen que ser buenos patinadores.
 (*Ice hockey players have to be good skaters.*)
 los hu-ga-DO-res del HO-kei SO-bre IE-lo TIE-nen KE SER BWE-nos pa-ti-na-DO-res

Example:

¿Cuántos jugadores hay en cada equipo de hockey sobre hielo?

Hay seis jugadores en cada equipo de hockey sobre hielo.

Ask your partner where ice hockey is played. Tell him or her that ice hockey players have to be good skaters.

It is believed that modern ice hockey is evolved from outdoor stick-and-ball games adapted to the icy conditions of 19th century Canada.

-- Los jugadores de un equipo del hockey sobre hielo quieren meter el disco dentro de la red del otro equipo.
(*The players on one ice hockey team want to put the puck inside the net of the other team.*)
los hu-ga-**DO**-res de un e-**KI**-po del **HO**-kei **SO**-bre **IE**-lo **KIE**-ren me-**TER** el **DIS**-ko **DEN**-tro de la **RRED** del **O**-tro e-**KI**-po

-- El jugador más importante del equipo es el portero.
(*The most important player of the team is the goalie.*)
el hu-ga-**DOR MAS** im-por-**TAN**-te del e-**KI**-po **ES** el por-**TE**-ro

-- El portero tiene que proteger la red de su equipo.
(*The goalie has to protect the net of his team.*)
el por-**TE**-ro **TIE**-ne **KE** pro-te-**HER** la **RRED** de su e-**KI**-po

Example:

¿En dónde quieren los jugadores meter el disco?

Quieren meter el disco dentro de la red del otro equipo.

Tell your partner who is the most important player on an ice hockey team. He or she will tell you about the job of that player.

Ice hockey players skate up and down the ice trying to take the puck and score a goal against the opposing team. Since it is a full-contact sport, protective equipment is necessary.

-- Los jugadores de hockey sobre hielo tienen que patinar con gran rapidez.
(The ice hockey players have to skate very fast.)
*los hu-ga-**DO**-res de **HO**-kei **SO**-bre **IE**-lo **TIE**-nen **KE** pa-ti-**NAR KON GRAN** rra-pi-**DES***

-- En el hockey sobre hielo como en el fútbol americano y en el béisbol, cada jugador tiene un casco.
(In ice hockey as in football and baseball, each player has a helmet.)
*en el **HO**-kei **SO**-bre **IE**-lo **KO**-mo en el **FUD**-bol a-me-ri-**KA**-no/ i en el **BEIS**-bol/ **KA**-da hu-ga-**DOR TIE**-ne un **KAS**-ko*

-- El casco del portero es muy grande porque tiene que proteger su cabeza y su cara.
(The helmet of the goalie is very large because it has to protect his head and his face.)
*el **KAS**-ko del por-**TE**-ro **ES MWI GRAN**-de por-**KE TIE**-ne **KE** pro-te-**HER** su ka-**BE**-sa/ i su **KA**-ra*

Example:

¿Por qué es muy grande el casco del portero?

Porque tiene que proteger su cabeza y su cara también.

Tell your partner two sports where each player needs a helmet. Ask him or her to name one more sport where a player needs a helmet.

Chapter 8 – Entertainment – Lesson 4

MAYBE YOU PREFER THE OUTDOORS

The great outdoors often refers to the natural, physical or material world.

-- Las plantas y los animales están en el mundo de la naturaleza.
  (Plants and animals are in the world of nature.)
  las **PLAN**-tas/ i los a-ni-**MA**-les e-**STAN** en el **MUN**-do de la na-tu-ra-**LE**-sa

-- Muchos seres humanos quieren visitar el mundo de la naturaleza.
  (Many human beings want to visit the world of nature.)
  MU-chos **SE**-res u-**MA**-nos **KIE**-ren bi-si-**TAR** el **MUN**-do de la na-tu-ra-**LE**-sa

-- Hay mucha belleza en el mundo de la naturaleza.
  (There is a lot of beauty in the world of nature.)
  AI MU-cha be-**YE**-sa en el **MUN**-do de la na-tu-ra-**LE**-sa

Example:

¿Por qué muchos seres humanos quieren visitar el mundo de la naturaleza?

Porque hay mucha belleza en el mundo de la naturaleza.

Tell your partner in Spanish why human beings want to visit the natural world. He or she will tell you where to find plants and animals.

The natural environment or wilderness is where wild animals, rocks, forests and beaches have not been changed by human beings.

-- Hay plantas y animales salvajes en los parques nacionales.
  (There are wild plants and animals in the national parks.)
  AI PLAN-tas/ i a-ni-**MA**-les sal-**BA**-hes en los **PAR**-kes na-sio-**NA**-les

-- También hay plantas y animales salvajes en los parques estatales.
  (There are also wild plants and animals in the state parks.)
  tam-**BIEN AI PLAN**-tas/ i a-ni-**MA**-les sal-**BA**-hes en los **PAR**-kes es-ta-**TA**-les

-- Los parques nacionales y estatales son la propiedad de los ciudadanos de los Estados Unidos.
(The national and state parks are the property of the citizens of the United States.)
los **PAR**-kes na-sio-**NA**-les/ i es-ta-**TA**-les **SON** la pro-pie-**DAD** de los siu-da-**DA**-nos de los es-**TA**-dos u-**NI**-dos

Example:

¿Hay plantas y animales salvajes en los parques?

Sí. Hay plantas y animales salvajes en los parques nacionales y estatales.

Tell your partner in Spanish who the national and state parks belong to in the United States. He or she will tell you where to find wild animals. (The answer is not in the zoo!)

HOW ABOUT CAMPING OR RV-ING?

Camping is an outdoor recreational activity. Campers leave their homes in urban areas and enjoy nature while spending time outdoors.

-- Una persona que quiere acampar es un campista.
(A person who wants to camp is a camper.)
U-na per-SO-na KE KIE-re a-kam-PAR ES un kam-PIS-ta

-- El campista va a un campamento para acampar.
(The camper goes to a campground to camp.)
el kam-PIS-ta BA a un kam-pa-MEN-to PA-ra a-kam-PAR

-- El campista monta el campamento con otros campistas.
(The camper sets up camp with other campers.)
el kam-PIS-ta MON-ta el kam-pa-MEN-to KON O-tros kam-PIS-tas

Example:

¿A dónde va un campista para acampar?

Un campista va a un campamento para acampar.

Tell your partner where a camper goes to camp. He or she will tell you who goes along with a camper to set up camp.

A motor home is a more luxurious way to camp. Campers take their homes on wheels with them to the outdoors.

-- Un "motor home" o un "RV" es un casa-coche en español.
(A motor home or an RV is a "casa-coche" in Spanish.)
Un ▬▬▬ o un ▬▬ ES un KA-sa KO-che en es-pa-NYOL

-- Un casa-coche tiene su propia electricidad.
(A motor home has its own electricity.)
un KA-sa KO-che TIE-ne su PRO-pia e-lek-tri-si-DAD

-- Un casa-coche también tiene su propia calefacción y su aire acondicionado.
(A motor home also has its own heating and air conditioning.)
un KA-sa KO-che tam-BIEN TIE-ne su PRO-pia ka-le-fak-SION/ i su AI-re a-kon-di-sio-NA-do

Example:

¿Cómo se dice "a motor home" en español?

"A motor home" es un casa-coche en español.

Tell your partner two things that a motor home has. Ask him or her to name one more thing a motor home has.

GONE FISHING?

Fishing is the activity of trying to catch fish. Fish are normally caught in the wild.

-- En español hay una diferencia entre un pescado y un pez.
(In Spanish there is a difference between a dead fish and a live fish.)
en es-pa-**NYOL AI U**-na di-fe-**REN**-sia **EN**-tre un pes-**KA**-do/ i un **PES**

-- Un pescado ya está en un plato para comer.
(A dead fish is already on a plate to be eaten.)
un pes-**KA**-do **YA** e-**STA** en un **PLA**-to **PA**-ra ko-**MER**

-- Un pez todavía está en un lago, en un río o en el océano.
(A live fish is still in a lake, a river or the ocean.)
un **PES** to-da-**BIA** e-**STA** en un **LA**-go/ en un **RRIO**/ o en el o-**SEA**-no

Example:

¿Qué es la diferencia entre un pescado y un pez?

Un pescado ya está en un plato, y un pez todavía está en el agua.

Explain to your partner the difference between the two words for fish in Spanish. Return the favor.

Just about anything that will stay afloat is defined as a recreational fishing boat as long as the fisher climbs aboard once in awhile with the intent of catching a fish.

-- Hay una gran diferencia entre una barca y un buque.
(There is a big difference between a boat and a ship.)
AI U-na **GRAN** di-fe-**REN**-sia **EN**-tre **U**-na **BAR**-ka/ i un **BU**-ke

-- Una barca es pequeña.
   (*A boat is small.*)
   U-na BAR-ka ES pe-KE-nya

-- Un buque es grande.
   (*A ship is large.*)
   un BU-ke ES GRAN-de

-- Un buque de pasajeros tiene muchas personas.
   (*A passenger ship has a lot of people.*)
   un BU-ke de pa-sa-HE-ros TIE-ne MU-chas per-SO-nas

Example:

Una barca es pequeña.

Un buque es grande.

Tell your partner the word in Spanish for a boat. He or she will tell you the word for a ship.

Just like in football, baseball, basketball and ice hockey, there are rules to be followed in the sport of fishing.

-- No se puede usar una red en el deporte de la pesca.
   (*You can not use a net in the sport of fishing.*)
   NO SE PWE-de U-sar U-na RRED en el de-POR-te de la PES-ka

-- Hay que pescar con una caña.
   (*You need to fish with a fishing pole.*)
   AI KE pes-KAR KON U-na KA-nya

-- Muchas veces hay un límite de la cantidad de peces que se puede llevar a casa.
   (*Many times there is a limit to the quantity of fish that you can take home.*)
   MU-chas BE-ses AI un LI-mi-te de la kan-ti-DAD de PE-ses KE SE PWE-de ye-BAR a KA-sa

Example:

¿Hay un límite de la cantidad de peces que se puede llevar a casa?

Sí. Muchas veces hay un límite.

Talk to your partner about some of the rules for fishing. He or she will tell you some of them, too.

You have your fishing boat, and you know the rules of fishing. What more do you need to in order to go fishing?

-- ¿Tiene su caña?
(Do you have your fishing pole?)
TIE-ne su KA-nya

-- ¿Tiene su cebo y tiene unos gusanos?
(Do you have your bait, and do you have some worms?)
TIE-ne su SE-bol i TIE-ne U-nos gu-SA-nos

-- ¿Tiene mucha paciencia?
(Do you have a lot of patience?)
TIE-ne MU-cha pa-SIEN-sia

Example:

¿Tiene su cebo?

Sí. Son unos gusanos.

Ask your partner if he or she has a fishing pole and bait. You will say you have some worms and a lot of patience.

HIKING IS FUN IN THE SUMMER

Hiking is an outdoor activity which consists of walking in natural environments, often in mountainous or other scenic terrain.

-- Una persona que quiere dar una caminata es un excursionista.
(A person who wants to go on a hike is a hiker.)
*U-na per-**SO**-na **KE KIE**-re **DAR** U-na ka-mi-**NA**-ta **ES** un es-kur-sio-**NIS**-ta*

-- El deporte de dar una caminata se llama el excursionismo.
(The sport of going on a hike is called hiking.)
*el de-**POR**-te de **DAR** U-na ka-mi-**NA**-ta **SE YA**-ma el es-kur-sio-**NIS**-mo*

-- Los excursionistas quieren dar una caminata en la naturaleza.
(Hikers like to hike in nature.)
*los es-kur-sio-**NIS**-tas **KIE**-ren **DAR** U-na ka-mi-**NA**-ta en la na-tu-ra-**LE**-sa*

Example:

¿Cómo se llama una persona que quiere dar una caminata?

Se llama un excursionista.

Explain to your partner where hikers like to go hiking. He or she will do the same for you.

Hikers often walk on marked trails in a regional, state or national park.

-- Hay que llevar botas cómodas en una caminata.
(You need to wear comfortable boots on a hike.)
***AI KE** ye-**BAR BO**-tas **KO**-mo-das en **U**-na ka-mi-**NA**-ta*

-- También, hay que llevar un sombrero, unos lentes de sol y bronceador.
(Also, you need to wear a hat, sunglasses and suntan lotion.)
*tam-**BIEN**/ **AI KE** ye-**BAR** un som-**BRE**-ro/ **U**-nos **LEN**-tes de **SOL**/ i bron-sea-**DOR***

-- Es una buena idea llevar agua y una barra de chocolate.
(It is a good idea to take along water and a chocolate bar.)
***ES U**-na **BWE**-na i-**DEA** ye-**BAR** A-gwa/ i **U**-na **BA**-rra de cho-ko-**LA**-te*

-- No es una mala idea llevar una mochila con otras cosas como una brújula, una linterna y un botiquín de primeros auxilios.
(It is not a bad idea to take along a backpack with other things like a compass, a flashlight and a first aid kit.)
NO ES U-na **MA**-la i-**DEA** ye-**BAR U**-na mo-**CHI**-la **KON O**-tras **KO**-sas **KO**-mo **U**-na **BRU**-hu-la/ **U**-na lin-**TER**-na/ i un bo-ti-**KIN** de pri-**ME**-ros auk-**SI**-lios

Example:

Hay que llevar botas cómodas.

También hay que llevar agua.

Tell your partner four things you need to wear on a hike. See if he or she can come up with four more things you need to take along.

Think back on **this lesson** and plan a short dialogue with your partner. One of you is a writer for a sports magazine who is visiting a Spanish-speaking country. The other is a sports enthusiast who lives in that country. Ask and answer questions about camping, RV-ing, fishing and hiking there.

SKIING IS FUN IN THE WINTER

Skiing is a way of traveling over snow by using skis strapped to one's feet.

-- Esquiar quiere decir bajar una pista de esquí.
   (To ski means to go down a ski slope.)
   *es-ki-**AR** **KIE**-re de-**SIR** ba-**HAR** **U**-na **PIS**-ta de es-**KI***

-- El esquiador o la esquiadora tiene que comprar o rentar el equipo de esquí.
   (The male skier or the female skier has to buy or rent ski equipment.)
   *el es-kia-**DOR** o la es-kia-**DO**-ra **TIE**-ne **KE** kom-**PRAR** o rren-**TAR** el e-**KI**-po de es-**KI***

-- El equipo de esquí tiene que ser los esquís, unas botas y unos palos.
   (Ski equipment has to be skis, boots and poles.)
   *el e-**KI**-po de es-**KI** **TIE**-ne **KE** **SER** los es-**KIS**/ **U**-nas **BO**-tas/ i **U**-nos **PA**-los*

Example:

¿Qué tiene que comprar o rentar el esquiador o la esquiadora?

El equipo de esquí.

Ask your partner to name the equipment a skier needs in order to go skiing. Return the favor.

The skier also needs comfortable, warm ski clothing.

-- El esquiador puede llevar ropa especial de esquí.
   (The skier may wear special ski clothing.)
   *el es-kia-**DOR** **PWE**-de ye-**BAR** **RRO**-pa es-pe-**SIAL** de es-**KI***

-- El esquiador puede llevar una chaqueta y pantalones de esquí.
   (The skier may wear a ski jacket and pants.)
   *el es-kia-**DOR** **PWE**-de ye-**BAR** **U**-na cha-**KE**-ta/ i pan-ta-**LO**-nes de es-**KI***

-- El esquiador también va a querer unos guantes, un gorro y unas gafas de esquí.
   (The skier is also going to want some ski gloves, a hat and goggles.)
   *el es-kia-**DOR** tam-**BIEN** **BA** a ke-**RER** **U**-nos **GWAN**-tes/ un **GO**-rro/ i **U**-nas **GA**-fas de es-**KI***

Example:

¿Qué ropa especial de esquí puede llevar el esquiador?

Una chaqueta y pantalones de esquí.

Ask your partner to name two articles of clothing a skier needs for skiing. He or she will ask you to name two or three more things a skier needs.

Downhill skiing originated in the Alps and is characterized by fixed-heel bindings that attach to the skier's boot at the toes and at the heels. Cross-country skiing began in Scandinavia and uses free-heel bindings that attach at the toes but not at the heels.

-- El esquí cuesta abajo es popular donde hay montañas.
 (Downhill skiing is popular where there are mountains.)
 el es-**KI** **KWES**-ta a-**BA**-ho **ES** po-pu-**LAR** **DON**-de **AI** mon-**TA**-nyas

-- El esquí de fondo es popular donde el terreno es plano.
 (Cross-country skiing is popular where the terrain is flat.)
 el es-**KI** de **FON**-do **ES** po-pu-**LAR** **DON**-de el te-**RRE**-no **ES** **PLA**-no

-- Muchas veces el esquiador nuevo va a querer tomar lecciones de esquí.
 (At times the new skier is going to want to take ski lessons.)
 MU-chas **BE**-ses el es-kia-**DOR** **NWE**-bo **BA** a ke-**RER** to-**MAR** lek-**SIO**-nes de es-**KI**

Example:

¿Qué quiere hacer el esquiador nuevo?

Quiere tomar lecciones de esquí.

Ask your partner what kind of skiing is popular where there are mountains. Tell him or her the kind of skiing that is popular where the terrain is flat.

Chapter 8 – Entertainment – Lesson 5

DO YOU ENJOY TAKING IN A MOVIE?

Movies are one of the most popular art forms in the United States today. A screen writer may take material from a book and make it into a movie. There are many genres of movies.

-- Hay muchos géneros de películas.
   (*There are many genres of movies.*)
   AI MU-chos HE-ne-ros de pe-LI-ku-las

-- El género de ficción tiene películas de romance, de ciencia-ficción y de misterio.
   (*The genre of fiction has romance, science fiction and mystery movies.*)
   el HE-ne-ro de fik-SION TIE-ne pe-LI-ku-las de rro-MAN-se/ de SIEN-sia fik-SION/ i de mis-TE-rio

-- El género de no ficción tiene películas de biografía y de historia y documentales.
   (*The genre of nonfiction has biography and history movies and documentaries.*)
   el HE-ne-ro de NO fik-SION TIE-ne pe-LI-ku-las de bio-gra-FI-a/ i de is-TO-ria/ i do-ku-men-TA-les

Example:

¿Hay muchos géneros de películas?

Sí. Hay películas de ficción y películas de no ficción.

Tell your partner if you like to go to fiction or nonfiction movies. Find out what genre of movie he or she likes to watch.

HOW ROMANTIC!

The best romantic movies are films about love, loss and forgiveness.

-- ¡"Estoy muy emocionado"! puede decir un aficionado de películas de romance.
("I am very excited!" a romance movie lover may say.)
e-**STOY MWI** e-mo-sio-**NA**-do/ **PWE**-de de-**SIR** un a-fi-sio-**NA**-do de pe-**LI**-ku-las de rro-**MAN**-se

-- ¡"Estoy muy triste"! puede decir otra aficionada de películas de romance.
("I am very sad!" another romance movie lover may say.)
e-**STOY MWI TRIS**-te/ **PWE**-de de-**SIR O**-tra a-fi-sio-**NA**-da de pe-**LI**-ku-las de rro-**MAN**-se

-- ¡"Estamos deprimidos"! pueden decir otros aficionados de películas de romance.
("We are depressed!" other romance movie lovers may say.)
e-**STA**-mos de-pri-**MI**-dos/ **PWE**-den de-**SIR O**-tros a-fi-sio-**NA**-dos de pe-**LI**-ku-las de rro-**MAN**-se

Example:

¿Les gustan las películas de romance?

Sí. ¡Estamos muy emocionados!

Tell your partner how you feel when you go to romance movies. Find out how he or she feels about them.

IS IT A MYSTERY?

A mystery movie is like a puzzle. You have to put together the pieces in order to develop the whole picture.

-- ¡"Estoy nervioso"! puede decir un aficionado de películas de misterio.
("I am nervous!" a mystery movie lover may say.)
e-STOY ner-BIO-so/ PWE-de de-SIR un a-fi-sio-NA-do de pe-LI-ku-las de mis-TE-rio

-- ¡"Estoy muy sorprendida"! puede decir otra aficionada de películas de misterio.
("I am very surprised!" another mystery movie lover may say.)
e-STOY MWI sor-pren-DI-da/ PWE-de de-SIR O-tra a-fi-sio-NA-da de pe-LI-ku-las de mis-TE-rio

-- ¡"Estamos confundidos"! pueden decir otros aficionados de películas de misterio.
("We are confused!" other mystery movie lovers may say.)
e-STA-mos kon-fun-DI-dos/ PWE-den de-SIR O-tros a-fi-sio-NA-dos de pe-LI-ku-las de mis-TE-rio

Example:

¿Le gustan las películas de misterio?

Sí. ¡Estoy muy sorprendido!

Tell your partner how you feel when you go to mystery movies. Find out how he or she feels about them.

THAT WAS DRAMATIC!

A history movie is based upon real-life events and famous persons.

-- Mirar una película de historia es rápido.
   (Watching a history movie is fast.)
   mi-**RAR U**-na pe-**LI**-ku-la de is-**TO**-ria **ES RRA**-pi-do

-- Leer un libro de historia no es rápido.
   (Reading a history book is not fast.)
   le-**ER** un **LIB**-ro de is-**TO**-ria **NO ES RRA**-pi-do

-- Muchas personas no tienen el tiempo de leer un libro de historia.
   (Many people do not have time to read a history book.)
   MU-chas per-**SO**-nas **NO TIE**-nen el **TIEM**-po de le-**ER** un **LIB**-ro de is-**TO**-ria

-- Sin embargo, ellos tienen el tiempo de mirar una película de historia.
   (Nevertheless, they have the time to watch a history movie.)
   SIN em-**BAR**-go/ **E**-yos **TIE**-nen el **TIEM**-po de mi-**RAR U**-na pe-**LI**-ku-la de is-**TO**-ria

Example:
Tengo el tiempo de mirar una película de historia.

Sin embargo, no tengo el tiempo de leer un libro de historia.

Tell your partner how you feel about watching a history movie. Find out if he or she has time to read a history book.

A history movie can transport its viewers to another time and place.

-- Tenemos una idea de los eventos del pasado en las películas de historia.
   (We have an idea of the events of the past in history movies.)
   te-**NE**-mos **U**-na i-**DEA** de los e-**BEN**-tos del pa-**SA**-do en las pe-**LI**-ku-las de is-**TO**-ria

-- También, tenemos una mejor idea de las personas del pasado.
   (Also, we have a better idea of the people from the past.)
   tam-**BIEN**/ te-**NE**-mos **U**-na me-**HOR** i-**DEA** de las per-**SO**-nas del pa-**SA**-do

-- Miramos otros países y otras culturas.
   (We look at other countries and other cultures.)
   *mi-**RA**-mos **O**-tros pa-**I**-ses/ i **O**-tras kul-**TU**-ras*

Example:

En las películas de historia tenemos una idea de los eventos del pasado.

Tenemos una idea de las personas del pasado también.

Tell your partner if you think that watching a history movie gives you a better idea of the people and events from the past.

Think back on **this lesson** and plan a short dialogue with your partner. One of you is a writer for a movie magazine who is visiting a Spanish-speaking country. The other is a movie buff who lives in that country. Ask and answer questions about romantic, mystery and history movies.

Chapter 8 – Entertainment – Lesson 6

DO YOU ENJOY GOING TO A CONCERT?

A concert is a live performance before an audience.

-- ¿Le gusta ir a un concierto?
(Do you like to go to a concert?)
LE GUS-ta **IR A** un kon-**SIER**-to

-- ¿Le gusta escuchar música?
(Do you like to listen to music?)
LE GUS-ta es-ku-**CHAR MU**-si-ka

-- ¿Qué clase de música le gusta?
(What kind of music do you like?)
KE KLA-se de **MU**-si-ka **LE GUS**-ta

-- ¿Le gusta la música clásica, la jazz, la pop o la "country"?
(Do you like classical, jazz, pop or country music?)
LE GUS-ta **MU**-si-ka **KLA**-si-ka/ la **YAS**/ la **POP**/ o la

Example:

¿Le gusta ir a un concierto?

Sí. Me gusta escuchar música.

Tell your partner what kinds of music you do and do not like. Ask your partner to tell you what kinds of music he or she does and does not like.

CLASSICAL MUSIC

Open yourself up to the music. Feel the emotions and the rhythms. Follow the tunes as they are repeated in different ways.

-- ¿Cómo se siente escuchando la música clásica?
(How do you feel listening to classical music?)
KO-mo **SE SIEN**-te es-ku-**CHAN**-do la **MU**-si-ka **KLA**-si-ka

-- ¿Se siente nervioso, o se siente relajado?
(Do you feel nervous, or do you feel relaxed?)
SE SIEN-te ner-**BIO**-so/ o **SE SIEN**-te rre-la-**HA**-do

-- ¿Le gusta la música clásica, o se siente aburrido?
(Do you like classical music, or do you feel bored?)
LE GUS-ta la **MU**-si-ka **KLA**-si-ka/ o **SE SIEN**-te a-bu-**RRI**-do

Example:

¿Le gusta ir a un concierto de la música clásica?

Sí. Me gusta escuchar la música clásica.

Tell your partner how you feel in a classical music concert. Ask your partner to describe his or her feelings about classical music.

JAZZ MUSIC

Jazz is a musical style that originated at the beginning of the 20th century in black communities in the Southern United States.

--¿Cómo se siente escuchando la música jazz?
 (How do you feel listening to jazz music?)
 KO-mo SE SIEN-te es-ku-CHAN-do la MU-si-ka YAS

-- ¿Se siente emocionado, o se siente tranquilo?
 (Do you feel excited, or do you feel calm?)
 SE SIEN-te e-mo-sio-NA-do/ o SE SIEN-te tran-KI-lo

-- Le gusta la música jazz, o no le gusta?
 (Do you like jazz music, or don't you like it?)
 LE GUS-ta la MU-si-ka YAS/ o NO LE GUS-ta

Example:

¿Le gusta ir a un concierto de la música jazz?

No. No me gusta escuchar la música jazz.

Tell your partner how you feel in a jazz music concert. Ask your partner to describe his or her feelings about jazz music.

POP MUSIC

Pop music is a genre of popular music which originated in its modern form in the 1950s.

-- ¿Cómo se siente escuchando la música pop?
(How do you feel listening to pop music?)
KO-mo SE SIEN-te es-ku-CHAN-do la MU-si-ka POP

-- ¿Se siente feliz, o se siente triste?
(Do you feel happy, or do you feel sad?)
SE SIEN-te fe-LIS/ o SE SIEN-te TRIS-te

-- ¿Está de buen humor, o está de mal humor?
(Are you in a good mood, or are you in a bad mood?)
e-STA de BWEN u-MOR/ o e-STA de MAL u-MOR

Example:

¿Le gusta ir a un concierto de la música pop?

Sí. Me gusta escuchar la música pop.

Tell your partner how you feel in a pop music concert. Ask your partner to describe his or her feelings about pop music.

COUNTRY MUSIC

Country music is a popular American musical style that began in the rural Southern United States in the 1920s.

-- ¿Cómo se siente escuchando la música "country"?
  (How do you feel listening to country music?)
  *KO-mo **SE SIEN**-te es-ku-**CHAN**-do la **MU**-si-ka*

-- ¿Se siente contento, o se siente triste?
  (Do you feel content, or do you feel sad?)
  ***SE SIEN**-te kon-**TEN**-to/ o **SE SIEN**-te **TRIS**-te*

-- ¿Se siente feliz, o se siente deprimido?
  (Do you feel happy, or do you feel depressed?)
  ***SE SIEN**-te fe-**LIS**/ o **SE SIEN**-te de-pri-**MI**-do*

Example:

¿Le gusta ir a un concierto de la música "country"?

No. No me gusta escuchar la música "country".

Tell your partner how you feel in a country music concert. Ask your partner to describe his or her feelings about country music.

Think back on **this lesson** and plan a short dialogue with your partner. One of you is a writer for a music magazine who is visiting a Spanish-speaking country. The other is a music lover who lives in that country. Ask and answer questions about classical, jazz, pop and country music.

Chapter 8 – Word List

a veces (phrase) *a BE-ses* - sometimes
abajo (adv) *a-BA-ho* - below
aficionado (m) *a-fi-sio-NA-do* - fan
afuera (adv) *a-FWE-ra* - outside
aire acondicionado (m) *AI-re a-kon-di-sio-NA-do* - air conditioning
al otro lado (phrase) *al O-tro LA-do* - to the other side
alberca (f) *al-BER-ka* - swimming pool
análisis (m) *a-NA-li-sis* - analysis
animal (m) *a-ni-MAL* - animal
antiguo/a (adj) *an-TI-gwo/a* - old
arena (f) *a-RE-na* - sand
arriba (adv) *a-RRI-ba* - above
baile (m) *BAI-le* - dancing
balón (m) *ba-LON* - ball
baloncesto (m) *ba-lon-SES-to* - basketball
baraja (f) *ba-RA-ha* - deck of cards
barca (f) *BAR-ka* - boat
barra de chocolate (f) *BA-rra de cho-ko-LA-te* - chocolate bar
base (f) *BA-se* - base
base del bateador (f) *BA-se del ba-tea-DOR* - home plate
basto (m) *BAS-to* - club
bate (m) *BA-te* - bat
bateador (m) *ba-tea-DOR* - batter
béisbol (m) *BEIS-bol* - baseball
beisbolista (m) *beis-bo-LIS-ta* - baseball player
biografía (f) *bio-gra-FI-a* - biography
boliche (m) *bo-LI-che* - bowling
botiquín de primeros auxilios (m) *bo-ti-KIN de pri-ME-ros auk-SI-lios* – first aid kit
bronceador (m) *bron-sea-DOR* - suntan lotion
brújula (f) *BRU-hu-la* - compass
buena idea (phrase) *BWE-na i-DEA* - good idea
buque (m) *BU-ke* - ship
buque de pasajeros (m) *BU-ke de pa-sa-HE-ros* - passenger ship
calefacción (f) *ka-le-fak-SION* - heating
caminata (f) *ka-mi-NA-ta* - long walk
campamento (m) *kam-pa-MEN-to* - campground
campista (m) *kam-PIS-ta* - camper
campo de golf (m) *KAM-po de GOLF* - golf course
caña (f) *KA-nya* - fishing rod
cantidad (f) *kan-ti-DAD* - quantity
carta (f) *KAR-ta* - card
casco (m) *KAS-ko* - helmet
cebo (m) *SE-bo* - bait
césped (m) *SES-ped* - grass

cesto (m) *SES-to* - basket
chaqueta de esquí (f) *cha-KE-ta de es-KI* - ski jacket
ciencia-ficción (f) *SIEN-sia fik-SION* - science fiction
ciudadano (m) *siu-da-DA-no* - citizen
clásico/a (adj) *KLA-si-ko/a* - classical
colección (f) *ko-lek-SION* - collection
cómic (m) *KO-mic* - comic book
comodín (m) *ko-mo-DIN* - joker
competencia de corta distancia (f) *kom-pe-TEN-sia de KOR-ta dis-TAN-sia* - short-course competition
competencia de larga distancia (f) *kom-pe-TEN-sia de LAR-ga dis-TAN-sia* -long-course competition
competencia en agua abierta (f) *kom-pe-TEN-sia en A-gwa a-BIER-ta* - open-water competition
con gran rapidez (phrase) *KON GRAN rra-pi-DES* - very fast
concha (f) *KON-cha* - seashell
concierto (m) *kon-SIER-to* - concert
confundido/a (adj) *kon-fun-DI-do/a* - confused
corazón (m) *ko-ra-SON* - heart
cubierto/a (adj) *ku-BIER-to/a* - covered
cuerda (f) *KWER-da* - string
cultura (f) *kul-TU-ra* - culture
dar una caminata (phrase) *DAR U-na ka-mi-NA-ta* - hike
dentro (adv) *DEN-tro* - inside
deporte (m) *de-POR-te* - sport
diamante (m) *dia-MAN-te* - diamond
diferencia (f) *di-fe-REN-sia* - difference
diferente (adj) *di-fe-REN-te* - different
disco (m) *DIS-ko* - puck (in ice hockey)
documental (m) *do-ku-men-TAL* - documentary
durante (prep) *du-RAN-te* - during
electricidad (f) *e-lek-tri-si-DAD-* electricity
en medio (phrase) *en ME-dio* - in the middle
en total (phrase) *en to-TAL* - in all
energía (f) *e-ner-HI-a* - energy
equipo (m) *e-KI-po* - team
equipo de esquí (m) *e-KI-po de es-KI* - ski equipment
escuela secundaria (m) *es-KWE-la se-kun-DA-ria* - secondary school
estrés (m) *e-STRES* - stress
espada (f) *es-PA-da* - spade
espectáculo (m) *es-pek-TA-ku-lo* - show
esquí (m) *es-KI* - ski
esquí cuesta abajo (m) *es-KI KWES-ta a-BA-ho* - downhill skiing
esquí de fondo (m) *es-KI de FON-do* - cross-country skiing
esquí en agua (m) *es-KI en A-gwa* - water skiing
esquí en nieve (m) *es-KI en NIE-be* - snow skiing

esquiador (m) *es-kia-DOR* - skier
estampilla (f) *es-tam-PI-ya* - stamp
estilo de dorso (m) *es-TI-lo de DOR-so* - backstroke
estilo de mariposa (m) *es-TI-lo de ma-ri-PO-sa* - butterfly stroke
estilo de nadar (m) *es-TI-lo de na-DAR* - swimming stroke
estilo de pecho (m) *es-TI-lo de PE-cho* - breaststroke
estilo libre (m) *es-TI-lo LI-bre* - freestyle
excursionismo (m) *es-kur-sio-NIS-mo* - hiking
excursionista (m) *es-kur-sio-NIS-ta* - hiker
ficción (f) *fik-SION* - fiction
fildeador (m) *ful-dea-DOR* - fielder
físico/a (adj) *FI-si-ko/a* - physical
fuegos artificiales (m) *FWE-gos ar-ti-fi-SIA-les* - fireworks
fuerte (adj) *FWER-te* - strong
fútbol (m) *FUD-bol* - soccer
fútbol americano (m) *FUD-bol a-me-ri-KA-no* - football
gafas de esquí (f) *GA-fas de es-KI* - ski goggles
gafas de natación (f) *GA-fas de na-ta-SION* - swim goggles
género (m) *HE-ne-ro* - genre
gente (f) *HEN-te* - people
golf (m) *GOLF* - golf
golfista (m) *gol-FIS-ta* - golfer
golpe (m) *GOL-pe* - stroke, hit
gorro de esquí (m) *GO-rro de es-KI* - ski hat
gorro de natación (m) *GO-rro de na-ta-SION* - swim cap
gran (adj) *GRAN* - big
gusano (m) *gu-SA-no* - worm
historia (f) *is-TO-ria* - history
hockey sobre hielo (m) *HO-kei SO-bre YE-lo* - ice hockey
horizontal (adj) *o-ri-son-TAL* - horizontal
hoyo (m) *O-yo* - hole
hule (m) *U-le* - rubber
interesante (adj) *in-te-re-SAN-te* - interesting
internet (m) *in-ter-NET* - Internet
jazz (m) *YAS* - jazz
juego (m) *HWE-go* - game
jugador (m) *hu-ga-DOR* - player
lago (m) *LA-go* - lake
lanzador (m) *lan-sa-DOR* - pitcher
lección (f) *lek-SION* - lesson
lentes de sol (m) *LEN-tes de SOL* - sunglasses
límite (m) *LI-mi-te* - limit
linterna (f) *lin-TER-na* - flashlight
mala idea (f) *MA-la i-DEA* - bad idea
mariposa (f) *ma-ri-PO-sa* - butterfly
metro (m) *ME-tro* - meter

misterio (m) *mis-TE-rio* - mystery
mochila (f) *mo-CHI-la* - backpack
moneda (f) *mo-NE-da* - coin
montaña (f) *mon-TA-nya* - mountain
muchas veces (phrase) *MU-chas BE-ses* - sometimes
mundo (m) *MUN-do* - world
música (f) *MU-si-ka* - music
natación (f) *na-ta-SION* - swimming
natural (adj) *na-tu-RAL* - natural
naturaleza (f) *naa-tu-ra-LE-sa* - nature
obstáculo (m) *obs-TA-ku-lo* - obstacle
océano (m) *o-SEA-no* - ocean
otra vez (phrase) *O-tra BES* - again
paciencia (f) *pa-SIEN-sia* - patience
palabra (f) *pa-LA-bra* - word
palo (m) *PA-lo* - pole, suit of cards
palo de golf (m) *PA-lo de GOLF* - golf club
pantalón de esquí (m) *pan-ta-LON de es-KI* - ski pants
parque estatal (m) *PAR-ke es-ta-TAL* - state park
parque nacional (m) *PAR-ke na-sio-NAL* - national park
partido (m) *par-TI-do* - game, match
pasado (m) *pa-SA-do* - past
pasatiempo (m) *pa-sa-TIEM-po* - hobby
paseo (m) *pa-SEO* - walking
patinador (m) *pa-ti-na-DOR* - skater
patinaje sobre hielo (m) *pa-ti-NA-he SO-bre YE-lo* - ice skating
patinaje sobre ruedas (m) *pa-ti-NA-he SO-bre RRWE-das* - roller skating
película (f) *pe-LI-ku-la* - movie
pelota de golf (f) *pe-LO-ta de GOLF* - golf ball
pelota de tenis (f) *pe-LO-ta de TE-nis* - tennis ball
pequeño/a (adj) *pe-KE-nyo/a* - small
periódico (m) *pe-RIO-di-ko* - newspaper
pesca (f) *PES-ka* - fishing
pescado (m) *pes-KA-do* - dead fish
peso (m) *PE-so* - Mexican money
pez (m) *PES* - live fish
piscina (f) *pi-SI-na* - swimming pool
pista de esquí (f) *PIS-ta de es-KI* - ski slope
pista de patinaje (f) *PIS-ta de pa-ti-NA-he* - skating rink
pista de tenis (f) *PIS-ta de TE-nis* - tennis court
plano/a (adj) *PLA-no/a* - flat
pop (m) *POP* - pop
popular (adj) *po-pu-LAR* - popular
portero (m) *por-TE-ro* - goalie, goalkeeper
posición (f) *po-si-SION* - position
primer tiempo (m) *pri-MER TIEM-po* - first half of an inning

primera base (f) *pri-ME-ra BA-se* - first base
profesional (adj) *pro-fe-sio-NAL* - professional
propiedad (f) *pro-pie-DAD* - property
propio/a (adj) *PRO-pio/a* - own
propósito (m) *pro-PO-si-to* - purpose
quehacer (m) *ke-a-SER* - chore
raqueta de tenis (f) *rra-KE-ta de TE-nis* - tennis racket
rectangular (adj) *rrek-tan-gu-LAR* - rectangular
red (f) *RRED* - net
regla (f) *RRE-gla* - rule
revista (f) *rre-BIS-ta* - magazine
río (m) *RRI-o* - river
relajado/a (adj) *rre-la-HA-do/a* - relaxed
roca (f) *RRO-ka* - rock
romance (m) *rro-MAN-se* - romance
salvaje (adj) *sal-BA-he* - wild
sano/a (adj) *SA-no/a* - healthy
segunda base (f) *se-GUN-da BA-se* - second base
segundo tiempo (m) *se-GUN-do TIEM-po* - second half of an inning
ser humano (m) *SER u-MA-no* - human being
similar (adj) *si-mi-LAR* - similar
sin embargo (phrase) *SIN em-BAR-go* - nevertheless
sombrero (m) *som-BRE-ro* - hat
tela (f) *TE-la* - cloth
tenis (m) *TE-nis* - tennis
tenista (m) *te-NIS-ta* - tennis player
terreno (m) *te-RRE-no* - terrain
tiempo libre (m) *TIEM-po LI-bre* - free time
tierra (f) *TIE-rra* - earth
universidad (f) *u-ni-ver-si-DAD* - university
ventaja (f) *ben-TA-ha* - advantage
vertical (adj) *ver-ti-KAL* - vertical
vida (f) *BI-da* - life
yarda (f) *YAR-da* - yard

GLOSSARY

COGNATES GLOSSARY

(Cognates are words in two languages that are similar in sound, spelling and meaning. All cognates in this glossary are nouns, adjectives or adverbs. Note that all nouns in Spanish are either masculine or feminine in gender. An (m) *after the glossary entry indicates the noun is masculine, whereas an* (f) *indicates the noun is feminine. An* (adj) *is an adjective; an* (adv) *is an adverb; a* (prep) *is a preposition; a* (pro) *is a pronoun; and a* (conj) *is a conjunction. Please refer to* Chapter I, The Sounds of Spanish, *for more information on the masculine article* el *and the feminine article* la *which precede all nouns in Spanish.)*

A

abril (m) *a-BRIL* - April
acción (f) *ak-SION* - action
adulto (m) *a-DUL-to* - adult
agencia (f) *a-HEN-sia* - agency
agosto (m) *a-GOS-to* - August
aire acondicionado (m) *AI-re a-kon-di-sio-NA-do* - air conditioning
americano/a (adj) *a-me-ri-KA-no/a* - American
análisis (m) *a-NA-li-sis* - analysis
animal (m) *a-ni-MAL* - animal
antigüedad (f) *an-ti-gwe-DAD* - antiquity
avenida (f) *a-be-NI-da* - avenue

B

banco (m) *BAN-ko* - bank
barra (f) *BA-rra* - bar
base (f) *BA-se* - base
bate (m) *BA-te* - bat
bebé (m) *be-BE* - baby
béisbol (m) *BEIS-bol* - baseball
biografía (f) *bio-gra-FI-a* - biography
blusa (f) *BLU-sa* - blouse

C

café (m) *ka-FE* - coffee
calidad (f) *ka-li-DAD* - quality
cantidad (f) *kan-ti-DAD* - quantity
ciudad (f) *siu-DAD* - city

capital (m) *ka-pi-TAL* - capital (wealth)
capital (f) *ka-pi-TAL* - capital (city)
cebra (f) *SE-bra* - zebra
celebración (f) *se-le-bra-SION* - celebration
cementerio (m) *se-men-TE-rio* - cemetery
censo (m) *SEN-so* - census
centro (m) *SEN-tro* - center
cerámica (f) *se-RA-mi-ka* - ceramics
chocolate (m) *cho-ko-LA-te* - chocolate
ciencia-ficción (f) *SIEN-sia fik-SION* - science fiction
círculo (m) *SIR-ku-lo* - circle
clase (f) *KLA-se* - class, kind
clásico/a (adj) *KLA-si-ko/a* - classical
coctel (m) *kok-TEL* - cocktail
cognado (m) *kog-NA-do* - cognate
colección (f) *ko-lek-SION* - collection
color (m) *ko-LOR* - color
combinación (f) *kom-bi-na-SION* - combination
cómic (m) *KO-mic* - comic book
comunidad (f) *ko-mu-ni-DAD* - community
concierto (m) *kon-SIER-to* - concert
contento/a (adj) *kon-TEN-to/a* - content
continente (m) *kon-ti-NEN-te* - continent
control (m) *kon-TROL* - control
crédito (m) *KRE-di-to* - crédito
crema (f) *KRE-ma* - cream
cultura (f) *kul-TU-ra* - culture
cura (f) *KU-ra* - cure

D

delicioso/a (adj) *de-li-SIO-so/a* - delicious
dentista (m,f) *den-TIS-ta* - dentista
deprimido/a (adj) *de-pri-MI-do/a* - depressed
diamante (m) *dia-MAN-te* - diamond
diccionario (m) *dik-sio-NA-rio* - dictionary
diciembre (m) *di-SIEM-bre* - December
diferencia (f) *di-fe-REN-sia* - difference
diferente (adj) *di-fe-REN-te* - different
difícil (adj) *di-FI-sil* - difficult
documental (m) *do-ku-men-TAL* - documentary

E

económico/a (adj) *e-ko-NO-mi-ko/a* - economic
electricidad (f) *e-lek-tri-si-DAD*- electricity
elefante (m) *e-le-FAN-te* - elephant
elegante (adj) *e-le-GAN-te* - elegante
energía (f) *e-ner-HI-a* - energy
ensalada (f) *en-sa-LA-da* - salad
espacio (m) *es-PA-sio* - space
espada (f) *es-PA-da* - spade
espagueti (m) *es-pa-GE-ti* - spaghetti
espárrago (m) *es-PA-rra-go* - asparagus
especial (adj) *es-pe-SIAL* - special
espinaca (f) *es-pi-NA-ka* - spinach
estampilla (f) *es-tam-PI-ya* - stamp
estatua (f) *es-TA-twa* - statue
estilo (m) *es-TI-lo* - style
estómago (m) *es-TO-ma-go* - stomach
estrés (m) *e-STRES* - stress
estudiante (m) *es-tu-DIAN-te* - student
estudio (m) *es-TU-dio* - study
euro (m) *EU-ro* - euro (official currency of the Eurozone)
europeo/a (adj) *eu-ro-PEO/A* - European
eurozona (f) *eu-ro-SO-na* - Eurozone
evento (m) *e-BEN-to* - event
excelente (adj) *e-se-LEN-te* - excellent

F

familia (f) *fa-MI-lia* - family
farmacia (f) *far-MA-sia* - pharmacy, drugstore
favorito/a (adj) *fa-bo-RI-to/a* - favorite
febrero (m) *fe-BRE-ro* - February
ficción (f) *fik-SION* - fiction
físico/a (adj) *FI-si-ko/a* - physical
flor (f) *FLOR* - flower
fruta (f) *FRU-ta* - fruit
furioso/a (adj) *fu-RIO-so/a* - furious

G

generoso/a (adj) *he-ne-RO-so/a* - generous
geranio (m) *he-RA-nio* - geranium
guayaba (f) *gwa-YA-ba* - guava
guía (m,f) *GI-a*- guide

H

    hamburguesa (f) *am-bur-GE-sa* - hamburger
    historia (f) *is-TO-ria* - history
    horizontal (adj) *o-ri-son-TAL* - horizontal
    horror (m) *o-RROR* - horror
    hospitalidad (f) *os-pi-ta-li-DAD* - hospitality

I

    ícono (m) *I-ko-no* - icon
    idea (f) *i-DEA* - idea
    idéntico/a (adj) *i-DEN-ti-ko/a* - identical
    importante (adj) *im-por-TAN-te* - important
    inglés (m) *in-GLES* - English
    inteligente (adj) *in-te-li-HEN-te* - intelligent
    internet (m) *in-ter-NET* - Internet
    interés (m) *in-te-RES* - interest
    interesante (adj) *in-te-re-SAN-te* - interesting
    isla (f) *IS-la* - island

J

    jazz (m) *YAS* - jazz
    jirafa (f) *hi-RA-fa* - giraffe
    junio (m) *HU-nio* - June
    julio (m) *HU-lio* - July

K

    koala (m) *ko-A-la* - koala

L

    lámpara (f) *LAM-pa-ra* - lamp
    león (m) *le-ON* - lion
    letra (f) *LE-tra* - letter
    límite (m) *LI-mi-te* - limit
    limón (m) *li-MON* - lemon
    línea (f) *LI-nea* - line

M

    mapa (m) *MA-pa* - map
    marzo (m) *MAR-so* - March
    mayo (m) *MA-yo* - May
    me (pro) *ME* - me (object)
    mental (adj) *men-TAL* - mental
    menú (m) *me-NU* - menu
    millón (m) *mi-YON* - million
    mineral (m) *mi-ne-RAL* - mineral

misterio (m) *mis-TE-rio* - mystery
mixto/a (adj) *MIS-to/a* - mixed
moderno/a (adj) *mo-DER-no/a* - modern
momento (m) *mo-MEN-to* - moment
montaña (f) *mon-TA-nya* - mountain
movilidad (f) *mo-bi-li-DAD* - mobility
música (f) *MU-si-ka* - music

N

natural (adj) *na-tu-RAL* - natural
necesario/a (adj) *ne-se-SA-rio/* - necessary
nervioso/a (adj) *ner-BIO-so/a* - nervous
no (adj) *NO* - no, not
no ficción (f) *NO fik-SION* - nonfiction
nota (f) *NO-ta* - note, grade
noviembre (m) *no-BIEM-bre* - November
número (m) *NU-me-ro* - number

O

obstáculo (m) *obs-TA-ku-lo* - obstacle
océano (m) *o-SEA-no* - ocean
octubre (m) *ok-TU-bre* - October
ocupado/a (adj) *o-ku-PA-do/a* - occupied, busy
oficial (adj) *o-fi-SIAL* - official
oficina (f) *o-fi-SI-na* - office
omeleta (f) *o-me-LE-ta* - omelet
orden (m) *OR-den* - order (organization)
orden (f) *OR-den* - order (command)

P

paciencia (f) *pa-SIEN-sia* - patience
panqueque (m) *pan-KE-ke* - pancake
parque (m) *PAR-ke* - park
pasaporte (m) *pa-sa-POR-te* - passport
península (f) *pe-NIN-su-la* - peninsula
pera (f) *PE-ra* - pear
perdón (m) *per-DON* - pardon
persona (f) *per-SO-na* - person
petunia (f) *pe-TU-nia* - petunia
pijama (m) *pi-YA-ma* - pajamas
piñata (f) *pi-NYA-ta* - piñata
planta (f) *PLAN-ta* - plant
plato (m) *PLA-to* - plate, dish

población (f) *po-bla-SION* - population
poinsettia (f) *poin-SE-ti-a* - poinsettia
pop (m) *POP* - pop
popular (adj) *po-pu-LAR* - popular
póquer (m) *PO-ker* - poker
portugués (m) *por-tu-GES* - Portuguese
posible (adj) *po-SI-ble* - possible
posición (f) *po-si-SION* - position
principal (adj) *prin-si-PAL* - principal, main
privado/a (adj) *pri-BA-do/a* - private
profesional (adj) *pro-fe-sio-NAL* - professional
propósito (m) *pro-PO-si-to* - purpose

Q

R

radio (f) *RRA-dio* - radio
rápido/a (adj) *RRA-pi-do/a* - rapid
rectangular (adj) *rrek-tan-gu-LAR* - rectangular
región (f) *rre-HION* - region
relación (f) *rre-la-SION* - relation
relajado/a (adj) *rre-la-HA-do/a* - relaxed
responsabilidad (f) *rres-pon-sa-bi-li-DAD* - responsibility
restaurante (m) *rres-tau-RAN-te* - restaurant
roca (f) *RRO-ka* - rock
romance (m) *rro-MAN-se* - romance
rosa (f) *RRO-sa* - rose

S

sal (f) *SAL* - salt
sandalia (f) *san-DA-lia* - sandal
separación (f) *se-pa-ra-SION* - separation
septiembre (m) *sep-TIEM-bre* - September
similar (adj) *si-mi-LAR* - similar
sofá (m) *so-FA* - sofa

T

té (m) *TE* - tea
televisión (f) *te-le-bi-SION* - television
tenis (m) *TE-nis* - tennis
terreno (m) *te-RRE-no* - terrain
tigre (m) *TI-gre* - tiger
tomate (m) *to-MA-te* - tomato

total (m) *to-TAL* - total
tradición (f) *tra-di-SION* - tradition
tranquilo/a (adj) *tran-KI-lo/a* - tranquil, calm
tren (m) *TREN* - train

U

universidad (f) *u-ni-ver-si-DAD* - university
uso (m) *U-so* - use

V

vainilla (f) *bai-NI-ya* - vanilla
variedad (f) *ba-rie-DAD* - variety
vegetal (m) *be-he-TAL* - vegetable
vegetación (f) *be-he-ta-SION* - vegetation
vertical (adj) *ber-ti-KAL* - vertical
vida (f) *BI-da* - life
video (m) *bi-DEO* - video
violeta (adj) *bio-LE-ta* - violet
vitamina (f) *bi-ta-MI-na* - vitamin

W

wafle (m) *WA-fle* - waffle

X

xilófono (m) *si-LO-fo-no* - xylophone

Y

yarda (f) *YAR-da* - yard
yoga (m) *YO-ga* - yoga

Z

GENERAL GLOSSARY

A

a (prep) *A* - to
a la derecha (phrase) *a la de-RE-cha* - to the right
a la izquierda (phrase) *a la is-KIER-da* - to the left
a veces (phrase) *a BE-ses* - sometimes
abajo (adv) *a-BA-ho* - below
abrigo (m) *a-BRI-go* - coat
abuela (f) *a-BWE-la* - grandmother
abuelita (f) *a-bwe-LI-ta* - grandma
abuelito (m) *a-bwe-LI-to* - grandpa
abuelo (m) *a-BWE-lo* - grandfather
aburrido/a (adj) *a-bu-RRI-do/a* - bored
adentro (adv) *a-DEN-tro* - inside
adiós (m) *a-DIOS* - goodbye
aeropuerto (m) *ae-ro-PWER-to* - airport
aficionado (m) *a-fi-sio-NA-do* - fan
afuera (adv) *a-FWE-ra* - outside
agencia de viajes (f) *a-HEN-sia de bi-A-hes* - travel agency
agua (m) *A-gwa* - water
ahora (adv) *a-O-ra* - now
ahorita (adv) *a-o-RI-ta* - right now
al (prep) *AL* - to the
al fondo (phrase) *al FON-do* - at the back
al mojo de ajo (phrase) *al MO-ho de A-ho* - in a garlic sauce
al otro lado (phrase) *al O-tro LA-do* - to the other side
alacena (f) *a-la-SE-na* - cupboard
alberca (f) *al-BER-ka* - swimming pool
alfombra (f) *al-FOM-bra* - carpet
algo (pro) *AL-go* - something, anything
algo más (pro) *AL-go MAS* - anything else
algodón (m) *al-go-DON* - cotton
allí (adv) *a-YI* - there
almuerzo (m) *al-MWER-so* - lunch
alto/a (adj) *AL-to/a* - high
amarillo/a (adj) *a-ma-RI-yo/a* - yellow
amigo (m) *a-MI-go* - friend
amor (m) *a-MOR* - love
anaranjado/a (adj) *a-na-ran-HA-do/a* - orange-colored

andén (n) *an-DEN* - platform (train station), gate (airport)
año (m) *A-nyo* - year
apio (m) *A-pio* - celery
aquí (adv) *a-KI* - here
arena (f) *a-RE-na* - sand
armario (m) *ar-MA-rio* - closet
arriba (adv) *a-RRI-ba* - above
arroz (m) *a-RROS* - rice
asado/a (adj) *a-SA-do/a* - grilled
así (adv) *a-SI* - like this
así así (adj) *a-SI a-SI* - so-so
así es (phrase) *a-SI ES* - That's right!
aspiradora (f) *as-pi-ra-DO-ra* - vacuum cleaner
atún (m) *a-TUN* - tuna
autobús (m) *au-to-BUS* - bus
azúcar (m) *a-SU-kar* - sugar
azul (adj) *a-SUL* - blue
azul marino/a (adj) *a-SUL ma-RI-no/a* - navy blue

B

baile (m) *BAI-le* - dancing
bajo/a (adj) *BA-ho/a* - low
balón (m) *ba-LON* - ball
baloncesto (m) *ba-lon-SES-to* - basketball
banco (m) *BAN-ko* - bench
baño (m) *BA-nyo* - bath (room)
barca (f) *BAR-ka* - boat
barra de chocolate (f) *BA-rra de cho-ko-LA-te* - chocolate bar
base del bateador (f) *BA-se del ba-tea-DOR* - home plate
basto (m) *BAS-to* - club (cards)
bateador (m) *ba-tea-DOR* - batter
bebida (f) *be-BI-da* - beverage
beisbolista (m) *beis-bo-LIS-ta* - baseball player
bien (adv) *BIEN* - well
bienvenido/a (adj) *biem-be-NI-do/a* - welcome
bistec (m) *bis-TE* - steak
blanco/a (adj) *BLAN-ko/a* - white
boca (f) *BO-ka* - mouth
boleto (m) *bo-LE-to* - ticket
boleto de ida y vuelta (m) *bo-LE-to de I-da i BWEL-ta* - round-trip ticket
boliche (m) *bo-LI-che* - bowling

bolsa (f) *BOL-sa* - bag, purse
bonito/a (adj) *bo-NI-to/a* - pretty
bota (f) *BO-ta* - boot
botella (f) *bo-TE-ya* - bottle
botiquín de primeros auxilios (m) *bo-ti-KIN de pri-ME-ros auk-SI-lios*
  – first aid kit
brazo (m) *BRA-so* - arm
bronceador (m) *bron-sea-DOR* - suntan lotion
brújula (f) *BRU-hu-la* - compass
buen/o/a (adj) *BWEN/BWE-no/a* - good
buen provecho (phrase) *BWEN pro-BE-cho* - Enjoy!
buen tiempo (phrase) *BWEN TIEM-po* - good weather
buena idea (phrase) *BWE-na i-DEA* - good idea
buenas noches (phrase) *BWE-nas NO-ches* - good night
buenas tardes (phrase) *BWE-nas TAR-des* - good afternoon
buenos días (phrase) *BWE-nos DI-as* - good morning
bufanda (f) *bu-FAN-da* - scarf
buque (m) *BU-ke* – ship
buque de pasajeros (m) *BU-ke de pa-sa-HE-ros* - passenger ship

C

caballo (m) *ka-BA-yo* - horse
cabello (m) *ka-BE-yo* - hair
cabeza (f) *ka-BE-sa* - head
cada (adj) *KA-da* - each
café (adj) *ka-FE* - brown
caja (f) *KA-ha* - box
cajón (m) *ka-HON* - drawer
calcetín (m) *kal-se-TIN* - sock
calefacción (f) *ka-le-fak-SION* - heating
caliente (adj) *ka-LIEN-te* - warm
calle (f) *KA-ye* - street
calor (m) *ka-LOR* - heat
cama (f) *KA-ma* - bed
cama de matrimonio (f) *KA-ma de ma-tri-MO-nio* - double bed
cama de matrimonio extragrande (f) *KA-ma de ma-tri-MO-nio ES-tra*
  GRAN-de - king-size bed
camarón (m) *ka-ma-RON* - shrimp
caminata (f) *ka-mi-NA-ta* - long walk
camino (m) *ka-MI-no* - road
camisa (f) *ka-MI-sa* - shirt

camiseta (f) *ka-mi-SE-ta* - T-shirt
campamento (m) *kam-pa-MEN-to* - campground
campista (m) *kam-PIS-ta* - camper
campo de golf (m) *KAM-po de GOLF* - golf course
cansado/a (adj) *kan-SA-do/a* - tired
caña (f) *KA-nya* - fishing rod
cara (f) *KA-ra* - face
carne (f) *KAR-ne* - meat
carne asada (f) *KAR-ne a-SA-da* - grilled meat
carne de res (f) *KAR-ne de RES* - beef
carta (f) *KAR-ta* - letter, card
cartera (f) *kar-TE-ra* - wallet
casa (f) *KA-sa* - house
casa-coche (m) *KA-sa KO-che* - motor home
casco (m) *KAS-ko* - helmet
cebo (m) *SE-bo* - bait
cena (f) *SE-na* - supper
centavo (m) *SEN-ta-bo* - cent
céntimo (m) *SEN-ti-mo* - eurocent
cerveza (f) *ser-BE-sa* - beer
césped (m) *SES-ped* - grass
cesto (m) *SES-to* - basket
chaqueta (f) *cha-KE-ta* - jacket
chaqueta de esquí (f) *cha-KE-ta de es-KI* - ski jacket
chile colorado (m) *CHI-le ko-lo-RA-do* - meat in a red sauce
chile relleno (m) *CHI-le rre-YE-no* - stuffed chili pepper
cierto/a (adj) *SIER-to/a* - true
cine (m) *SI-ne* - movies
ciudad (f) *siu-DAD* - city
ciudadano (m) *siu-da-DA-no* - citizen
claro (adv) *KLA-ro* - clearly
coche (m) *KO-che* - car
coche-cama (m) *KO-che KA-ma* - sleeping car (train)
coche-comedor (m) *KO-che ko-me-DOR* - dining car (train)
cocina (f) *ko-SI-na* - kitchen, cooking
coco (m) *KO-ko* - coconut
codo (m) *KO-do* - elbow
colorado/a (adj) *ko-lo-RA-do/a* - red, colored
comedor (m) *ko-me-DOR* - dining room
comida (f) *ko-MI-da* - food, dinner

como (adv) *KO-mo* - as, like
cómo (adv) *KO-mo* - How?
¿Cómo se dice ___? (phrase) *KO-mo SE DI-se* - How do you say ___?
¿Cómo se llama? (phrase) *KO-mo SE YA-ma* - What is your name? (formal)
¿Cómo te llamas? (phrase) *KO-mo TE YA-mas* –
    What is your name? (informal)
comodín (m) *ko-mo-DIN* - joker
cómodo/a (adj) *KO-mo-do/a* - comfortable
competencia de corta distancia (f) *kom-pe-TEN-sia de KOR-ta*
    dis-TAN-sia - short-course competition
competencia de larga distancia (f) *kom-pe-TEN-sia de LAR-ga*
    dis-TAN-sia -long-course competition
competencia en agua abierta (f) *kom-pe-TEN-sia en A-gwa*
    a-BIER-ta - open-water competition
compra (f) *KOM-pra* - purchase
computadora (f) *kom-pu-ta-DO-ra* - computer
Comunidad Económica Europea (f) *ko-mu-ni-DAD e ko NO mi-ka eu-ro-PEA* –
    European Economic Community
con gran rapidez (phrase) *KON GRAN rra-pi-DES* - very fast
concha (f) *KON-cha* - seashell
confundido/a (adj) *kon-fun-DI-do/a* - confused
corazón (m) *ko-ra-SON* - heart
corbata (f) *kor-BA-ta* - tie
correo (m) *ko-RREO* - mail
corto/a (adj) *KOR-to/a* - short
cosa (f) *KO-sa* - thing
criada (f) *kri-A-da* - maid
crucero (m) *kru-SE-ro* - cruise
cuadra (f) *KWA-dra* - block
cual (pro) *KWAL* - which
cuál (pro) *KWAL* - Which?
cuando (conj) *KWAN-do* - when
cuándo (adv) *KWAN-do* - When?
cuánto/a (adj) *KWAN-to/a* - How much?
cuánto cuesta (phrase) *KWAN-to KWES-ta* - How much does it cost?
cuarto (m) *KWAR-to* - room
cuarto (adj) *KWAR-to* - fourth
cuarto de baño (m) *KWAR-to de BA-nyo* - bathroom
cubierto/a (adj) *ku-BIER-to/a* - covered
cuchara (f) *ku-CHA-ra* - spoon

cuchillo (m) *ku-CHI-yo* - knife
cuello (m) *KWE-yo* - neck
cuenta (f) *KWEN-ta* - bill
cuento (m) *KWEN-to* - story
cuerda (f) *KWER-da* - string
cuero (m) *KWE-ro* - leather
cuerpo (m) *KWER-po* - body
cumpleaños (m) *kum-ple-A-nyos* - birthday
cura (m) *KU-ra* - priest

D

dama (f) *DA-ma* - lady
dar una caminata (phrase) *DAR U-na ka-mi-NA-ta* - hike
de (prep) *DE* - from, of
de buen humor (phrase) *de BWEN u-MOR*
de la mañana (phrase) *de la ma-NYA-na* - a.m.
de la noche (phrase) *de la NO-che* - p.m.
de la tarde (phrase) *de la TAR-de* - p.m.
de mal humor (phrase) *de MAL u-MOR*
de nada (phrase) *de NA-da* - You're welcome!
debajo (adv) *de-BA-ho* - beneath
dedo (m) *DE-do* - finger
dedo del pie (m) *DE-do del PIE* - toe
del (prep) *DEL* - from the, of the
delante (adv) *de-LAN-te* - in front
demasiado (adj) *de-ma-SIA-do* - too much, too many
dentro (adv) *DEN-tro* - inside
deporte (m) *de-POR-te* - sport
derecha (f) *de-RE-cha* - right-hand side
derecho (adv) *de-RE-cho* - straight
desayuno (m) *de-sa-YU-no* - breakfast
desde (prep) *DES-de* - since, from
después (adv) *des-PWES* - after
detrás (adv) *de-TRAS* - behind
día (m) *DI-a* - day
Día de Acción de Gracias (m) *DI-a de ak-SION de GRA-si-as* - Thanksgiving
Día de los Muertos (m) *DI-a de los MWER-tos* - Day of the Dead
Día de los Reyes (m) *DI-a de los RREI-es* - Three Kings Day
Día de San Valentín (m) *DI-a de SAN ba-len-TIN* - Valentine's Day
diario/a (adj) *di-A-rio/a* - daily
dinero (m) *di-NE-ro* - money

Dios (m) *DIOS* - God
disco (m) *DIS-ko* - puck (in ice hockey)
docena (f) *do-SE-na* - dozen
domingo (m) *do-MIN-go* - Sunday
donde (adv) *DON-de* - where
dónde (adv) *DON-de* - where?
dormitorio (m) *dor-mi-TO-rio* - bedroom
dulce (m) *DUL-se* - candy
dulce (adj) *DUL-se* - sweet
durante (prep) *du-RAN-te* - during

E

edad (f) *e-DAD* - age
edificio (m) *e-di-FI-sio* - building
ejote (m) *e-HO-te* - green bean
él (pro) *EL* - he (subject)
ella (pro) *E-ya* - she (subject)
elote (m) *e-LO-te* - ear of corn
emocionado/a (adj) *e-mo-sio-NA-do/a* - excited
en (prep) *EN* in, on
en medio (phrase) *en ME-dio* - in the middle
en total (phrase) *en to-TAL* - in all
enero (m) *e-NE-ro* - January
enojado/a (adj) *e-no-HA-do/a* - angry
entonces (adv) *en-TON-ses* - then
entrada (f) *en-TRA-da* - entrance
entre (prep) *EN-tre* - between, among
entremés (m) *en-tre-MES* - appetizer
equipaje (m) *e-ki-PA-he* - baggage
equipo (m) *e-KI-po* - team
equipo de esquí (m) *e-KI-po de es-KI* - ski equipment
espectáctulo (m) *es-pek-TA-ku-lo* - show
escritorio (m) *es-kri-TO-rio* - desk
escuela (m) *es-KWE-la* - school
escuela secundaria (m) *es-KWE-la se-kun-DA-ria* - secondary school
ése/ésa/eso (pro) *E-se/E-sa/E-so* - that
espalda (f) *es-PAL-da* - back
español (m) *es-pa-NYOL* - Spanish, Spaniard
especial del día (f) *es-pe-SIAL del DI-a* - daily special
espectáculo (m) *es-pek-TA-ku-lo* - show
espejo (m) *es-PE-ho* - mirror

esposa (f) *es-PO-sa* -wife
esposo (m) *es-PO-so* - husband
esquí (m) *es-KI* - ski
esquí cuesta abajo (m) *es-KI KWES-ta a-BA-ho* - downhill skiing
esquí de fondo (m) *es-KI de FON-do* - cross-country skiing
esquí en agua (m) *es-KI en A-gwa* - water skiing
esquí en nieve (m) *es-KI en NIE-be* - snow skiing
esquiador (m) *es-kia-DOR* - skier
estación (f) *e-sta-SION* - season, station
estado (m) *es-TA-do* - state
este (m) *ES-te* - east
este/a (adj) *ES-te/a* - this
estilo de dorso (m) *es-TI-lo de DOR-so* - backstroke
estilo de mariposa (m) *es-TI-lo de ma-ri-PO-sa* - butterfly stroke
estilo de nadar (m) *es-TI-lo de na-DAR* - swimming stroke
estilo de pecho (m) *es-TI-lo de PE-cho* - breaststroke
estilo libre (m) *es-TI-lo LI-bre* - freestyle
estufa (f) *es-TU-fa* - stove
excursionismo (m) *es-kur-sio-NIS-mo* - hiking
excursionista (m) *es-kur-sio-NIS-ta* - hiker
excusado (m) *es-ku-SA-do* - toilet

F

fecha (f) *FE-cha* - date
feliz (adj) *fe-LIS* - happy
fiesta (f) *FIES-ta* - party
fildeador (m) *ful-dea-DOR* - fielder
fin (m) *FIN* - end
fin de semana (phrase) *FIN de se-MA-na* - weekend
flan (m) *FLAN* - custard
francés (m) *fran-SES* - French
fresa (f) *FRE-sa* - strawberry
frijol (m) *fri-HOL* - bean
frío (m) *FRI-o* - cold
frontera (f) *fron-TE-ra* - border
fuegos artificiales (m) *FWE-gos ar-ti-fi-SIA-les* - fireworks
fuera (adv) *FWE-ra* - out
fuera de control (phrase) *FWE-ra de kon-TROL* - out of control
fuerte (adj) *FWER-te* - strong
fútbol (m) *FUD-bol* - soccer
fútbol americano (m) *FUD-bol a-me-ri-KA-no* – football

G

gafas de esquí (f) *GA-fas de es-KI* - ski goggles
gafas de natación (f) *GA-fas de na-ta-SION* - swim goggles
galleta (f) *ga-YE-ta* - cookie
galleta salada (f) *ga-YE-ta sa-LA-da* - cracker
gallo (m) *GA-yo* - rooster
garaje (m) *ga-RA-he* - garage
gato (m) *GA-to* - cat
género (m) *HE-ne-ro* - genre
gente (f) *HEN-te* - people
golfista (m) *gol-FIS-ta* - golfer
golpe (m) *GOL-pe* - stroke, hit
gorra (f) *GO-rra* - cap
gorro de esquí (m) *GO-rro de es-KI* - ski hat
gorro de natación (m) *GO-rro de na-ta-SION* - swim cap
gracias (f) *GRA-si-as* - thanks
gran (adj) *GRAN* big
grande (adj) *GRAN-de* - big
gris (adj) *GRIS* - gray
guante (m) *GWAN-te* - glove
guayaba (f) *gua-YA-ba* - guava
gusano (m) *gu-SA-no* - worm
gusto (m) *GUS-to* - pleasure

H

habitación (f) *a-bi-ta-SION* - room
hace buen tiempo (phrase) *A-se BWEN TIEM-po* - The weather is nice.
hace calor (phrase) *A-se ka-LOR* - It is warm out.
hace frío (phrase) *A-se FRI-o* - It is cool out.
hace mal tiempo (phrase) *A-se MAL TIEM-po* - The weather is bad.
hace viento (phrase) *A-se* - It is windy out.
hacia (prep) *A-sia* - to, toward
hambre (f) *AM-bre* - hunger
harina (f) *a-RI-na* - flour
hasta (prep) *A-sta* - until
hasta luego (phrase) *A-sta LWE-go* - See you later!
hasta mañana (phrase) *A-sta ma-NYA-na* - See you tomorrow!
helado (m) *e-LA-do* - ice cream
hermana (f) *er-MA-na* - sister
hermano (m) *er-MA-no* - brother
hija (f) *I-ha* - daughter

hijita (f) *i-HI-ta* - little daughter
hijito (m) *i-HI-to* - little son
hijo (m) *I-ho* - son
hockey sobre hielo (m) *HO-kei SO-bre YE-lo* - ice hockey
hoja (m) *O-ha* - leaf
hola (m) *O-la* - hi, hello
hombre (m) *OM-bre* - man
hombro (m) *OM-bro* - shoulder
hora (f) *O-ra* - hour
horno (m) *OR-no* - oven
hoy (adv) *OY* - today
hoyo (m) *O-yo* - hole
huevo (m) *WE-bo* - egg
huevos rancheros (m) *WE-bos ran-CHE-ros* - fried eggs smothered in sauce with tortillas under them
hule (m) *U-le* - rubber
humor (m) *u-MOR* - mood

I

ida (f) *I-da* - departure
idioma (m) *i-DIO-ma* - language
incluido/a (adj) *in-klu-I-do/a* - included
indio (m) *IN-dio* - American Indian
inglés (m) *in-GLES* - English
invierno (m) *im-BIER-no* - winter
izquierda (f) *is-KIER-da* - left-hand side

J

jabón (m) *ha-BON* - soap
jamón (m) *ha-MON* - ham
jardín (m) *har-DIN* - yard, garden
juego (m) *HWE-go* - game
jueves (m) *HWE-bes* - Thursday
jugador (m) *hu-ga-DOR* - player
jugo (m) *HU-go* - juice

K

L

lado (m) *LA-do* - side
lago (m) *LA-go* - lake
lanzador (m) *lan-sa-DOR* - pitcher
lápiz (m) *LA-pis* - pencil

largo/a (adj) *LAR-go/a* - long
lavabo (m) *la-BA-bo* - sink
lavaplatos (m) *la-ba-PLA-tos* - dishwasher
le (pro) *LE* - to him, to her, to you singular
lección (f) *lek-SION* - lesson
leche (f) *LE-che* - milk
lechuga (f) *le-CHU-ga* - lettuce
lentes de sol (m) *LEN-tes de SOL* - sunglasses
les (pro) *LES* - to them, to you plural
libro (m) *LI-bro* - book
limpio/a (adj) *LIM-pio/a* - clean
lindo/a (adj) *LIN-do/a* - pretty, lovely, cute
linterna (f) *lin-TER-na* - flashlight
listo/a (adj) *LIS-to/a* - ready
llanta (f) *YAN-ta* - tire
llave (f) *YA-be* - key
lo siento (phrase) *LO SIEN-to* - I am sorry!
lugar (m) *lu-GAR* - place
lunes (m) *LU-nes* - Monday

M

madre (f) *MA-dre* - mother
maíz (m) *ma-IS* - corn
mal/o/a (adj) *MAL/MA-lo/a* - bad
mal tiempo (m) *MAL TIEM-po* - bad weather
mala idea (f) *MA-la i-DEA* - bad idea
maleta (f) *ma-LE-ta* - suitcase
mamá (f) *ma-MA* - mommy
manga (f) *MAN-ga* - sleeve
mano (f) *MA-no* - hand
manzana (f) *man-SA-na* - apple
mañana (m) *ma-NYA-na* - tomorrow
mañana (f) *ma-NYA-na* - morning
mariposa (f) *ma-ri-PO-sa* - butterfly
marisco (m) *ma-RIS-ko* - seafood
martes (m) *MAR-tes* - Tuesday
más (adj) *MAS* - more
mascota (f) *mas-KO-ta* - pet
Me llamo ___. (phrase) *ME YA-mo* - My name is ___.
medianoche (f) *me-dia-NO-che* - midnight
medio (m) *ME-dio* - middle

medio/a (adj) *ME-dio/a* - half
mediodía (m) *me-dio-DI-a* - noon
mejor (adj) *me-HOR* - better
menos (adj) *ME-nos* - less
mes (m) *MES* - month
mesa (f) *ME-sa* - table
mesa baja (f) *ME-sa BA-ha* - coffee table
mesilla de noche (f) *me-SI-ya de NO-che* - nightstand
metro (m) *ME-tro* - meter, subway
mi (adj) *MI* – my
mí (pro) *MI* - me (object)
miedo (m) *MIE-do* - fear
miel (f) *MIEL* - honey, syrup
miércoles (m) *MIER-koles* - Wednesday
milla (f) *MI-ya* - mile
mitad (f) *mi-TAD* - half
mochila (f) *mo-CHI-la* - backpack
mojo de ajo (m) *MO-ho de A-ho* - garlic sauce
moneda (f) *mo-NE-da* - currency, coins
morado/a (adj) *mo-RA-do/a* - purple
moreno/a (adj) *mo-RE-no/a* - dark-skinned
muchas veces (phrase) *MU-chas BE-ses* - sometimes
mucho/a (adj) *MU-cho/a* - much
mucho gusto (phrase) *MU-cho GUS-to* - It is a pleasure!
mueble (f) *MWE-ble* - piece of furniture
muerto/a (adj) *MWER-to/a* - dead
mujer (f) *mu-HER* - woman
mundo (m) *MUN-do* - world
muro (m) *MU-ro* - exterior wall
muy (adj) *MWI* - very

N

naranja (f) *na-RAN-ha* - orange
nariz (f) *na-RIS* - nose
natación (f) *na-ta-SION* - swimming
naturaleza (f) *na-tu-ra-LESA* - nature
Navidad (f) *na-bi-DAD* - Christmas
negro/a (adj) *NE-gro/a* - black
nieta (f) *NIE-ta* - granddaughter
nieto (m) *NIE-to* - grandson
niña (f) *NI-nya* - girl

niño (m) *NI-nyo* - boy
no (adv) *NO* - no, not
noche (f) *NO-che* - night
norte (m) *NOR-te* - north
nos (pro) *NOS* - us (object)
nos vemos (phrase) *NOS BE-mos* - See you!
nosotros (pro) *no-SO-tros* - we (subject)
novio (m) *NO-bio* - sweetheart
nuestro/a (adj) *NWES-tro/a* - our
nuevo/a (adj) *NWE-bo/a* - new
nunca (adv) *NUN-ka* - never

O

océano Atlántico (m) *o-SEA-no at-LAN-ti-ko* - Atlantic Ocean
océano Pacífico (m) *o-SEA-no pa-SI-fi-ko* - Pacific Ocean
oeste (m) *o-ES-te* - west
oído (m) *o-I-do* - ear
ojo (m) *O-ho* - eye
olla (f) *O-ya* - pot
orgulloso/a (adj) *or-gu-YO-so/a* - proud
oro (m) *O-ro* - gold
oso (m) *O-so* - bear
oso polar (m) *O-so po-LAR* - polar bear
otoño (m) *o-TO-nyo* - fall, autumn
otra vez (phrase) *O-tra BES* - again
otro/a (adj) *O-tro/a* - another, other

P

padre (m) *PA-dre* - father
padres (m) *PA-dres* - parents
país (m) *pa-IS* - country
palabra (f) *pa-LA-bra* - word
palo (m) *PA-lo* - pole, suit of cards
palo de golf (m) *PA-lo de GOLF* - golf club
pantalón (m) *pan-ta-LON* - pants
pantalón corto (m) *pan-ta-LON KOR-to* - shorts
pantalón de esquí (m) *pan-ta-LON de es-KI* - ski pants
papa (m) *PA-pa* - pope
papa (f) *PA-pa* - potato
papá (m) *pa-PA* - daddy
papas fritas (f) *PA-pas FRI-tas* - French fries
papel (m) *pa-PEL* - paper

papel de baño (m) *pa-PEL de BA-nyo* - toilet paper
papel higiénico (m) *pa-PEL i-HIE-ni-ko* - toilet paper
para (prep) *PA-ra* - for
pardo/a (adj) *PAR-do/a* - grayish-brown
pared (f) *pa-RED* - interior wall
parque estatal (m) *PAR-ke es-ta-TAL* - state park
parque nacional (m) *PAR-ke na-sio-NAL* - national park
parrilla (f) *pa-RRI-ya* - grill
partido (m) *par-TI-do* - game, match
pasado (m) *pa-SA-do* - past
pasado mañana (phrase) *pa-SA-do ma-NYA-na* -day after tomorrow
pasajero (m) *pa-sa-HE-ro* - passenger
pasatiempo (m) *pa-sa-TIEM-po* - hobby
paseo (m) *pa-SEO* - tour, walking
pastel (m) *pas-TEL* - cake
patinador (m) *pa-ti-na-DOR* - skater
patinaje sobre hielo (m) *pa-ti-NA-he SO-bre YE-lo* - ice skating
patinaje sobre ruedas (m) *pa-ti-NA-he SO-bre RRWE-das* - roller skating
pato (m) *PA-to* - duck
pavo (m) *PA-bo* - turkey
paz (f) *PAS* - peace
pecho (m) *PE-cho* - chest
película (f) *pe-LI-ku-la* - movie
pelota (f) *pe-LO-ta* - ball
pelota de golf (f) *pe-LO-ta de GOLF* - golf ball
pelota de tenis (f) *pe-LO-ta de TE-nis* - tennis ball
peluquería (f) *pe-lu-ke-RI-a* - barber shop
Península Ibérica (f) *pe-NIN-su-la i-BE-ri-ka* - Iberian Peninsula
pequeño/a (adj) *pe-KE-nyo/a* - small
periódico (m) *pe-RIO-di-ko* - newspaper
pero (conj) *PE-ro* - but
perro (m) *PE-rro* - dog
pesca (f) *PES-ka* - fishing
pescado (m) *pes-KA-do* - dead fish
peso (m) *PE-so* - Mexican money
pez (m) *PES* - live fish
pie (m) *PIE* - foot
piscina (f) *pi-SI-na* - swimming pool
piso (m) *PI-so* - floor
pista de esquí (f) *PIS-ta de es-KI* - ski slope

pista de patinaje (f) *PIS-ta de pa-ti-NA-he* - skating rink
pista de tenis (f) *PIS-ta de TE-nis* - tennis court
plano/a (adj) *PLA-no/a* - flat
planta baja (f) *PLAN-ta BA-ha* - ground floor
plata (f) *PLA-ta* - silver
plato principal (m) *PLA-to prin-si-PAL* - main dish
pluma (f) *PLU-ma* - pen
poco/a (adj) *PO-ko/a* - a little
pollo (m) *PO-yo* - chicken
por (prep) *POR* - for
por favor (phrase) *POR fa-BOR* - please
por la mañana (phrase) *POR la ma-NYA-na* - in the morning
por qué (adv) *por-KE* - why?
porque (adv) *por-KE* - because
portero (m) *por-TE-ro* - goalie, goalkeeper
posada (f) *po-SA-da* - walk from house to house, lodging
postre (m) *POS-tre* - dessert
preocupado/a (adj) *preo-ku-PA-do/a* - worried
prima (f) *PRI-ma* - female cousin
primavera (f) *pri-ma-BE-ra* - spring
primer tiempo (m) *pri-MER TIEM-po* - first half of an inning
primera base (f) *pri-ME-ra BA-se* - first base
primero/a (adj) *pri-ME-ro/a* - first
primo (m) *PRI-mo* - male cousin
prisa (f) *PRI-sa* - hurry
propiedad (f) *pro-pie-DAD* - property
propina (f) *pro-PI-na* - tip
propio/a (adj) *PRO-pio/a* - own
próximo/a (adj) *PROK-si-mo/a* - next
pueblo (m) *PWE-blo* - town
puerto (m) *PWER-to* - port

Q

que (pro) *KE* - that
qué (pro) *KE* - what?
¿Qué pasa? (phrase) *KE PA-sa* - What's going on?
¿Qué pasa, calabaza? (silly phrase) *KE PA-sa/ ka-la-BA-sa* –
    What's going on, squash?
¿Qué quiere decir ___? (phrase) *KE KIE-re de-SIR* - What does ___ mean?
¿Qué pasó? (phrase) *KE pa-SO* - What's up?
¿Qué tal? (phrase) *KE TAL* - How are you?

¿Qué tiempo hace? (phrase) *KE TIEM-po A-se* - What is the weather like?
quehacer (m) *ke-a-SER* - chore
querido/a (adj) *ke-RI-do/a* - dear
queso (m) *KE-so* - cheese
quien (pro) *KIEN* - who
quién (pro) *KIEN* - who?

R

radio (m) *RRA-dio* - radius
rama (f) *RRA-ma* - branch
raqueta de tenis (f) *rra-KE-ta de TE-nis* - tennis racket
razón (f) *rra-SON* - reason
rebanada (f) *rre-ba-NA-da* - slice
red (f) *RRED* - net
refresco (m) *rre-FRES-ko* - soda pop
refrigerador (m) *rre-fri-he-ra-DOR* - refrigerador
revista (f) *rre-BIS-ta* - magazine
regalo (m) *rre-GA-lo* - present, gift
regla (f) *RRE-gla* - rule
revista (f) *rre-BIS-ta* - magazine
rey (m) *RREI* - king
rico/a (adj) *RRI-ko/a* - yummy
río (m) *RRI-o* - river
rodilla (f) *rro-DI-ya* - knee
rojo/a (adj) *RRO-ho/a* - red
ropa (f) *RRO-pa* - clothing
rosado/a (adj) *rro-SA-do/a* – pink

S

sábado (m) *SA-ba-do* - Saturday
sala (f) *SA-la* - living room
salida (f) *sa-LI-da* - exit
salón de belleza (m) *sa-LON de be-YE-sa* - beauty shop
salsa (f) *SAL-sa* - sauce
salsa catsup (f) *SAL-sa KAT-sup* - ketchup
salsa mexicana (f) *SAL-sa me-hi-KA-na* - Mexican sauce
salvaje (adj) *sal-BA-he* - wild
sano/a (adj) *SA-no/a* - healthy
se (pro) *SE* - you (object formal)
Se habla ___. (phrase) *SE A-bla* - ___ is spoken.
Se llama ___. (phrase) *SE YA-ma* - His/her/its name is ___.
sed (f) *SED* - thirst

según (prep) *se-GUN* - according to
segunda base (f) *se-GUN-da BA-se* - second base
segundo/a (adj) *se-GUN-do/a* - second
segundo tiempo (m) *se-GUN-do TIEM-po* - second half of an inning
semana (f) *se-MA-na* - week
señor (m) *se-NYOR* - sir, Mr.
señora (f) *se-NYO-ra* - madam, Mrs.
señorita (f) *se-nyo-RI-ta* - miss
ser humano (m) *SER u-MA-no* - human being
sí (adv) *SI* - yes
siempre (adv) *SIEM-pre* - always
siglo (m) *SI-glo* - century
silla (f) *SI-ya* - chair
sillón (m) *si-YON* - armchair
sin (prep) *SIN* - without
sin embargo (adv) *SIN em-BAR-go* - nevertheless
sobrina (f) *so-BRI-no* - nephew
sobrino (m) *so-BRI-na* - niece
sol (m) *SOL* - sun
solamente (adv) *so-la-MEN-te* - only
solo/a (adj) *SO-lo/a* - alone
sólo (adv) *SO-lo* - only
sombrero (m) *som-BRE-ro* - hat
sopa (f) *SO-pa* - soup
sorprendido/a (adj) *sor-pren-DI-do/a* - surprised
su (adj) *SU* - his, her, their, your (formal)
sueño (m) *SWE-nyo* - sleep
suerte (f) *SWER-te* - luck
sur (m) *SUR* - south

T

tal (adj) *TAL* - such
talla (f) *TA-ya* - clothing size
tamaño (m) *ta-ma-NYO* - size
también (adv) *tam-BIEN* - also, too
tampoco (adv) *tam-PO-ko* - not either
taquilla (f) *ta-KI-ya* - ticket window
tarde (f) *TAR-de* - afternoon
tarde (adj) *TAR-de* - late
tarjeta (f) *tar-HE-ta* - card
tarjeta de crédito (f) *tar-HE-ta de KRE-di-to* - crédit card

taza (f) *TA-sa* - cup
te (pro) *TE* - you (object informal)
té helado (m) *TE e-LA-do* - iced tea
tela (f) *TE-la* - material, fabric
televisor (m) *te-le-bi-SOR* - television set
tenedor (m) *te-ne-DOR* - fork
tenista (m) *te-NIS-ta* - tennis player
ti (pro) *TI* - you (object informal)
tía (f) *TI-a* - aunt
tiempo (m) *TIEM-po* - time, weather
tiempo libre (m) *TIEM-po LI-bre* - free time
tienda (f) *TIEN-da* - store
tierra (f) *TIE-rra* - earth
tío (m) *TI-o* - uncle
tocador (m) *to-ka-DOR* - dresser
todavía (adv) *to-da-BI-a* - still
todavía no (adv) *to-da-BI-a NO* - not yet
todo/a (adj) *TO-do/a* - all
traje (m) *TRA-he* - suit
traje de baño (m) *TRA-he de BA-nyo* - swimsuit
triste (adj) *TRIS-te* - sad
tu (adj) *TU* - your (informal)
tú (pro) *TU* - you (subject informal)

U

un momentito (phrase) *un mo-men-TI-to* - just a moment
un momento (phrase) *un mo-MEN-to* - one moment
un poco más tarde (phrase) *un PO-ko MAS TAR-de* - a little later
único/a (adj) *U-ni-ko/a* - only
usted (pro) *u-STED* - you (subject formal)
uva (f) *U-ba* - grape

V

vaca (f) *BA-ka* - cow
vaso (m) *BA-so* - glass
vecino (m) *be-SI-no* - neighbor
venta (f) *BEN-ta* - sale
ventaja (f) *ben-TA-ha* - advantage
verano (m) *be-RA-no* - summer
verde (adj) *BER-de* - green
vestido (m) *bes-TI-do* - dress
vez (f) *BES* - time

viaje (m) *bi-A-he* - trip, travel
vida (f) *BI-da* - life
viejo/a (adj) *BIE-ho/a* - old
viento (m) *BIEN-to* - wind
viernes (m) *BIER-nes* - Friday
vino (m) *BI-no* - wine
vino tinto (m) *BI-no TIN-to* - red wine
vuelta (f) *BWEL-ta* - return

W

X

Y

y (conj) *I* - and
ya (adv) *YA* - already
ya no (adv) *YA NO* - not any more
yo (pro) *YO* - I (subject)

Z

zapato (m) *sa-PA-to* - shoe
zoológico (m) *so-LO-hi-ko* - zoo
zorro (m) *SO-rro* - fox

CONTINENTS GLOSSARY
(All continents and regions named in the text are listed in this glossary.)

América Central (f) *a-ME-ri-ka sen-TRAL* - Central America
América del Norte (f) *a-ME-ri-ka del NOR-te* - North America
América del Sur (f) *a-ME-ri-ka del SUR* - South America
Caribe (m) *ka-RI-be* - Caribbean
Europa (f) *eu-RO-pa* - Europe

COUNTRIES AND NATIONALITIES GLOSSARY

(All countries and nationalities named in the text are listed in this glossary.)

Argentina (f) *ar-hen-TI-na* - Argentina
    argentino/a (m,f) *ar-hen-TI-no/a* - Argentine

Belice (m) *BE-li-se* - Belize
    beliceño/a (m,f) *be-li-SE-nyo/a* - Belizean

Bolivia (f) *bo-LI-bia* - Bolivia
    boliviano/a (m,f) *bo-li-BIA-no/a* - Bolivian

Brasil (m) *bra-SIL* - Brazil
    brasileño/a (m,f) *bra-si-LE-nyo/a* - Brazilian

Canadá (m) *ka-na-DA* - Canada
    canadiense (m,f) *ka-na-DIEN-se* - Canadian

Chile (m) *CHI-le* - Chile
    chileno/a (m,f) *chi-LE-no/a* - Chilean

Colombia (f) *ko-LOM-bia* - Colombia
    colombiano/a (m,f) *ko-lom-BIA-no/a* - Colombian

Costa Rica (f) *kos-ta RI-ka* - Costa Rica
    costarricense (m,f) *kos-ta-rri-SEN-se* - Costa Rican

Cuba (f) *KU-ba* - Cuba
    cubano/a (m,f) *ku-BA-no/a* - Cuban

Ecuador (m) *e-KWA-dor* - Ecuador
    ecuatoriano/a (m,f) *e-kwa-to-RIA-no/a* - Ecuadorian

El Salvador (m) *el sal-ba-DOR* - El Salvador
    salvadoreño/a (m,f) *sal-ba-do-RE-nyo/a* - Salvadoran

España (f) *es-PA-nya* - Spain
    español/a (m,f) *es-pa-NYOL/NYO-la* - Spaniard

Estados Unidos (m) *e-STA-dos u-NI-dos* - the United States
    estadounidense (m,f) *es-ta-do-u-ni-DEN-se* - American

Guatemala (f) *gwa-te-MA-la* - Guatemala
    guatemalteco/a (m,f) *gwa-te-mal-TE-ko/a* - Guatemalan

Guyana (f) *gi-A-na* - Guyana
    guyanés/a (m,f) *gi-a-NES/NE-sa* - Guyanese

Haití (m) *ai-TI* - Haiti
    haitiano/a (m,f) *ai-TIA-no/a* - Haitian

Honduras (f) *on-DU-ras* - Honduras
    hondureño/a (m,f) *on-du-RE-nyo/a* - Honduran

Jamaica (f) *ha-MAI-ka* - Jamaica
    jamaicano/a (m,f) *ha-mai-KA-no/a* - Jamaican

México (m) *ME-hi-ko* - Mexico
    mexicano/a (m,f) *me-hi-KA-no/a* - Mexican

Nicaragua (f) *ni-ka-RA-gwa* - Nicaragua
    nicaragüense (m,f) *ni-ka-ra-GWEN-se* - Nicaraguan

Panamá (m) *pa-na-MA* - Panama
    panameño/a (m,f) *pa-na-ME-nyo/a* - Panamanian

Paraguay (m) *pa-ra-GWAI* - Paraguay
    paraguayo/a (m,f) *pa-ra-GWAI-o/a* - Paraguayan

Perú (m) *pe-RU* - Peru
    peruano/a (m,f) *pe-RUA-no/a* - Peruvian

Puerto Rico (m) *pwer-to RRI-ko* - Puerto Rico
    puertorriqueño/a (m,f) *pwer-to-rri-KE-nyo/a* - Puerto Rican

República Dominicana (f) *rre-PU-bli-ka do-mi-ni-KA-na* - the Dominican Republic
    dominicano/a (m,f) *do-mi-ni-KA-no/a* - Dominican

Surinam (m) *su-ri-NAM* - Surinam
    surinamés/a (m,f) *su-ri-na-MES/ME-sa* - Surinamese

Uruguay (m) *u-ru-GWAI* - Uruguay
    uruguayo/a (m,f) *u-ru-GWAI-o/a* - Uruguayan

Venezuela (f) *be-ne-SWE-la* - Venezuela
    venezolano/a (m,f) *be-ne-so-LA-no/a* - Venezuelan

Notes:

Notes

www.ingramcontent.com/pod-product-compliance
Lightning Source LLC
Chambersburg PA
CBHW051400070526
44584CB00023B/3234